现代合约理论

〔修订本〕

THE MODERN

CONTACT

THEORY

易宪容 罗仲伟 主编

中国社会科学出版社

图书在版编目（CIP）数据

现代合约理论/易宪容，罗仲伟主编.—修订本.—北京：中国社会
科学出版社，2017.10
ISBN 978 - 7 - 5203 - 0906 - 6

Ⅰ.①现… Ⅱ.①易… ②罗… Ⅲ.①契约法—研究 Ⅳ.①D913.04

中国版本图书馆 CIP 数据核字（2017）第 221607 号

出 版 人　赵剑英
责任编辑　郭晓娟
责任校对　周晓东
责任印制　王　超

出　　　版　中国社会科学出版社
社　　　址　北京鼓楼西大街甲 158 号
邮　　　编　100720
网　　　址　http：//www.csspw.cn
发 行 部　010 - 84083685
门 市 部　010 - 84029450
经　　　销　新华书店及其他书店

印刷装订　北京君升印刷有限公司
版　　　次　2017 年 10 月第 1 版
印　　　次　2017 年 10 月第 1 次印刷

开　　　本　710 × 1000　1/16
印　　　张　19
插　　　页　2
字　　　数　304 千字
定　　　价　98.00 元

译 序

合约理论获得 2016 年诺贝尔经济学奖实至名归

易宪容

2016 年的诺贝尔经济学奖授予了英国经济学家哈特（Oliver Hart）及芬兰经济学家霍姆斯特罗姆（Bengt Holmström），表彰他们对现代合约经济理论（Contract Theory）研究的贡献。

今年 68 岁的哈特是在家乡英国的剑桥大学获得数学学士，在华威大学获得经济学硕士学位，然后前往美国深造，1974 年在普林斯顿大学获得经济学博士学位。博士毕业后，哈特曾经回到英国从事教学与研究工作，1984 年重返美国，1993 年起在哈佛大学任教至今。现在仍然为哈佛大学经济学教授。

67 岁的霍姆斯特罗姆在芬兰出生，在当地大学攻读数学及物理学，毕业后再到美国斯坦福大学取得硕士及博士学位。他 1994 年开始在美国麻省理工学院任教至今，现为该校经济及管理学教授。除此之外，他 1999 年到 2012 年间也曾任诺基亚（Nokia）的董事。

至于哈特及霍姆斯特罗姆的现代合约理论，诺贝尔经济学奖的颁奖词指出，两人所创立的现代合约经济学理论，作为一种工具，对理解现实生活中的合约制度及设计缺陷非常有价值，不但对企业高管薪酬、破产法等经济研究起重要作用，甚至为政治宪制等其他社会科学的不同范畴奠定了理论基础。

因为现代经济生活是由无数合约组成，哈特及霍姆斯特罗姆所创立的现代合约理论新工具，有助于理解现实生活的合约及机构，以及合约设计的潜在陷阱。现代社会有不少关系也是由合约组成，例如股东与公司管理层、保险公司与车主、政府部门与供应商等，这些关系通常都存在利益冲突，因此必须设计有效的合约安排，以便保护合约当事人各方的利益。

哈特及霍姆斯特罗姆共同推进了现代合约理论的发展，并形成了一个系统的理论研究框架，以此来研究合约的设计问题，包括公司高层管理人员与工作表现挂钩的薪酬、保险公司的免赔额及分摊费用，以及国有企业私有化问题等。

具体地说，20世纪70年代末，霍姆斯特罗姆利用委托—代理激励约束模型（principal – agent model），讨论了委托人（principal）就如何为代理人（agent）订立最优的合约，就是如何让代理人的薪酬与他的工作表现挂钩，以及如何谨慎权衡风险及保证有效的工作激励。霍姆斯特罗姆根据其理论模式做出更实际的设定，比如经理人员的合约不只考虑薪酬奖励，还考虑潜在的晋升机会等。到了20世纪80年代中期，哈特创立不完全合约理论（Incomplete Contract Theory），由于合约没有具体说明所有的可能发生的事情，因此，该理论主要研究控制权的最优分配问题。哈特的理论不仅为现代合约经济学奠定了理念基础，也对政治科学及法律研究产生了巨大影响。

实际上，现代合约理论在30年前或20世纪80年代就已经大行其道，就是当时经济学的一门显学。当时，大量经济学学者投入到合约经济学的研究，也出了大量的研究成果。我1994年到北京读博士之前就开始接触现代合约经济学的大量文献，与哈特和霍姆斯特罗姆等教授联系并多有请教。而我1997年出版的《现代合约经济学导论》及1998年出版的博士论文《交易行为与合约选择》，书中引用了大量的哈特及霍姆斯特罗姆等教授相关文献。所以，2016年诺贝尔经济学奖颁给哈特及霍姆斯特罗姆两教授的合约理论，尽管来得有点晚，但实至名归。

对于现代合约经济学，最早的思想来自科斯的理论。科斯认为企业是一系列合约的连接，而由于交易费用的存在，任何合约又是不完全的。后来张五常教授对此做了发扬光大。在20世纪60年代不仅撰写博士论文关于分成租约研究的《佃农理论》，也写了一系列关于合约经济学的论文。如 1968 年的《私有产权与佃农》推翻了佃农分成合约无效率的传统理论；1969 年的《交易费用、风险规避与合约安排》讨论了在私有产权安排下，监管费用较高是佃农分成合约安排得以采用的重要原因；而 1969 年的《佃农理论》第八章则讨论台湾土地改革中管制分成合约的比例令农民增加劳动力投资过度的问题；1970 年的《合约的结构与私有产权的理论》提出了结构合约的出现可以是在产权界定不清楚时有效处理租值消散的问题；1972 年的《儿女产权与婚姻合约》从公司组织角度来分析中国旧家庭合约关系问题；1973 年的《蜜蜂的神话》则对实现世界中的养蜂者与果农的合约的外部效应进行了研究；1974 年的《价格管制理论》研究了何种方式下政府的强制可减少租值的消散；1983 年的《公司的合约本质》以件工合约为出发点研究了不完全合约下的激励与约束机制等（这些论文都收集在商务印书馆出版的《经济解释》一书中）。可见，张五常教授对现代合约理论有很大贡献。但张五常的合约理论更多的是思想性，很少用现代数量工具把这些思想模型化。

而哈特及霍姆斯特罗姆两人对现代合约理论推进，很大程度上是用数学工具把现代合约思想模型化，并全面地引进主流经济学。因为，对于合约思想，在新古典经济学的阿罗—德布鲁均衡模型中就已经存在。但是，其合约是完全的。而且完全合约的模型必须建立在以下的假定条件下：个人理性、稳定偏好、局限条件下的选择及个人效用最大化、没有不利于第三方的外部性、完全和对称的信息、有众多的合约选择伙伴及交易费用为零等。在这种条件下，不仅合约行为能够完全描述，而且合约条款能够完全严格履行。

但是在现实世界中，任何合约要满足这些假定条件是不可能的，而任何一个假定条件不满足或放松，合约总是不完全的。而这种合约的不完全性也称之为完整的不完全合约。在哈特看来，合约的不完全性主要包括了以下几个方面。一是由于个人有限理性，所签订的合约不可能预见一切；二是由于外部环境复杂性及未来世界的不确定性，合约条款不可能无所不包；三是由于信息不对称性及不完全，合约当事人或裁判人不可能证实一切。这就必然造成合约激励约束机制失灵。而完整的不完全合约是指合约当事人各方都知道合约条款不完全性，知道需要协调不同激励约束机制来填补合约不完全性缺口。对于合约的完整性，委托—代理理论更强调从事前设计来考虑合约的激励约束关系，而交易费用理论则更关注事后的交易协调机制，以求合约完整性。哈特的不完全合约理论则把两种理路统一起来并把产权观念纳入不完全合约建模分析。这对现代合约理论的贡献是巨大的。

霍姆斯特罗姆则是从委托—代理的角度来分析合约的激励约束关系。其实，在现实的经济生活中，委托—代理问题到处都是，其核心就是对于委托人来说，代理人的行为是不可能完全观察到的，但这些行为又会影响委托人的利益，那么委托人应该采取什么样的方式促使代理人在实现自我利益最大化的同时实现委托人的效用最大化。而这个问题的主要内容又有：一是委托人如何设计一份好的合约促使代理人实现委托人的预期效用最大化；二是代理人在所设定的合约条件约束下他的行为如何实现自己的预期效用最大；三是所给定的合约代理人是否愿意接受等。也就是说，如何通过好的合约解决代理人的激励约束问题。霍姆斯特罗姆就是希望事先的合约设计来建立起有效的代理人的激励约束机制。

而且哈特和霍姆斯特罗姆对合约理论的研究，不仅推进了现代理论的发展，也由于其理论的基础性研究，影响到社会生活的各个方面。因为，在现实的社会生活中，无不是用合约关系来连接，无论是口头的还是文字的，是明示的还是默示的，是复杂的还是简单的，是强制的还是自愿的等。社会关系及交易关系有千差万别，合约安排也会是丰富多彩。而哈特和霍姆斯特罗姆的合约理论对其机理的基础性研究，无论是对现代经济理论还是对其他学科的研究都具有十分重要的意义及贡献。

目前呈现在读者面前的《现代合约理论》中译本，其中选择了当时最经典的关于现代合约理论的论文，基本上每一篇都是经典。哈特和霍姆斯特罗姆论文放在第一篇，这是他们的代表作及具有时代的重要性。2016年的诺贝尔经济学奖颁给哈特和霍姆斯特罗姆当然是最好的明证。该书翻译还是我在中国社会科学院读博士期间组织同学进行的。该书的翻译书稿在1997年以前完成并交给出版社，后来我到香港去了，不知什么原因，到 2011 年才出版。2016 年哈特和霍姆斯特罗姆获得诺贝尔经济学奖，中国社会科学出版社大众分社侯苗苗副总编辑找到我，希望重新联系出版，我欣然同意。并与我的老同学罗仲伟一起商量，组织我在青岛大学互联金融研究院的博士后及其他学生对全部书稿再校对了一遍。在此，我再次感谢我的老同学罗仲伟、苟文均、李忠，感谢我在青岛大学的同事陈颖颖、学生及对此书做出贡献的每一个人。

2016 年 12 月 8 日青岛大学敏行楼 W42 室

目　录

1 合约理论[*]

Oliver Hart & Bengt Holmström

奥利弗·哈特　　本特·霍姆斯特罗姆[**]　著
易宪容　罗仲伟　译　郑新业　校

1.0 导言

十年来人们对各种合约理论的兴趣日益增长。这种变化在一定程度上反映了人们已相当透彻地理解了完全市场条件下的完全竞争的标准理论；而且更为重要的是，反映了人们终于认识到这种理论范式已不足以解释大量重要的经济现象。为了丰富和修正理想的竞争模型，以更好地符合依据，更为详细地研究签约行为过程，尤其是这一过程的道德风险和不完全性，就是顺理成章的了。现在给出的是对不完全竞争模型的主要替代模型；接下来我们将评论其比较优势。

从某种意义上说，合约为大部分经济分析提供了基础。作为一种交换，任何交易都必须以某种合约形式为媒介，而不论交易是公开的

---

　　* 本文原载于特罗曼·F. 比利（Troman F. Bewley）主编《经济理论前沿：第五次世界大会》，剑桥大学出版社 1987 年版，第 71—155 页。——译者注

　　** 我们要感谢 Jonathan Feinsiein，Paul Joskow，John Moore，Sherwin Rosen，Jean Tirole 和 Andy Weiss 对本文早期草稿的评论。对来自国家科学基金（NSF）和斯隆基金的财务支持表示衷心的感谢。

还是隐含的。不过，在现货交易的情况下，交易双方几乎同时出现，合约因素通常被省略，大概因为人们认为这样做是烦琐的（尽管实际情况不一定如此；参见第 3 节）。近年来，经济学家对长期关系产生了更为浓厚的兴趣，因为在长期关系中的讨价还价可能浪费了大量的时间。在这样一些环境中，合约成为交易关系的必要部分。

当然，在经济学中长期合约并不是什么新的东西。阿罗—德布鲁（Arrow – Debreu）模型中的相机商品交易就是这类合约常态下的例子。确实新颖的事似乎是针对由人数较少的人签订的，以及涉及人数较少的合约进行分析的。也就是说，从建立在人们"随行就市"（with the market）基础上的非个人阿罗—德布鲁市场，改变为 A 企业与 B 企业，或 C 企业与联合企业 D 签订长期合约的情形。这种尝试并非没有经济意义。尤其是威廉森（Williamson，1985）已经强调过少量当事人在某种程度上为特定关系进行投资的重要性；也就是说，这种特定关系一旦建立起来，这些当事人在关系内部要比在关系外部获得高得多的收益。考虑到这种"锁定"（lock – in）效应，每个当事人都将拥有某种事后垄断力，尽管在投资投入前存在着大量的事前竞争。一旦当事人之间的关系建立起来，他们就不可能再依赖于市场，对当事人而言，通过某种长期合约规范交易（并从交易分配利益）就成为显而易见的方法。但是直到合约理论出现之前，经济学家并没有工具通过正式的模型来分析这种类型的事前竞争关系和事后非竞争关系。

关于合约的研究已经沿着几种不同的思路取得进展，每种思路都有它自己特殊的兴趣点。在对我们将在本文中集中讨论的主题进行概括之前，先对这些思路进行适当的略述是有益的。

研究文献的一个组成部分集中考虑企业的内部组织，把企业本身看成是对价格体系失灵的一种反映。所关注的问题包括：构造对企业成员的激励，配置决策权力，以及选择决策规则等，而考虑这些问题时都通过合适的报酬结构予以完善。当然，目的在一定程度上是为了获得对这样一种组织理论的深刻理解。但或许更为重要的是，人们的兴趣在于认识组织理论总体来说是否重要，也就是说，在何种程度上企业的行为将不同于所假设的利润最大化行为；如果有所不同，那么经济中的市场结果和总体配置会随之发生何种变化。

另一种重要的研究思路是探索劳动力市场的运行方式。一个可信的假说是，劳动服务的相机报酬索取权因机会主义的原因而受到限制。这就引起了能够用于替代的其他合约类型的创新。研究集中于（在关于履约机会的各种假设条件下）最优双边劳动力合约的结构，合约均衡将具有的性质等方面，尤其是集中于这些均衡是否将展示与现实世界就业调整相联系的、众所周知的无效率方面。

长期合约可能具有价格和工资黏性，被这种可能性所激发，有一批相关的研究工作已经探索了长期合约的宏观经济含义〔参见费希尔（Ficher，1977）和泰勒（Taylor，1980）〕。不像大多数合约分析的那样，这类研究文献把合约的形式看成是给定的，通常采用名义工资和具有价格刚性。虽然这并不像优先原则（first principles）的运行方式那样令人满意，但是已经进行了相当易于处理的政策分析。

对于正在逐渐被认识的合约理论研究而言，金融市场提供了另一个具有巨大潜力的领域。戴蒙德（D. Diamond，1984）、盖尔与赫尔威格（Gale and Hellwig，1985）和汤森（Townsend，1980）等人已经指出，针对金融服务和金融制度的出现，有限的合约行为具有重要意义。这种研究思路也为精细地构建货币的作用和货币政策的指导等模型展现出前景（参见汤森所著原书第 11 章，以及戴蒙德，1985）。

随着这一研究领域的不断进展，在特定范畴中设置模型就变得更为艰难。起初，组织设计模型忽视了市场力量，或者至少只是以极其初级的方式来探讨市场力量。与此相对照，劳动力合约理论开始时也没有考虑组织激励问题。不过，最近的模型同时探讨了激励问题和市场问题。尽管把这两者结合起来的研究是富有成果的，但却使写作本文的任务难上加难。既然已经无法提出一个可以避免这一问题的惯用分类，我们就只好采用一个与历史进程相当接近的纲要。

在第 1.2 节，我们把代理理论看作是在合约行为的组织理论方面的一个代表性范式。随后，我们进入第 1.3 节讨论劳动力合约行为。最后，我们在第 1.4 节中转而讨论不完全合约，以及前面提到过的锁定效应。这项工作虽然阐述了合约研究中最新的方法论趋势，但仍没有前进得很远，实际上，我们的讨论相应地更具有尝试性质。

毋庸置疑，我们并不打算对至今已经出现的大量合约模型进行全面的概括性评述。某些主题（例如，与宏观经济政策相关的合约模型）完全不予考虑。金融合约行为的模型同样如此。我们的目的是选择性的和批判性的，而不是综述性的。虽然我们让自己保持着一种相当固执己见的思想状态，但是我们相信本文还是为不断发展中的研究提供了具有一般意义的良好构想，为合约理论的主要贡献提供了合理的公正评价。

尽管我们采用的是选择性的方法，但本文还是变得十分冗长。为了能够使其内容更易于领会，我们使文章的三个部分基本上独立成篇，以方便分别阅读；同时，每一部分的结束段落都对该部分的主要观点进行了总结。

1.1　关于方法论

大多数合约理论都是以假设合约当事人在某个起始期（譬如说零期）设计一种（对各当事人而言）帕累托最优的长期合约为基础的。这里，最优的状态并不是在最佳的意义上来理解，而是要从受约束的或次佳的意义来理解。的确如此，迫使合约成为次佳的信息约束和其他约束处于分析的核心部分，没有了这些约束，人们马上就会回到标准的阿罗—德布鲁范式，而在那里合约形式是非必要的。因为信息约束在接下来的讨论中将起到特别重要的作用，使我们马上注意将我们的整个实际考察与讨论都限制在这样的情况，即只是继合约行为发生之后出现的信息不对称。用经济学文献的典型语言来表述，我们将不考虑逆向选择模型。

在其他当事人接受某个最小（保留）预期效用水平的约束条件下，通过最大化某个当事人的预期效用，帕累托最优合约的设计得以进行。取哪一个当事人的效用水平作为约束通常无关紧要，因为大多数分析都是局部均衡的。当存在事前不完全竞争时，这种保留的效用可以解释为该当事人的零期机会成本，而零期机会成本是在关于合约的零期市场中决定的。当事前竞争不完全时，当事人将总是为商定来自这种关系的事前剩余而讨价还价，因而这种保留预期效用水平就成为内生变量。

关于保留效用的决定因素，文献往往并不予以重视，因为有价值的洞察力只是从帕累托最优的一般特征中显露出来。另外，市场力量简化为预期效用的简单约束这一事实极大地推进了均衡分析。在预期效用中均衡通常是不重要的。这就使合约方法相对于例如不完全竞争模型这样的方法，具有其重要的方法论优势。合约理论的分析核心是最优化问题，而在不完全竞争理论中，分析核心是均衡问题。解决最优化运行的方法实际上比解决均衡问题的方法更为先进。

当然，用最优化分析代替均衡分析并不总是具有经济意义（例如，我们并不意味着应该以这种方法来研究不完全竞争）。的确如此，正如经常出现的情况那样，当最优合约变成荒谬的相机状态规定时，合约方法的经济可信度就可能成为问题了。怎样来签订和履行这样的合约呢？

对这个问题可以提供三种回答。第一种回答是诉诸司法体系的力量，这种力量包括其强制履行明确的、一致同意的合约条款的能力。这种假设就是对违约行为将实行货币的或非货币的严厉惩罚，因此理性的当事人将不会违约。虽然这种假设构造了一个内在一致的模型，但就合约双方的利益而言并不能令人满意。在假设其履行成本无限的那些合约条款和假设其履行成本为零的那些合约条款之间，它维持了一种人为的两分法。还有，（通过假设）这种回答常常预示着明确的条款要比我们所观察到的情况复杂得多，正是从这个意义上讲，这种回答没有解答上面所提出的是什么促使合约履行的问题。

第二种回答是实用主义的：人们可能认为性质与总体特性，而非合约的细节，是判断一个模型成功与否的相应要素。为了支持这一观点，人们可以间接指出现实世界中合约的隐含性质；换句话说，人们可以认为现实世界中的均衡结果极其相似于最优的、复杂的相机状态合约，尽管我们观察到的明确的协议相对简单。这种回答的困难在于，我们并没有很好地理解这类隐含合约是怎样作为均衡现象存在的。

最理想的情况是，人们想知道是什么东西决定了一份合约的明确履行与隐含履行之间的不一致。这就引导出第三种方法，由于既包括对违约的现实法律惩罚又包括影响均衡行为的间接成本，这种方法明确地正视了合约的履行问题，例如，通过对声誉关注的分析看其对履约的影响。不过，大多数现有的研究文献只停留在对履约问题的第一种和第二种回答的结合上，而现在的动向则是更雄心勃勃，但也更为令人满意的第三种方法。这将在第 1.4 节中予以比较详细的讨论。

1.2　代理模型

1.2.1　导言

代理关系在经济生活中无所不在。无论什么地方存在着专业化收益，都有可能因为比较优势而存在代理人代表委托人行动的关系。这样的例子极为丰富：工人向企业提供劳动力，经理代表所有者行动，医生向病人提供医疗服务，律师为当事人进行咨询等。代表其他某个人行使决策权的经济价值似乎与个人消费决策的价值不相上下。正是这样的看法，使人们相对轻视了代理问题。另外，某些相同的正式代理结构的例子不太明显，如：政府向其公民课税、垄断者对消费者的价格歧视、管制者对企业的控制等，所有这些都是寓于他们自身权力中的基本问题。

如果能够无成本地引导代理人内在化委托人的目标，那么就没有什么理由研究代理问题了。只有当委托人的目标不能够自动地保持一致时，委托—代理问题才会令人感兴趣。因此，究竟是什么因素阻碍委托人与代理人之间低成本的合作呢？人们所提出的似乎最合理、最一般的原因是存在着信息不对称，而信息不对称当然与代理问题的起源密切联系，这样就又回到了专业化问题。一名工人劳动投入的真实性往往是难以核实的，这就导致了偷懒问题。信息专长使经理们追求例如提高社会地位或改善职业机会这样的自我目标。关于个人特点的私人信息则引起政府税收方面的问题。

因此，以下的每一个代理模型背后都是由不对称信息的某种形式所引起的激励问题。通常以涉及的特定信息不对称为基础辨别代理模型。我们将采用下列模型分类。代理人拥有签约前的信息的所有模型，都置于**逆向选择**题目之下；除了偶尔提及之外，我们将不会涉及这类模型。我们的模型假设在合约行为发生时具有对称的信息。对这类我们称为**道德风险**的模型进一步予以区分是有用的：代理人采取观察不到的行为的情形，以及代理人的行为（但采取这些行为时并没有偶然事件发生）可以被观察到的情形。最近，阿罗（Arrow，1985）建议把这两种次级分类称为隐藏行为模型（Hidden Action Model）和隐藏信息模型（Hidden Information Model）。工人提供观察不到的努力是典型的隐藏行为情形，而专家经理做出观察得到的投资决策则形成典型的隐藏信息情形。

随后的讨论将很快清楚地表明，隐藏行为情形在形式上可以包含隐藏信息情形（这就使我们把道德风险的使用作为一个共同的概念理性化了）。不过，保持两者的区别仍有意义，因为两者既在其经济含义上也在其解决技术上不相同。本节我们集中考虑隐藏行为情形。在第 1.3 节关于劳动力合约行为的讨论中，再阐明隐藏信息情形。

代理分析的一般目的是描述响应激励问题的最优组织特征。具有典型性的是，以可以包括在合约中的信息为基础，这种分析为代理人传送了一个次佳的报酬结构。描述最优激励方案的特征是重要的，但并不是首要的经济目的。令人更感兴趣的东西是伴随激励解决方案的配置扭曲问题。虽然人们通常可以设计激励方案，以引导代理人在似乎没有信息不对称存在的情形下行动，但是这样的设计很少是次佳的。反之，在决策规则、任务分派，以及其他有成本的制度安排中的扭曲，却产生了某些信息不对称成本。这正是给予理论以主要经济内容的东西。

在清晰地显示和解释制度现象方面，代理问题的理论范式的确取得了相当的成功，而这些制度现象超出了人们迄今为止所接受的微观经济理论的解释范围。激励效率解决方案的次佳性质容纳了大量在信息流无成本的条件下难以解释的制度安排内容。实例遍及已有的文献，我们叙述其中的某些部分就可能耗尽分配给我们的篇幅。然而，我们并没有选择遵循这一思路，而是相反，在更大程度上以方法论为导向。代理模型并非完美无瑕，这只不过是通过深入一般结构的细节清楚地认识代理问题的最佳方法。

我们将首先介绍三种不同的代理问题表达式，每种表达式都有它自己的优点。随后，我们继续讨论隐藏行为的一种简单形式，这将满足概述这类模型的主要真知灼见的需要。接下来是一个经济评价和批判，这转过来引导我们讨论改善研究工作的最新努力。这些努力包括：在简化激励方案中稳健性的作用，为了得到更有意义的预测而运用动态模型等。最后，我们对代理理论也得提供些什么东西，以及（以我们的观点看）代理理论的缺点是什么等问题，给出一个总结。

1.2.2　三种表达式

设 A 为代理人的行为集，并且以 a 表示 A 的某个一般要素。设 θ 表示从某种分布 G 获得的一种自然状态。这种代理人的行为和自然状态共同决定了一个可核实的产出结果 $x = x(a, \theta)$，以及货币收入 $\pi = \pi(a, \theta)$。可核实的产出结果 x 可以是一个向量，并且可能包含 π。货币收入属于委托人。委托人的问题是构造一个根据产出结果决定代理人报酬的报酬方案 $s(x)$。

委托人根据效用函数 $v(m)$ 评估货币价值，代理人则根据效用函数 $u(m)$ 评估货币价值。代理人因采取行为 a 也产生了成本，我们以 $c(a)$ 来表示。起初，我们假设代理人的行为成本与代理人的财富无关，也就是说，代理人的总效用是 $u[s(x)] - c(a)$。委托人的效用则是 $v[\pi - s(x)]$。

代理人与委托人共同商定分布 G，技术 $x(*, *)$，以及效用和成本函数。

这就是代理问题的状态空间表达式（state – space formulation），是由威尔逊（Wilson，1969）、斯彭斯与泽克豪泽（Spence and Zeck-hauser，1971）和罗斯（Ross，1973）等人创始的。这一表达式的主要优点在于，以最自然的术语引入了技术。然而，从经济意义上讲，这一表达式并没有导出一个信息量非常丰富的解。

探索上面的问题，还有另一种等价的方法，用这种方法可以获得更多的经济见解。由选择 a，代理人有效地选择了一种关于 x 和 π 的分布，通过技术 $x(*,*)$ 可以从 G 获得这种分布。我们用 $F(\pi, x; a)$ 表示这种派生分布。用 $f(\pi, x; a)$ 表示其密度（或质量函数）。这个参数化分布函数表达式（parameterized distribution formulation）是由米尔利斯（Mirrlees，1974；1976）首创，由霍姆斯特罗姆（Holmstrom，1979）作了进一步考察。为了便于后面参考，我们用参数化分布函数术语以数学方式叙述这一委托人问题。其问题是：

$$\text{Max} \int v[\pi - s(x)] f(\pi, x; a) \, dx \quad \text{式中}, a \in A, s(\cdot) \in S \tag{1.1}$$

约束条件为：

$$\int u[s(x)] f(\pi, x; a) \, dx - c(a) \geq \bar{u} \tag{1.2}$$

$$\int u[s(x)] f(\pi, x; a) \, dx - c(a) \geq \int u[s(x)] f(\pi, x; a') \, dx - c(a'),$$

$$\forall a' \in A \tag{1.3}$$

在这项安排中，委托人被看成是对他要求代理人执行的行动作出决定，以及挑选与此行动相一致的最低成本激励方案。值得注意的是，因为委托人知道代理人（及其偏好），所以他也知道代理人将采取什么行动，即使他不能直接观察这样的行动。约束条件（1.3）式保证了激励方案与委托人要求代理人所选择的行动相一致，而约束条件（1.2）则保证了代理人获得最小预期效用水平 $\bar{u}$，假定 $\bar{u}$ 是在市场上决定的。

这项委托人安排的解并不是自动得到保证的；事实上，可以给出没有最优解存在的简单例子。尽管不久我们就会遇到一个不存在最优解的例子，但是在其他地方我们只假设一个解存在。[①]

接下来的第三种表达方式最为抽象。既然代理人实际上是在可替代的分布中进行选择，自然导致人们放弃与 a 的关系，把分布本身作为行动选择。设 p 表示关于 π 与 x 的一个选择密度（或质量）函数，P 为代理人可以选择的可行密度集。因为代理人的行动可以具有随机性（randomize），可以假设 P 是凸的。在具有有限值的情形（π，x）中，P 是一个单纯形（simplex）。在这种表达方式中，成本函数写作 C（p），因为随机性它也将是凸的。

当然，在这个广义分布函数表达式（general distribution formulation）里，代理人的行动及其所产生的成本的经济解释是模糊不清的，但是，作为回应，在理解代理问题的正式结构方面，人们得到了一个特定应用的、非常合理的模型。

这种思考委托人问题的方法也是相当全面的。它包括了这样一些情况：在代理人实际决定做什么之前，代理人可能观察到关于其行为所产生的成本的某些信息，或者关于由其行为所能得到的预期收益的某些信息；换言之，就是隐藏信息的情况。为了理解这一点，要注意，代理人依据他观察到的信息而选择行动所采用的任何策略，都会以简化的形式构造成关于对（π，x）的某种分布选择。因此，事前的策略选择等价于在某些 P 中的分布选择（当然，要受到严格的限制）。还要注意到，行为的初始成本函数 $c(a)$ 可能是随机的，不会影响这个一般表达式。关于成本 $c(a)$ 所采用的预期还将转换为成本函数 C（p），因为代理人的效用函数是可分离的。

1. 2. 3　基本隐藏行为模型

从研究隐藏行为模型中获得的一般见解大都能够以最简单的背景予以传达，代理人只能从这一背景选择两种行为方式。为了使表达具体化，我们设代理人努力工作的行为为 H，偷懒的行为为 L。还有，

---

① 格罗斯曼与哈特（Grossman and Hart，1983a）提出了解存在的一个充分条件集。关键的条件是被代理人控制的概率距离零有多远。

暂时假设 x 与委托人的货币收入相一致，并且委托人是风险中性的。如果代理人工作努力，关于 x 的分布是 $f_H(x)$；而如果代理人偷懒，分布为 $f_L(x)$。考虑到这样的术语，自然假设在一阶随机占优的意义上，$f_H(x)$ 优于 $f_L(x)$；也就是说，对于所有 x 而言，累积分布函数满足 $F_H(x) < F_L(x)$，并且代理人努力工作的成本 C_H 大于代理人偷懒的成本 C_L。

把这些简化了的假设代入（1.1）式至（1.3）式就得到一个能够易于解答的简明安排。首先注意到，如果委托人要执行 L，那么他应该支付给代理人一个常数报酬，因为这样就获得了最优风险分担。因而，只有假如委托人希望执行 H，问题所假设的利害关系才有意义，因为现在为了向代理人提供正常的激励，不得不牺牲某些风险分担利益。设 λ 和 μ 分别是约束条件（1.2）和（1.3）的拉格朗日乘数，我们看到对所有 x 而言，最优风险分担规则必须满足：

$$1/u'[s(x)] = \lambda + \mu[1 - f_L(x)/f_H(x)] \qquad (1.4)$$

这是米尔利斯（1974；1976）公式的一种特殊变形，在霍姆斯特罗姆（1979）的论文中对这个公式作了进一步的分析和解释。我们现在就来讨论它所揭示的要旨。

首先要注意，如果 $\mu = 0$，那么我们得到最优风险分担 [$s(x)$ 为常数]，并且代理人违反激励约束条件选择 L。因而，$\mu > 0$。由于 μ 为正，以激励条款替换某些风险分担利益，$s(x)$ 将随结果 x 而变化；更精确地说，它将随似然率 $f_L(x)/f_H(x)$ 而变化。为了理解其原因，对似然率稍作解释是必要的。

似然率是统计推断中经常用到的一个概念。它反映了 x 所标志的真实分布是 f_L 而不是 f_H 的强弱程度，而样本是取自这一真实分布。对 L 而言是一个高似然率，对 H 而言就是一个低似然率；数值为 1 表明处于中间状态，从样本没有得知什么新东西，因为它均匀地来自这两个分布。

代理问题并不是在严格统计意义上的推断问题；从概念上说，委托人并没有推断关于源自 x 的代理人行为的任何东西，因为他已经知道什么行为正在得到执行。然而，最优风险分担规则精确地反映了推断的原则。按照由最新的"先验"（prior）努力 H 获得的后验（posterior）分布从形式上重写（1.4）式，甚至可以更清楚地理解这一点。设先验为 γ（$=H$ 的概率），后验为 $\gamma'(x)$。那么，由贝叶斯（Bayes）规则和（1.4）式，我们有：

$$1/u'[s(x)] = \lambda + \mu\{[\gamma'(x) - \gamma]/\gamma'(x)(1 - \gamma)\} \qquad (1.4')$$

从（1.4'）式我们看到，作为努力 H 下降 $[\gamma'(x) < \gamma]$ 改变了对其信任的结果，代理人受到惩罚；同样，作为努力 H 上升 $[\gamma',(x) > \gamma]$ 改变了对其信任的结果，代理人得到奖励。另外，只有通过这种后验评估 $\gamma'(x)$，风险分担规则才是 x 的函数；导致同样后验的结果意味着同样的奖励。正如在统计决策理论中一样，这一后验是关于经验结果的一个充分统计量。

我们能够以标准的统计学术语解释最优风险分担规则是重要的。它具有直观的吸引力，并且会获得某些有趣的预测。同时，它将暴露出这一模型的主要弱点：正如我们将看到的那样，几乎没有什么约束可以置于这种风险分担规则模型之上。

首先，考虑单调性问题。人们可能认为，既然 f_H 随机地优于 f_L，$s(x)$ 应该总是随 x 的增加而递增。但多少有点令人惊奇的是，通常这并不是真实的情况。原因是，尽管存在随机的占优，较高的产出不必总是标志着较大的努力。例如，假定 $f_H(x) = f_L(x + 1)$，并且 $f_L(x)$ 不是单峰值的（或者说，它具有双峰值）。那么，这里将存在两个 x 值，以至于较大的值比较小的值有更大的似然率 $f_L(x)/f_H(x)$，这意味着与较小的结果相比，较大的结果将更为强烈地要求代理人得到一个低选择。正像统计直觉所表明的那样，在高结果的状况下我们应该支付给代理人的报酬更少。无论如何，在人们认为这不是描述所考虑的经济情况的范围内，人们可以加上这样的假设，即在 x 中似然率是单调的。因为［从（1.4）式看］在似然率中风险分担规则是单调的，这一假设将确定一个单调的风险分担规则。毫不奇怪，单调似然率性质（Monotone Likelihood Ratio Property，MLRP）是来自统计学的一个众所周知的概念。这个概念由米尔格罗姆（Milgrom，1981）引入经济学，以上的讨论是关于它的一些基本内容。

　　关于 $s(x)$ 的模型还有哪些其他问题呢？例如（预见某个即将的讨论），关于获得线性风险分担规则的模型，存在自然的约束吗？回答是否定的。问题在于，作为实际产出的 x 与作为统计信息的 x 之间的关系是非常微妙的。事实上，x 的实际性质与其解是极不相关的；所有的事情就是作为代理人的一种行为函数的后验分布（或者似然率）。为了强调这个问题，要注意 x 甚至不必是一种基数度量，因为其信息内容是相同的。既然是 x 的信息内容决定了最优激励方案的形状，那么要提出以任何特殊的方法把代理人的报酬与 x 的实际度量联系起来的惯常经济假定就是困难的。

　　存在着这样的情况，即线性规则是最优的；事实上，几乎任何 $s(x)$ 的形状都与最优化相一致，因为可以赋予产出以相当任意的信息内容。为了说明这点，假设我们要求某个最优规则是线性的。以具有两种行为、单调似然率性质和一个连续的结果空间的任何例子作为开始。正如上面所讨论的那样，就这样一个例子而论，最优风险分担规则将是单调的，称为 $s^*(x)$。现在通过把产出重新定义为 $x' = \alpha s^*(x) + \beta$ 来转变这个例子，这里，α 和 β 都是已被决定了的常数。因为这种转变是单调的，所以 x' 的信息内容与 x 的信息内容相同。由此得出，在这个修正过的例子中，执行 H 的最优方法是支付代理人 $s(x') = \alpha^{-1}x' - \alpha^{-1}\beta$，这是产出 x' 的一个线性函数。由于 $s(x')$，无论何时 x' 都与 x 相一致，支付代理人的报酬就为 $s^*(x)$，因为我们知道这是执行 H 的最廉价方法。或者，翻译成统计术语，这个方案给予代理人如在初始例子中的最优方案相同的后验函数。在这个经过转变的例子中，α 和 β 的作用就是保证 H 保持执行最优行为。

　　同样的思想也可以用于证明其他形状的最优性。运用某些很弱的约束，例如，格罗斯曼（Grossman）与哈特（Hart）（1983a）的论文所证明的那样，$s(x)$ 不可能在任何地方都是递减的，而平均 $s(x)$ 也不可能递增得太快。在更广义上，人们可以证明 $s(x)$ 必须满足 $0 < \int s'(x)f_H(x)dx < 1$，但是这是针对全体而言的。这种无法把惯常的约束置于产生普通观察到的风险分担规则的模型中的情况，应该与风险分担理论相对照——其中，

线性方案只能产生自对于偏好的简单约束。

虽然这个模型几乎没有把约束纳入风险分担规则，但是关于本来就应该进入合约的措施，它得出了非常敏锐的预测。为了说明这一点，首先假定 $x = \pi$，然后引入某种其他信息源 y，y 可以潜在地用于合约中。它可能是代理人在其中运行的一般经济环境的信息，或者是代理人业绩的直接监督信息，或者是在随机相关技术中代理人业绩的间接证据信息。在这样的意义上，即以向量 $x = (\pi, y)$ 的帕累托状态为基础的一个合约占优只是以 π 为基础的所有合约，什么时候会出现 y 是有价值的状况呢？

答案可以从我们前面的讨论和（1.4）式中得到。当且仅当额外信号 y 影响对代理人行为的后验评估时，y 才需进入一个最优合约；或者，可能是更为准确地表达，当且仅当 y 影响似然率时，它才需进入最优合约。反之，当所有的

$$f_L(x)/f_H(x) = h(\pi) \tag{1.5}$$

$s(x)$ 将精确地不依赖于 y。如果（1.5）式是真实的话，那么 y 将毫无价值；但是如果（1.5）式是不真实的，那么 y 将呈现某种严格的正值，因为 $s(x)$ 将依赖于它。这个必要和充分条件可以转换成一种更为熟悉的形式：

$$f_i(x) = A(x)B_i(\pi), \quad i = L, H \tag{1.5'}$$

在这个形式中，条件表明对 $x = (\pi, y)$ 而言，π 是一个充分统计量。因此，我们得到简单而强有力的结果，即当且仅当 y 包括关于代理人的行为已经不在 π 中的某种信息时，y 才是有价值的 [霍姆斯特罗姆（1979，1982a）和谢维尔（Shavell，1979）]。

这个充分统计条件（sufficient statistic condition）再次强调了在委托人—代理人策略博弈论与古典统计决策理论之间的极为相似之处，而后者描述的是一种相反性质的博弈论。由布莱克韦尔（Blackwell）得出的著名结果与此非常类似，这一结果说明最优单一个人决策规则可以只以充分的统计学为基础。不过，应该注意到某些差别。首先，虽然（1.5'）式阐明随机化并没有价值（正如布莱克韦尔定理一样），但是这一结论依赖于代理人效用函数的可分离形式，就像耶斯达尔

（Gjesdal，1982）已经证明过的那样［当然，没有一个外生的、有代价的信号也能够进行这种随机化，因此，从这个意义上讲，如果（1.5′）式成立，y 没有任何价值仍然保持其真实性］。其次，具有关于代理人行为的某些信息的任何信号严格地呈正值，而这在布莱克韦尔定理中没有对应物。

表达充分统计条件的一种替代方法是说明它部分地安排了各种各样的信息系统［参见格罗斯曼与哈特（1983a）和耶斯达尔（1983）］。如果 x 和 x' 是可以由布莱克韦尔信息思想安排的两种不同信息信号（可能是向量），使（譬如说）x 比 x' 拥有更多的信息，那么，x' 并不优先于 x 就是真实的。事实上，如果这种安排是严格的，那么在几乎所有的代理问题中，都存在 x 严格地优先于 x'。对一个特定的问题而言，这个问题当然包含与人们想要从 x 得到同样多的信息，需要注意修饰词"几乎所有"的例外情况，在这些情况中，x' 等于最优风险分担规则 $s(x)$。为了避免偏离我们的主题太远，我们有意使这一修饰词处于不确定状态。

正如不久我们将要指出的那样，充分统计结果给出了这一模型的主要预测内容。[2]

1. 2. 4 　一般情况

让我们简略地考虑一下超出上面所研究的两行为情况时发生的事情。简单地说，并没有什么更新的东西出现，但是理解这些事情的缘由是值得的。

---

　　[2] 　假设委托人是风险厌恶者，我们的最优激励方案的讨论也不会有实质性变化；只有（1.4）式的左边会变成 $v'[x-s(x)]/u'[s(x)]$。我们也可以把约束强加于代理人的财富，以便 $s(x) \geqslant w$ 和（1.4）式都会保持与这种无论什么时候（1.4）式中 $s(x) \leqslant w$ 时都有效的约束的完整性。不过，财富约束的情况属于某种经济利益。如果财富约束具有约束力，就能够迫使代理人接受比 u 更多的东西。经济学的直觉是，如果不能充分地惩罚代理人以引导他们选择 H，那么唯一的替代将是贿赂——为了得到好结果的额外奖励。就像贝克尔与施蒂格勒（Becker and Stigler，1974）首先注意到的那样，这些奖励可能导致（1.2）式的放松。随后，夏皮罗与斯蒂格利茨（Shapiro and Stiglitz，1984）运用这一特性研究了效率工资假说，这是关于补偿与机会成本之间的差别所引起的不充分就业的一种理论。

考虑这样的普遍情况，即代理人的行为是一个连续的、一维的努力变量（effort variable）。在这种情况下，代理人的激励约束（1.3）是未定的，用更易于处理的一阶条件替代它已经是一般的惯例：

$$\int u[s(x)]f_a(x;a)dx - c'(a) = 0 \qquad (1.6)$$

研究文献中称以这种方式放松（1.3）式为一阶条件方法（first - order approach）。假如体现在（1.6）式中的放松是恰如其分的，继续考虑最优方案的特征就很容易。结果如下：对所有 x 而言，有：

$$v'[x - s(x)]/u'[s(x)] = \lambda + \mu f_a(x;\alpha)/f(x;\alpha) \qquad (1.7)$$

式中，f_a/f 是似然率的连续对应物。当单调似然率性质成立时，它是递增的。因此，如果这个特征正确无误，我们获得的见解与包括充分统计结果的、前面所提到的简单两行为情况所获得的见解具有相同的性质。

遗憾的是，这个方法有时会选择这样一个方案，这个方案即使满足了一阶条件（1.6）式，但最终不能满足综合的激励约束条件（1.3）式，从这个意义上看，一阶条件方法并不总是行得通。米尔利斯（1975）第一个认识到这种困境。随后，格罗斯曼与哈特（1983a）和罗杰森（Rogerson，1985b）设计出保证一阶条件方法有效性的条件。因为这个问题已经受到广泛的关注，理解这一问题就具有某种利害关系。

首先，考虑两行为情况的一种简单扩展。假设代理人控制了下列的分布族：

$$f(x;\alpha) = af_H(x) + (1-a)f_L(x), \ a \in [0, 1] \qquad (1.8)$$

换言之，代理人通过其努力决定了一个两类固定分布的凸状组合。格罗斯曼与哈特称之为穿越条件（Spanning Condition），我们则称之为线性分布函数条件（Linear Distribution Function Condition，LDFC）。要注意的是，由两行为模型的随机化，代理人已经进入（1.8）式所描述的分布族。

根据线性分布函数条件，显然一阶条件方法是有效的。理由是，无论委托人向代理人提供何种方案，（对某个不变的行为而言）一阶条件都会与代理人的综合激励约束相容,因为(1.3)式中的积分对于 a 是线性的。

当我们运用一阶条件方法处理一般情况时,对委托人愿意执行的特定行为(譬如说 a^*)的真实分布族 $f(x;a)$,我们有效地采用某种线性近似;换言之,我们是以似乎代理人正从下列假设分布族中进行选择的方法来处理这个问题:

运用成本函数 $\hat{c}(\alpha) = c(a^*) + ac'(a^*)$,有

$$f'(x;\alpha) = f(x;a^*) + \alpha f_\alpha(x;a^*), \text{其中 } \alpha \text{ 微小。} \quad (1.9)$$

(1.9)式中的分布族在与线性分布函数条件相同的意义上呈线性,并且在获得某种合适的特征方面不存在任何问题(注意,既然 $\int f_a = 0$,假如 f_a 是有边界的,f' 对于微小 α 而言就是一种合理的分布)。然而,可能的情况是,一旦我们在(1.9)式的分布中导入代理人选择 $\alpha = 0$(也就是选择所愿意的 a^*),代理人实际上想要求助于他正控制着的真实族 $\{f(x;a)\}$ 中的另一种分布。这就涉及努力水平中的某种不连续跳跃,并且成为一阶条件方法的潜在问题源。

因而,问题在于我们可以把什么分布加到(1.9)式,并且仍然保证代理人不打算偏离这些分布中的任何一种。这里是由米尔利斯最早提出的分类,以后由罗杰森(1985b)予以核实:假设 $\{f(x;a)\}$ 满足单调似然率性质,另外还满足分布函数条件(Convexity of Distribution Function Condition,CDFC)的凸性,那么有:

$$F[x;\lambda a + (1-\lambda)a'] \leq \lambda F(x;a) + (1-\lambda)F(x;a'), \forall a,$$
$$a', \lambda \in (0, 1) \quad (1.10)$$

(1.10)式所表述的是,代理人总是有某种有效地获得某种分布的行为,这种分布随机地支配他通过在两种行为 a 和 a' 之间随机化所能取得的分布(换言之,某种特有的比例递减随机收益);线性分布函数条件显然是(1.10)式的一个特例。

现在让我们考察这个约束为什么会呈现这样的性质。以局部分布族(1.9)获得的最优方案是可微分的。根据这一点运用分部积分,有:

$$\int u[s(x)]f(x;a)dx - c(a) = K - \int u'[s(x)]s'(x)F(x;a)dx - c(a)$$

$$(1.11)$$

式中 K 为积分常数。因为单调似然率性质，$s'(x) > 0$，因而（根据凸性分布函数条件）等式右边是对于 a 的一个凹性函数。结果，原始族中的分布没有一个会像委托人正从局部族（1.9）执行的行为那样对代理人具有吸引力。因此，$s(x)$ 也在扩展族中保持最优。

图 1.1 对这个论点进行了说明。图中的三角形表示在只有三种可能结果 x_1、x_2 和 x_3 的情况下，全部分布的单纯形，我们假设这种情况可以用图解法表示。横轴度量 P_1，纵轴度量 P_2；第三轴 $P_3 = 1 - P_1 - P_2$，没有出现在图中。曲线 CBA 是分布 $f(x; a)$ [这里以 $\{[P_1(a), P_2(a)] \mid a \in A\}$ 表示] 的一维簇（one-dimensional manifold）；这个集合之所以是一维的，是因为行为 a 是一个标量。单纯形中的任何直线都表示满足线性分布函数条件的一族。阴影区域是全部分布的集合 P，当包括随机化策略在内时代理人已进入这些分布（试比较，在 1.2 节中的广义分布函数表达式）。图 1.1 没有显示成本函数或者激励方案。以第三维来度量成本和报酬，激励方案将是一种超平面（hyperplane）并且成本函数将是在 R^3 中的一个凸性簇。

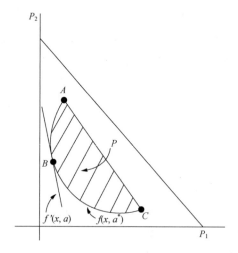

图 1.1

假设委托人要在 B 点(表示较早时的 a^*)完成分布。与上述论点相一致，当代理人的假定选择是沿切线到 B 点的分布[切线表示在(1.9)式中的线性族分布]，委托人着手设计过 B 点的一个成本最小化方案。(1.7)式刻画了这个成本最小化方案的特征。接下来，凸性分布函数条件和单调似然率性质确定[运用(1.7)式和(1.11)式]，沿曲线(或就此而言，在 P 中)的分布没有一个像以(1.7)式给定方案中的点 B 那样对代理人具有吸引力。因此，在可行分布 P 的实际集合中，的确经过了 B 点。没有凸性分布函数条件和单调似然率性质，当从切线集合正要经过 B 点时，代理人可能希望跳过 B 点，例如到 C 点。那么，(1.7)式将是不成立的。

正如可以预期的，单调似然率性质和凸性分布函数条件都是非常严格的条件，并且在经济学意义上是相当独特的。尤其是，凸性分布函数条件似乎排除了大量的"自然"族，因为我们可能考虑的这些族，在凸性组合下很少是闭合的。例如，我们知道不存在任何同时满足条件和产生自技术 $x = a + \theta$ (或者 $x = a\theta$)的族。这并不意味着满足凸性分布函数条件和单调似然率性质的族集合是微不足道的。产生具有两种性质的样本族有一种便利的方法。简单地由任何两种分布开始，由如(1.8)式中的线性分布函数条件展开这一族。如果这两个初始分布可以由单调似然率性质来安排时，这一展开的族就会具有这种性质。注意，单调似然率性质在这里的作用只不过是为了获得一种递增的方案，并不能保证一阶条件方法的有效性，而这一点已经由线性分布函数条件加以保证。[3]

线性分布函数条件看来是构造具有凸性分布函数条件和单调似然率性质族群的主要工具，这一事实留下了问题——是否存在不满足线性分布函数条件而只满足凸性分布函数条件的有趣情况。除了增加研究实例时的便利外，这个问题并不很有趣味。我们已经看到两行为情

---

③　当然，从替代的意义上讲，人们可以用任何一参数族进行研究(人们知道其解是存在的)，然后把这个特征解释为不需要涉及这一族，但涉及(1.9)式所描述过的分布切线空间。

况在产生多种多样最优激励方案方面含义相当丰富。这种丰富性明显地延伸到线性分布函数条件的情况。

从前面的讨论中，人们会推出，在被代理人控制的分布族是一维分布空间（线性分布函数条件）的情况下，一阶条件方法起作用。在有效的一维情况下，在它们的解与具有一个一维族（凸性分布函数条件加单调似然率性质）的问题等价的意义上，一阶条件方法也起作用。注意，正是在分布空间中的一维性，而不是在基础经济变量（努力）中的一维性使事情更为简单。即使所做的努力是一维的，其所描绘的曲线通常（凸性化时）形成一个高维 P，从而使事情变得复杂。

上述的"一阶条件方法起作用"意味着什么也需要详尽阐述。其精确含义是由（1.7）式来描述最优方案的特征，这与人们可以用一阶条件描述代理人选择的主张相比，是一个更为狭义的表述。按分布关系考虑问题，我们注意到图 1.1 中的代理人有两个决策变量：P_1 和 P_2。如果关于 P 的成本函数是严格凸的，并且实现的最优分布是内在于 P 的（譬如说，因为成本无限地趋近边界），那么，传统意义上的一阶条件方法将完全良好地起作用。正常情况下，一个单一的一阶条件并不足以描述代理人的行为，但是两个条件总是可以描述的。这样，人们将得到如（1.7）式一样的描述，但包括两个乘数 μ_1 和 μ_2，而不是一个。这就冲淡了这个描述的信息内容；充分统计量结果并不是松散的东西（尤其是，最优激励方案可能比较早的充分统计结果所表明的更为聚集；参见 1.2.6 节），并且难以做出关于单调性的表述。毋庸置疑，当人们达到较高维情况时，按照广义描述的价值就迅速消失。④⑤

---

④ 格罗斯曼与哈特（1983a）研究了一阶方法不可能适用的情况。即使根据单调似然率性质，激励方案也不必是单调的。另一方面，充分统计量对设计最优激励方案是充分的，其结果不依赖于一阶条件方法。还有，假设把这两个系统联系起来的筛选矩阵满秩（在布莱克韦尔意义上），一种具有较丰富信息的系统严格地好于一种较缺乏信息的系统。然而，当一阶条件方法失灵时，提供代理人策略的额外信息的信号不可能有价值。

⑤ 在分布空间观察到的隐藏信息模型是典型的高维，因为对代理人而言，相机策略导致了丰富的分布选择（见 1.2.6 节）。这就是为什么与隐藏行为模型分析相比，隐藏信息模型分析继续沿着相当不同的路线进行的原因。

我们得出结论，当具有一个连续努力变量的那些模型更像前面讨论过的两行为情况时，模型描述具有一种简单的特征。就所关注的最优报酬结构而言，在这样的情况下，解显示出同样的特性和同样的变化。不过，有一个区别值得强调。在两行为模型中，叙述关于代理人行为选择的任何东西都是困难的，因为这种选择并不由一种连续的替代所决定。人们不得不直接把过 H 的解与过 L 的解相比较。另一方面，如果努力是一个连续变量且一阶条件方法有效，那么可以证明（霍姆斯特罗姆，1979）履行努力的最优水平就是如此，以致委托人愿意看到这一水平甚至达到更高。换句话说，在均衡情况下，我们应该看到委托人期望来自其工人的更大努力。因为通过把两行为情况移动到线性分布函数条件的情况，已经可以获得这种效用增加，所以在打算利用（1.7）式描述的模型中，大概很少有理由超越线性分布函数条件。

1. 2. 5 一个中性评价

基本代理人模型的主要预测内容以充分统计结果的形式表示，这种结果说明什么信息应该在开始时进入合约。这似乎很简单，这一结果表明具有相当大的经济学适用范围。一个普普通通的含义是代理关系创造了对于监督的需求。这已经引起了对会计学文献的浓厚兴趣，并且导致了在预测不同监督方案的有用性方面的各种精细改进［有关此问题的综述，参见贝曼（Baiman, 1982）］。

更为重要的含义涉及相关业绩评估的运用方面［贝曼与德姆斯基（Baiman and Demski, 1980），霍姆斯特罗姆（1982a）］。对从事相关工作（在一项工作提供了关于另一项工作的信息的意义上）的代理人不应该仅仅根据个人的产出给予补偿，还应该部分地根据其他人的产出。注意，对于这一点的理由（根据充分统计量结果）并不是人们愿意引致针对激励目标的竞争，而是因为如果代理人的技术不是随机相关的，那么，相应的业绩评估充其量也是无用的。相反，竞争是希望获得环境信息的一种结果，代理人正是在这一环境下进行工作。这种信息被用于尽可能多地过滤掉外在不确定性，从而使更多的考虑置于个人业绩方面。

　　充分统计量结果的一个进一步后果是关于业绩方案，有时总体的信息与详细的信息同样重要。例如，如果技术有正常的噪声，那么对于一个最优方案而言，同等业绩的加权平均值就足以成为一种依据。权数是与来自同等地位信号的信息内容成比例的。

　　像这样一些预测至少与典型的事实广泛地一致。有关业绩评估是极为普通的事，尤其是在一个组织中授予优秀业绩者奖金的形式（例如晋升）方面更是如此。的确，作为一个整体的劳动力市场形成了一种极妙的激励结构，在这一结构中，明确的或隐含的相关评价起到了某种支配作用。由拉泽尔与罗森（Lazear and Rosen，1983）首先提出的，关于排序竞标制度（rank order tournaments）的文献已经较为详细地研究了这些竞标的表现和设计［参见格林与斯托凯（Green and Stokey，1983）和纳莱巴夫与斯蒂格利茨（Nalebuff and Stiglitz，1983）］。我们注意到，排序作为一种支付依据的运用在基本代理模型中很少是最优的；采用对基数度量敏感的方案，人们通常能够得到更好的效果。然而，排序支付可能具有的其他优点并没有被标准代理模型掌握。一个原因是，排列在许多环境中更易于度量。由卡迈克尔（Carmichael，1984）、马尔科森（Malcomson，1984a）和巴塔查里亚（Bhattacharya，1983）等人提出的另一个论点是，竞标制度提供了委托人兑现奖励承诺的激励，即使在某些情况下，因为表现能够被观察而不能被核实，依法执行合约存在困难。在竞标制度中委托人支付的总量保持不变，因而支付应该易于证实。

　　明确的相关业绩方案最近也已经出现在总经理补偿的"一揽子"合约中。通常这些方案把管理业绩与整个行业中的公司联系起来，这就符合这样的思想，即随机的、更严密的技术作为最优报酬的依据具有更大的价值。安特尔与史密斯（Antle and Smith，1986）通过度量隐含的（以及公开的）合约要素，已经更为广泛地研究了在总经理补偿方面相关业绩评价的度。他们的统计验证表明，实际的数据展示了相关补偿的某个成分，但并没有达到基本理论所预测的那样的程度。起初这似乎令人迷惑不解，但对这一证据，可以提出两种解释。首先，总经理可能通过市场上的个人交易来使他们的投资组合多样化，而这一情况没有在数据中显示；事实上，1.2.6 节精确地讨论了一个模型，这个模型具有这样的性质，即因为总经理可以制造他们自己，没有任何相关业绩的报酬是必要的。更为可信的另一个原因是，相关业绩评价扭曲了经济价值，从而扭曲了决策（例如，一个完全与系统风险隔离的总经理在投资决策评价中会无视这种风险）。在一维代理模型的规范研究中，排除了这样的决策。为了获得更好的拟合数据，以及更好地理解相关业绩方案的优点，在模型中包括更多的决策维似乎是必要的。

假定基本代理模型具有如此的广义，那么从根本上说它有任何预测价值或许是令人惊奇的。可以把显示一个范式的价值增加到这一模型中，这样，人们就能够开始以更为精确的术语考虑像企业管理理论这样的题目。詹森与麦克林（Jensen and Meckling，1976）的开创性工作就是从只认为需要向经理提供激励以防止他们偷懒的看法推导出深刻见解的一个例子；同样题目的另一个（更明确的）模型建立在格罗斯曼与哈特（1982）的论文中。两篇论文都从基本的激励问题导出了企业的资本结构（用关于经理的选择稀释了企业资源的相反假说）。虽然这些研究回避了问题的实质，即当直接激励方案似乎更便宜时，为什么为了激励目标而需要运用资本结构，但是它们对进一步深入研究确实是具有基本经济重要性的题目敞开了大门。

让我们接着转向基本代理模型的各种问题。其中最重要的问题是基本代理模型对分布假设的敏感性。这个问题出现在一个最优风险分担规则中，这个规则是复杂的，反映着结果 x 的信息内容中最轻微的变化。这样的"微调"（fine - tuning）似乎不真实。在现实世界中，激励方案确实显示出变化，但是并没有达到基本理论所预测的程度。例如，线性的或某方面线性的方案被频繁地并跨大范围地采用。⑥ 正如基本模型所应具有的普遍性那样，这些方案的普遍性难以用信息技术的分享性质来解释。显然，排除在简单模型之外的其他技术或组织

---

⑥ 租佃分成制几乎排除了线性性质，尽管在随机环境中存在巨大变化。

特性必须对我们经验性地观察到的、任何形式的规律性负责。

　　微调的、复杂的激励方案也妨碍了重要的展开和应用。人们可能对模型的比较静态性质知之甚少，并且也难以将增加的变量引入分析。这是一个关键的反馈，因为模型中不可观察的变量（譬如说，努力）因为其不可能被观察而恰恰不是原有的利害关系之所在。反之，人们感兴趣的是对于如投资决策和工作安排等这样的可观察的变量，代理模型所产生的后果。由于基本解的复杂性，在这一问题上已经是一筹莫展［关于揭示这些困难的尝试，参见兰伯特（Lambert，1986）］。

　　因而，漫不经心的经验主义，以及力图把配置和总量意义的决策变量包括在内的愿望，强烈地说明了在预测更为简单的激励方案方面完善代理模型的需要。后面我们接着讨论这样一种努力。

1.2.6　稳健性与线性风险分担规则

　　相对简单的激励方案的盛行部分地可以由签订复杂合约的成本来加以解释。[7] 但这并不是完整的叙述。一个更为基本的原因是，与标准代理模型的特定环境相比，激励方案需要在更为广阔的环境范围内奏效。换言之，激励方案需要活力。

　　表达对活力需求的一个方法是让代理人拥有更为丰富的行为或策略集。直观地看，代理人拥有的选择越多，复杂的方案效果将越差。举一个人们熟悉的例子：当存在一个商品交易的二手市场时，套利将夺去价格歧视的所有机会。线性方案是最优的，因为它们是唯一可操作的方案。[8]

　　增加选择如何对简单化起作用的另一个基本例子，可以在我们的基础代理模型的背景中给出。我们注意到，一般情况下，一个最优激

---

　　[7]　我们提醒读者回想一下导言中我们关于明确的与隐含的激励方案的讨论。某些人会认为，当现实世界中的方案被看成是均衡现象时，它们是相当复杂的。

　　[8]　对于租佃分成制中线性风险分担规则的盛行，这可能是一个原因。它也可能解释为什么公司税方案比所得税方案更为线性；与个人相比，公司大概可以在税收方案中更容易地防止非线性化。

励方案不必是单调的,除非单调似然率性质成立。另外,如果让代理人得到产出的自由处置权,那么无论随机技术的情况怎样,唯一可操作的方案是单调的。这就解释了这类非分布的考虑因素,正是它们促使人们去寻求理解激励方案的更广泛的性质。

最近,霍姆斯特罗姆与米尔格罗姆(1985)提出了一个简单代理模型。在这个模型中,因为假设代理人拥有相当丰富的行为空间,所以线性方案是最优的。其主要思想最好能够通过描述米尔利斯(1974)提出的一个例子来把握,在这个例子中不存在最优解。米尔利斯的例子中有一个风险中性的委托人,一个对消费者有无限边际效用的代理人,以及一种具有产出 $x = a + \theta$ 的技术,这里,θ 是具有零平均值的正态分布误差项,a 是代理人的劳动供给。换言之,代理人控制了一个正态分布产出的平均值。这种技术是代理分析最明显的候选对象,并且知道这个问题没有解是相当令人震惊的。原因在于,最优状态可以通过阶梯函数(stepfunction)的方案任意接近地近似,除了对其实行严厉惩罚的那些恶劣的情况,这些方案对几乎所有的结果都提供了最优风险分担(一种直截了当的报酬)。事实上,运用基础模型提供的直观统计来认识,这种近似结果是容易理解的。正常的技术有一个无限低的似然率 f_a/f(对于 x 它是线性的)。因此,很低的 x 值就将具有关于代理人行为的极为丰富的信息,人们可以根据似乎完全揭示了依从关系的信息采取行动。这种阶梯函数逼使合约最终得以签订,如果存在着揭示与确定性相偏离的结果,那么众所周知,这类合约是最优的。[9]

显然,这个例子与现实是不相符的,并且有办法来弥补这一缺陷(例如,限制效用或者限制似然率)。但是,这将被误导,因为这个例子说明了一个更为基本的缺陷。只有在不现实地假设人们精确地知道问题的参数(效用函数、技术,等等)的情况下,这种阶梯函数才接近于得到最优的结果,并且,人们只要把微小的变动或者不确定性引入这个模型,这种阶梯函数一般就会表现很差。换句话说,这个例子

---

[9] 哈里斯与拉维夫(Harrs and Raviv,1979)研究了最优强制合约。

说明的只不过是前面已经讨论过的那种微调的极端情况。

例如，考虑代理人在周末获得报酬的动态情况，假设代理人可以观察到他自己在这一周内的业绩，使得他可以把他的劳动投入作为实现产出路径的一个函数进行调整。那么，阶梯函数将引入的一种努力路径会是既不稳定且按平均水平是偏低的（一般来说，代理人完全会等待时机，看看是否有任何去工作的需要）。与此相对照，一种线性方案不论具有什么产出经历都运用同样的激励压力，将会导致一种更为一致的努力选择。这就说明，阶梯函数的最优化对于代理人只是一次性选择其劳动产出的假设是高度敏感的。[10]

通过考虑规范实例的某种动态变形，能够使这种认识更加明确。具体地说，令代理人控制单位时间间隔之上某个一维布朗运动（Brownian motion）$\{x(t); t \in [0, 1]\}$ 的浮动率 μ。从形式上看，过程 $x(t)$ 被定义为下列随机不等式的解：

$$dx(t) = \mu(t)dt + \sigma dB(t), \quad t \in [0, 1] \tag{1.12}$$

这里，B 是标准布朗运动（零浮动和单一方差）。注意，瞬间方差 $\sigma^2 dt$ 被假定为常量。

假设这一模型中的代理人有一个指数效用函数，同时，假设努力的成本（不像在前面模型中的情况）与代理人的收入无关。换句话说，代理人的报酬是：

$$u\{s(x) - \int c[\mu(t)]\} = -\exp\{-r[s(x)] - \int c[\mu(t)]\} \tag{1.13}$$

正如在时期末所评估的那样，这里 $x = x(1)$ 是这个过程的最后状态（或者说，在时间 1 上的利润水平），$c(\mu)$ 是一个凸（瞬间）成本函数，r 是绝对风险厌恶的系数。效用函数的特殊形式保证线性方案随时间的推移确实施加的是相同的激励压力。一般来说，收入效应会引起扭曲。

---

⑩ 风险中性代理人的情况可以简单地说明这一点，这里，方案的无限性将是最佳的。它们包括了一个既具有单一斜率又具有前面所述阶梯函数的线性方案。不过，如果代理人在选择其势力之前接受了关于技术方面的某些噪声信息，那么线性方案将是唯一最优的。拉丰特与蒂罗尔（Laffont and Tirole, 1986）的论文运用了这一思想。

注意，如果代理人不能观察路径 $x(t)$，那么对他而言，选择一个固定的浮动率 $\mu(t) = \mu$[因为 $c(\cdot)$ 是凸的]将是最优的，并且期末状态 x 会根据平均值 μ 和方差 σ 正常地分布。换句话说，我们将有这样一个模型，它与我们前面讨论过的没有最优解的 1 期例子恒等，因为阶梯函数近似于最优。当代理人可以观察 $x(t)$，并能够把他的选择 $\mu(t)$ 建立在路径 $x(t)$ 的沿革之上（我们把它表示为 x^t）时，情况发生了显著变化。作为对一个单一参数结果分布族约束的取代，相机策略的富集合（richtset）$\{\mu(x^t); t \in [0, 1]\}$ 允许有更为广泛的选择。代理人机会集合的大量扩张显著地限制了委托人的选择；事实上，就委托人要实施的每一个策略而言，他必须使用的激励方案基本只有一个，这与委托人在一维静态模型中所拥有的通常选择灵活性形成了鲜明的对比。

在策略与风险分担规则之间的一一对应使模型在技术上可解（可回顾 1.4 节的讨论）。在最优规则是线性的易于证明后，这种关系就可以明确地全部写出来。有兴趣的读者可以详细参考原文（霍姆斯特罗姆与米尔格罗姆，1985）。

下面可以直观地看到结果。考虑布朗模型的一种离散形式，在其中代理人控制了一个伯努利过程（Bernoulli process）。因为指数效用，如果最优补偿方案依定期结果的整个路径相机而定，那么，最优补偿方案是每次代理人有了"成就"就支付代理人相同的奖金红利，这是容易理解的；因为没有收入效应，问题是静态的。把它看成是一种期末支付方案，这种规则支付代理人一个固定数目加上他成功的次数乘以奖金红利的数目，这就相当于一个根据期末利润分配的线性方案。因此，应该预期布朗模型（是一个伯努利过程的极限）也具有某种线性最优性，而且的确也是如此。

请注意，这一合理的思路表明，委托人并不需要使用结果过程路径的详细信息，即使他得到了这样的信息。这是一种情况，即关于代理人分布选择（期末利润水平）的一个不充分统计仍然足以构造一项最优规则；换句话说，这种情况就是，与一维模型所建议的充分统计结果相比，委托人使用更为总体的信息。其原因是，在努力的时机选择方面并不存在任何利益冲突，而利益冲突只不过表现在努力的总体水平方面；因此，关于时机选择的信息没有任何价值。[11]

关于这个模型值得注意的是，表面上使激励问题更为复杂（一个线性方案是否最优的严格证明并非小事一桩），实际上最终提供了简单得多的解。事实上，一旦我们知道最优激励方案是线性的，解决其系数的问题就无足轻重了。一个线性方案将促使代理人选择一种固定的努力水平。因此，我们可以把这个问题处理成一个静态问题（试比较前面所进行的讨论），在其中代理人选择正态分布的平均值，但是这次却具有委托人只允许使用线性规则的约束。动态使对静态模型中线性的某种特定约束合理化，并且在这一过程中解决了米尔利斯最早提出的不存在问题！

计算方面的不费力使这个模型具有重要的方法论价值。与一般代理模型相对照，实施比较静态的运用是容易的。更为重要的是，在研究更为丰富的道德风险应用中，人们可以把这个模型当作一个建筑构件来使用。通过把线性结果延伸到代理人控制一个多维布朗过程的浮动率向量的情况，进一步推进了这样一些应用；或者，在静态条件下，代理人选择某个多变动正态分布的平均值向量的情况。

作为一种简捷的说明，让我们来讨论投资决策中代理成本的影响，假设投资是由委托人和代理人共同作出（我们不能让代理人单独作出选择，因为这等于让代理人控制了变化，这种情况不符合线性结果）。假定有一组适合于投资的项目。每个项目的回报为 $x = \mu + \theta$，这里，θ 是一个具有平均值 m 和方差 σ^2 的正态分布变量，μ 是代理人的努力。对于一个封闭形式解而言，假设努力的成本是二次方程：$c(\mu) = \mu^2/2$。为了使这个例子的内涵更丰富一些，另外假设存在着一个与 x 相互关联的市场指数 z，其正态分布具有方差 γ^2 和零平均值。那么，每个项目都可以由三个向量 (m, σ^2, ρ) 来刻画其特征，其中 ρ 是 z 与 x 之间

_____

⑪ 我们大胆地猜测，（在多维代理模型中）当额外信号给出关于在其中存在着利害冲突的选择维度的信息时，这些额外信号的确是有价值的。（由假设）在一维模型中总是存在着利害冲突。当额外信号提供信息时它们就有了价值，其结果在那种情况下总是真实的。

的相关系数。

为了作出最佳的投资决策，针对给定的具体项目，人们首先要解决最优激励方案和委托人的净回报问题。在 x 与 z 中最优方案是线性的，也就是说，有公式 $s(x, z) = \alpha_1 x + \alpha_2 z + \beta$。这些系数的最佳值是容易计算的。人们发现委托人应该设定：

$$\alpha_1 = [1 + r\sigma^2(1 - \rho^2)]^{-1} \tag{1.14}$$

$$\alpha_2 = -\alpha_1(\sigma/\gamma)\rho \tag{1.15}$$

不变系数 β 由代理人的参与约束所决定。如果必须保证委托人得到某种最低等价量，那么，将留给他的预期净回报等于

$$\pi = m + 1/2[1 + r\sigma^2(1 - \rho^2)]^{-1} \tag{1.16}$$

要注意的是，最优激励方案展现了相关业绩的评价。代理人不仅依据项目结果 x，而且依据市场结果 z 取得报酬。正如人们所预期的那样，α_2 的符号与 ρ 相反。这一点与通常的结果相一致，通常的结果就是一项最优设计应该尽可能多地过滤掉不可控制的风险。通过因子 $(1 - \rho^2)$，运用 z 作为一种过滤因子减少不可控制的风险。如果 x 和 z 的出现是完全相关的，那么所有风险都可以过滤掉，并且可以获得最佳结果（在最佳结果中，$\alpha_1 = 1$，$\pi = m + 1/2$）。[12]

最佳的项目是将（1.16）式最大化的项目。由于代理问题，我们把项目选择取决于用 $\sigma^2(1 - \rho^2)$ 测度的特异性风险（idiosyncratic risk）的程度（这是给定 z 时 x 的条件方差）。那种风险的价格是代理人风险厌恶（通常也是努力成本）的一个函数。系统性风险没有价格，因为委托人是风险中性的。人们能够允许一个风险厌恶的（具有指数效用的）委托人没有改变线性结果；那么系统性风险也会进入决策标准。但是，不像标准的证券组合理论那样，主要问题在于特异性风险将在投资决策中发挥作用。

因为特异性风险具有价格，一般意义上，投资多样化就有了价值

---

⑫ 值得注意的是，在这个例子中代理人能够通过与其他企业进行资产交易而私下构造相对于业绩评估的最优程度。换句话说，委托人能够仅仅以 x 为基础同样合适地支付代理人报酬，并且让代理人过滤掉不可控制的风险（当然，绝不允许代理人交易他自己所在企业的股票）。

[参见阿伦（Aron，1985）对同样观点的讨论]。还有，对特异性风险的关心会导致市场投资组合比在充分信息条件下更集中。企业在选择与市场更为密切联系的项目时会发现价值，因为这将使更好的激励设计成为可能（这里假设所有的项目都是正相关的）。因此，代理成本能够放大经济中的总波动。

这一讨论仅仅表明当线性方案是最优时人们能够做些什么。似乎线性有潜力引导我们朝向某些更活跃、更严肃的经济分析［关于某些其他说明性例子，参见原论文（霍姆斯特罗姆与米尔格罗姆，1985）]。另外，布朗模型是相当特殊的。技术的选择非常有限：例如，不能够允许代理人作出私人投资决策就是一个对于应用的不恰当约束。布朗模型的有效性受到限制，因为它并没有以最直观的方法抓住对活力的需求。这样一来，为了获得现实世界中激励方案需要充满活力的真实意义，人们将不得不走出贝叶斯框架，引入有限理性的概念。

1.2.7　动态扩展

基本代理模型的动态扩展因两个完全相反的理由而具有重要性。一个理由是，必须处理在静态模型中所描述的激励问题的关联性；另一个理由是，必须处理引入动态而可能产生的增加的预测。在前一类型中，我们有表明时间可能无成本地解决代理问题的理论研究。这一点已经被来自超级博弈的观点和按照由市场创造声誉效应的思想方法两个方面加以证明，在超级博弈中两个当事人之间能够实现所有的合作收益。尽管我们并不同意在每一种情形下关于激励问题消失的结论，但是理解这样一些论点是值得的。它们将把我们引入动态模型，这些动态模型能够扩展并明晰那些来自静态理论的预测。

动态代理问题的首批研究是由拉德纳（Radner，1981）和鲁宾斯坦（Rubinstein，1979）等人进行的。他们的研究表明，在基本单期模型的一个被无限重复的变形中，如果效用不被贴现的话，就能够获得最佳解（完全风险分担与正确的激励结合在一起）。这种分析并没有提供最优解，而是提供了在其中能够得到最佳解的相当一类合约。

这些合约像控制图表那样发挥作用，如果代理人的总业绩完全低于预期，那么代理人在一段时间内受到惩罚。随着时间的推移，不确定性被大数法则过滤掉，惩罚会变得更严厉，控制范围会变得更紧。没有任何效用贴现的假设保证了只有遥远的将来所发生事情的关系，那时，控制严密而且很少有违约情况出现。

这些模型似乎使这样的直觉形式化，即在长期关系中人们可以更加有效地处理激励问题，因为时间允许更为明晰地推断真实业绩。[13]能够取得最佳解这个事实是更偶然的，而且是与无限重复相匹配的没有任何效用贴现这个不现实假设的一个后果。即使拉德纳（1981）随后表明，尽管存在某些贴现人们仍然可以接近最佳，但是没有什么理由相信在现实生活中激励是无成本的。于是，主要问题在于，动态是否改变来自单期模型的洞察力和结果。在上述研究中，以及随后由罗杰森（1985a）和兰伯特（1983）［也参见罗伯茨（Roberts，1982）和汤森（1982）的论文］进行的研究工作中，记忆发挥着关键的作用，认为一个最优长期合约可能看起来与一系列的短期合约有很大的不同。

然而，突然跳到这样一个结论还不到时候。上面讨论的模型假设代理人不能够借贷和储蓄，在这种情况下长期合约部分替代了事实上代理人可享受的自我保险（储蓄肯定是一种现实选择，受限制的借贷同样如此）。在早期模型中所确认的长期合约行为的收益事实上应归功于对借贷和储蓄的限制，这能是真的吗？

最近，艾伦（Allen，1985）、马尔科森（Malcomson）与斯平尼（Spinnewyn，1985）和富登伯格（Fudenberg，1986）等人的研究表明，的的确确可能是这样的情况。更为特别的是，如果人们走向另一个极端，假设代理人能够自由地并按照与委托人同样的利息条件进入资本市场，那么长期合约将不会比在（独立的）重复模型中的一系列短期合约好。

例如，艾伦注意到如果没有贴现，那么人们可以简单地求助于亚

---

⑬ 富登伯格等人（Fudenberg et al.，1986）对这个解释提出了质疑。他们认为交易的重复性改变了代理人的偏好而不是改善了监督的准确性。

里（Yaari，1976）关于在不确定条件下消费的早期研究工作中所得出的结论，即通过让代理人以某种固定价格从委托人那里租借生产技术，就可以获得最佳解。通过借贷和储蓄，代理人不再需要关心收入的波动，因为波动可以被无成本地消除。在这种情况下，自我保险是完全的，并且风险不包含任何溢价。

虽然艾伦也研究了有限范围的情况，但研究的是一种纯粹保险的环境［汤森（1982）的模型尤其如此］，这比我们一直在讨论的代理模型更为简单。这里，他也发现长期合约并不优于短期合约。对于代理模型，马尔科森与斯平尼以及富登伯格等人都得出了同样的答案。这两篇论文的差别在于，前者假设代理人的借贷和储蓄决策可以被核实（因此他的消费能够用合约关系加以控制），而后者则把这些决策看作是代理人拥有的私人信息。但无论如何，论点的基本思想十分类似。关键的观察在于，通过重新安排对代理人的支付流而不改变支付流沿任何实现路径的净现值，用一系列的短期合约可以复制长期合约。大致来说，这种重新安排的运行要使委托人按照每一期的效用关系结清他与代理人的收付差额。因为存在着资本市场，支付的时机选择并不重要。长期合约意味着通过适当的借贷和储蓄行为，代理人归入消费流。

当然，代理人能够自由地在资本市场上借贷和储蓄的假设是相当不现实的（此外，富登伯格等人的模型假设代理人可以消费透支，这肯定是不现实的）。不过，模型确实清楚地显示，人们不应该匆忙地下这样的结论：长期合约，至少在重复交易的环境中，有着重大的收益；在某些情况下，单期模型的洞察力得以保持，不随引入动态而发生变化。不过，更为重要的是，这些发现认为，因为我们确实现察了长期关系和长期合约，在收益后面可能有除了收入拉平之外的某些力量。

现实中存在着许多人们可能考虑到的潜在力量。在富登伯格等人的研究中，讨论了时期与时期之间的信息联系，在第 3 节中将继续讨论某些其他原因。这里，我们要强调的是，当相机状态难以核实或者不可能核实，以致不可能容易地履行明确的合约时，长期合约关系可能提供较大的优势。在短期关系中无法进行复制的合约，长期合约关系可以隐含地（通过声誉效应）加以支持。布尔（Bull，1985）提供了这种变化的一个模型，我们将在第 3 节加以讨论。以这种方式也最好地解释了拉德纳和鲁宾斯坦的模型；两者都具有不需要依靠外部履约的自我履约均衡。关于强制性退休的拉泽尔（1979）模型有着相同的思路。拉泽尔主张年龄—收入曲线向上弯曲［这一点已被大量经验证据进一步证实；当然，相反的证据参见亚伯拉罕（Abraham）与法伯（Farber）（1985）］，因为对工作的路径激励被维持在代理人的就业水平之上。其意义在于，就业的终止应该是强制性的，因为在职业生涯的最后阶段边际生产量将低于支付的报酬。虽然这一观点需要进一步完善，但在把动态模型引入到基本代理体制中能够怎样获得另外的预测方面，拉泽尔的模型仍是一个很好的范例。

作为构造声誉模型的一个相关例子，让我们来考虑法马（1980）的观点，他认为激励问题，尤其是管理激励问题，在代理文献中往往被夸大了，因为在现实中时间的流逝将有助于缓解这些问题。法马的论证不同于拉德纳和鲁宾斯坦，其重点是放在控制管理者行为的市场力量方面，而不是放在超级博弈理论方面。法马创造了作为自动机制的术语"事后结清"（ex post settling up），通过事后结清，管理者的市场价值，以及随之而来他们的收入随时间与所实现的业绩相应调整。如果贴现很小或没有贴现，那么通过控制管理者一生的收入流将有助于管理者对他的行为承担完全责任，法马宣称这样会促使管理者为股东的利益行动。

法马的直观论证在霍姆斯特罗姆（1982b）的模型中已经形式化。我们将部分概述这一结构以说明最佳结果随每一个特定假设而定，讨论这个模型也因为它提供了声誉形成的最简单的范例并且说明了某些有趣的扩展。

考虑一个风险中性的经理，他运行在一个竞争性的管理者劳动力市场上。假设通过观察经理任期内的产出，这个市场可以随时注意到他的业绩。同时，假设经理的报酬不能够根据意外的产出进行调整，因为履约的第三方当事人不能核实这种产出。因此，在每一个合约期限内，经理得到与他所预期的边际生产量相对应的报酬。

显然，如果合约只持续一个时期，那么经理将没有任何激励去投入额外的努力。但是，如果他希望在职业岗位上待得更长，情况就有所不同。有远见的雇主会注意到经理的表现并从过去的行为预测他的未来潜力。从逻辑上讲，这就意味着必然存在着市场不能完全知道的、却正在由过去的表现所传递的某种经理特性。对经理而言，虽然许多其他替代因素也可能在被考虑之列，但是能力或才能是正在传递的东西的天然候选者。

现在让我们来看看即使在没有任何公开合约的情况下，经理能力的不确定性会如何引导努力。

在最简单的环境中，经理控制着某种线性技术：

$$x_t = a_t + \eta_t + \theta_t$$

这里，x_t 是 t 期的产出，a_t 是经理的努力，η_t 是以数量度量的管理能力，θ_t 则是随机波动的一种无倾向 i. i. d. 序列。管理能力根据一个简单的自动回归过程随时间得以提高：

$$\eta_{t+1} = \eta_t + \varepsilon_t \tag{1.17}$$

此公式与 θ 序列无关。

在每一合约期，将支付经理与他所预期的边际生产量相应的报酬。这就是以过去的表现和他的努力 a_t 的价值为基础评估其总的预期能力。因为假设市场知道经理的效用函数，所以可以预测经理在努力 a_t 方面的选择。

为了找出经理在均衡中将做什么以及将支付给他什么，人们不得不解一个理性预期均衡。如果冲击项 θ 和 ε 都是正常的，并且关于能力的前期表现也是正常的，求解这个均衡就相对容易。这样，市场将在监督一个标准的规范学习过程 [参见德格鲁特（DeGroot, 1970）]，在这一过程中，以现时的信念（beliefs）与产出的最新观察加权平均为基础刷新关于能力的评估。如果我们用 m_t 表示依据过去情况的 η_t 预期价值，那么 m_t 这样进展：

$$m_{t+1} = \alpha_t m_t + (1 - \alpha_t)(x_t - a_t) \tag{1.18}$$

注意，在关于能力信念的刷新中市场将从现时努力水平的产出中减去，这能够在均衡中推断。这样就过滤了时间变化的瞬间影响。

权数 α_t 是时间的决定性函数，并且在长期中收敛成某种均衡值 $\alpha \epsilon [0, 1]$。α 的值取决于随机冲击项的分布。如果能力保持不变（即 $\varepsilon_t = 0$），那么 $\alpha = 1$。通常，能力过程相对于产出过程中的噪声越嘈杂，α 就越小；亦即信号对噪声的比率越高。

既然市场根据(1.18)式刷新对经理的信念，并且每一 t 时期以与 m_t 成比例地支付经理报酬，那么根据 t 期的管理努力计算收益是容易的。在静态下，边际收益将由下式给出：

$$k = \beta(1 - \alpha)/(1 - \alpha\beta) \tag{1.19}$$

式中，β 是经理的贴现因子，α 是前面提到的刷新权数的长期价值。由此我们可以看到，如果 β 接近于1，那么努力的边际收益在经理的目标函数和生产技术两方面都将接近于1，因此激励将是恰当的。然而，一般来说，努力将不会处于最佳状态。贴现因子越低，ε 和 θ 的方差之间的比率越低，努力水平将越低。也就是说，产出过程中存在的噪声越多，能力过程中拥有的创新就越少。这一点完全与直觉相一致。如果产出非常嘈杂，来自努力的收益将进一步推迟到未来才分配，其价值将更小。另外，能力的变化将会提出重建个人的声誉并因此增加努力的需求。没有(1.17)式，经理的努力将最终收敛于零。

正如在拉德纳模型和鲁宾斯坦模型中的情况一样，有时能够取得最佳这样的结果本身没有什么重要意义。它需要非常特殊的、难以置信的假设，尤其是在经理为风险中性者而且未来的报酬不能贴现时更是如此。这一模型的主要观点在相当程度上是为了说明，当认识到经理特性正像其常常呈现的那样是一种关键因素时，声誉的确能够履行某种形式的隐含合约。在这个特殊的例子中，如果合约采取这样的形式：$s(x) = kx + b$，其中 k 在（1.19）式中给定，那么，（在知道经理能力的情况下）这个隐含的合约确实像一个明确的合约那样履行。不过，值得注意的是，当合约依赖（至少作为在市场上所决定的）声誉效应时，就很少有余地以合意的方法自由设计合约。

针对石油钻探商业活动的一般合伙人，沃尔夫森（Wolfson，1985）已经进行了一项在市场上声誉收益的经验研究。研究的结果广泛地与这个例子的含义相一致。在石油钻探商业活动的市场上，短视行为将支配一般合伙人，使他们完成的油井要比有限合伙人希望得到的油井更少（因为税收规则）。然而，由于新的商业活动频繁出现，新的合伙关系不断形成，人们能够预期一般合伙人会重视他们的声誉，并且会比短期最优时完成更多的油井。确实如此，关于这种情况沃尔夫森发现了统计上显著的证据。在市场上对声誉的定价要高于在模型中所描述的定价。这些结果与 $k < 1$ 时的情况相一致，因为沃尔夫森也发现剩余激励问题依然存在，并且这些问题反映在有限合伙人的股票价格中。

这些经验发现，为进一步探索声誉和学习的作用提供了依据。人们可以从多方面对这种一般性理论予以探讨，并且已经完成了一些有趣的研究工作。吉本斯（Gibbons，1985）认为，组织能够做的事就是把声誉激励与现实生产力更紧密地结合在一起。从所描述过的模型来看这是明显的，即在某个经理声誉的收益和他的现时边际生产量之间实际不必存在一种非常紧密的关系，尤其在早期更是如此。的确，如果我们考虑的是处于较低职位的年轻经理，他们来自努力工作的收益就可能极大地超过他们所贡献的实际生产量，因为年轻经理的未来价值一般情况下通过增加责任感而得以倍增。吉本斯提出处理这个问题的一种方法，是控制关于业绩潜力的信息流，以便减弱业绩的初始影响。年轻的职业人员在建立他们自己的企业之前先参与较大的合伙关系，大概可以把这种现象看作是一种方法，即保护他们自己，以避免当错误发生在早期的职业生涯时来自市场的过度强烈的反应。

对这种简单的学习模型作详细说明的另一篇论文由阿伦（1984）给出。她应用学习效应引申出关于企业增长率、企业内部多样化程度和企业规模之间相互关系的大量含义。

尽管我们的实例支持通常的直觉，即通过长期报酬缓和了激励问题，但是强调这并不具有普遍的真实性是重要的。事实上，职业生涯所关切的事本身就可以是激励问题的一个来源。例如，在霍姆斯特罗姆与里卡特—科斯塔（Ricart - Costa，1986）的论文中分析了一个模型，在这个模型中，完全因为声誉效应而呈现出经理和股东之间在风险承担方面的不一致。其原因在于，经理们把投资看作是揭示关于他们自身能力的信息的试验，而股东们当然是从财务收益的角度来看待投资。主要观点是，对于一个投资项目的人力资本收益而言，没有任何理由与项目的财务收益紧密地联系在一起。因此，问题需要明确的激励联系。就那些不相信依赖于厌恶努力的激励模型的人而言，这样一个模型为分析管理风险承担激励提供了一种新的思路。⑭

最后，作为动态分析能够怎样有助于在补偿的竞争理论之间作出辨别的一个例子，我们要提到墨菲（Murphy，1986）的研究工作。墨菲比较了为什么年龄—收入曲线趋于向上弯曲的两种假说。一个是前面已经提到过的拉泽尔模型。另一个理论认为，向上弯曲源自关于生产力的学习以及为躲避风险而与保险联系起来的合约行为过程［例如，参见哈里斯（Harris）与霍姆斯特罗姆（1982）］。墨菲争辩道，如果激励假说是真实的，那么由于收入拉平，个人收入的方差应该随任职期而增加。如果学习假说是真实的，那么个人收入的方差应该随任职期而降低，因为业绩信息的效应在任职的头几年最强。墨菲以来自企业计划书的一组总经理补偿数据来检验这些竞争观点。他的研究结果是相当不确定的，大概因为两种效应实际上都存在。但是要点在于，原则上，动态模型所允许的辨别力根本不适用于单期研究。

1.2.8　概要与结论

尽管这一节的叙述很长，我们仍只涵盖了论述委托—代理模型的广泛文献中的几个方面。在作出概要之前，我们要提到两个重要的遗漏。一个是缺乏隐藏信息模型的例子，而在研究文献中这类模型却常常在机制设计的名义下起到了明显的作用［参见哈里斯与汤森（1981）和迈尔森（Myerson，1979）具有创新性的贡献以及格林（Green，1985）在该领域中的一致看法］。我们将在第1.3节部分弥补这一遗漏，那时会分析一个与劳动力合约行为过程相联系的隐藏信

---

⑭　戴蒙德（Diamond，1985）提出一个关于风险承担的相关声誉模型，关于债务合约的性质和资本市场的信用率，这个模型获得了非常有趣的预测。

息模型。机制设计方法在解释标准理论范围之外的一系列制度方面已经相当成功，它也在规范问题方面提供了深刻的见解，例如，税收［米尔利斯（1971）］、拍卖设计［哈里斯与拉维夫（Harris and Raviv，1981）、迈尔森（1981）和马斯金与赖利（Maskin and Riley，1984）］，以及管制［巴伦（Baron）与迈尔森（1982）、巴伦与贝桑科（Baron and Besanko，1984）和拉丰特与蒂罗尔（Laffont and Tirole，1986）］，以与我们这里已经讨论过的模型同样的方式，对信息假设的某种过度敏感困扰着这些模型，这就难以超越定性结论。

　　另一个重要的遗漏是我们根本就没有讨论缔约行为对一般均衡的影响，斯蒂格利茨在这个领域特别活跃。正如斯蒂格利茨在种种不同背景中已经注意到的那样［例如，参见阿诺特（Arnott）与斯蒂格利茨（1985）］，次优合约的不完全性将存在外部效应，而这些外部效应可能是重要的。为了使读者熟悉次优理论，笔者把其一般思想阐述如下。在一切经济中，两个当事人之间的合约行为将会对其余的经济产生某种均衡影响。然而，在理想化的阿罗—德布鲁状态里，均衡发生在社会最优点，因此在一个双边合约中边际变化的影响将有零社会成本。与之相对照，当我们（无论因为何种原因）处于某种次优状态时，合约中的边际变化将会对社会福利函数产生一种一阶影响，这一点并不由合约行为的当事人来解释。[15] 或许一个相关的例子是，经济一方名义合约的结果取决于经济的另一方对合约指数的使用。

　　自然，这样的外部性可以为政府干预经济提供理由。无论如何，在确信存在一种仅仅根据政府适用的信息而运行的、正在改善的政策方面，人们应该小心翼翼。作为一名模型构建者，设置改善的安排是容易的，因为模型构建者知道所有的相关信息。但是这并不自动地意味着政府就可以使事情得到改善，尤其是当应用了与不完全信息模型联系起来的、更严格的效率概念时更是如此。在这个意义上说，到此

---

　　[15]　当一个当事人与许多独立代理人以某种分散化的方式签订合约时，同样的问题出现了略微不同的方面。虽然这种现象最近已经被克里默与赖尔登（Cremer and Riordan，1986）观察到，但仍值得更多的注意。

刻为止，研究文献中对可操作性的福利方案的探索似乎寥寥无几。

概要：

（1）简单来看，所有的代理模型都有代理人从可观察的变量（例如产出）的一个分布族进行选择。在隐藏行为模型方面的一项关键简化是假设代理人控制了一个一维分布族。这就导致了一个最优方案简单而直观的特性。这里，一维化并不涉及像努力这样的任何经济变量，而是涉及代理人能够从中进行选择的分布集合。对于解决与最优规则特性的有效性相联系的混乱问题而言，理解这一点是重要的，而这种有效性有时（但是误导地）被称为一阶条件方法的有效性。

（2）基本隐藏行为模型的主要观点是，最优激励方案看上去像一个以从可观察到的信号推断代理人行为为基础的方案。这就意味着最优方案对代理人所控制的技术信息内容是高度敏感的，而最优方案与这种技术的具体性质只有松散的联系。因而，不经意推动的信息技术将容纳几乎任何形式的激励安排，在这方面这一理论的确没有预测力。

然而，确实拥有某些预测力的东西，是一份合约应该使用全部相关信息的结果，而相关信息是可得到的某种充分统计量。在其他情况下，它导致使用相关业绩评价的财务报告，而业绩评价至少从广义上说似乎要与经验证据相吻合。

（3）不过，对从这类建模方法发现的信息变量的极端敏感性是与现实不相符合的。现实世界的方案要比理论所描述的方案更为简单，并更令人惊奇地与广泛的环境相一致（例如，线性方案在多种情形下都是共通的）。结论是，并不是信息问题的某种东西推动着人们可能遵守的任何规律性。最近已经提出的一种可能性是，通常的代理模型过于简单，没有说明对在各种环境下都有很好表现的方案（也就是具有稳健性的方案）的需求。我们给出过一个模型的实例，在这个模型中活力问题引导出线性方案。似乎在这一方向上的研究在未来会有较大的收获。

为什么现实中的方案更为简单、对环境变化更不敏感的另一个原因是，就当事人所涉及的表现和价值而言，外来的合约难以在他们的隐含表现和他们的价值两方面进行评价。这并不是我们强调的东西，因为它似乎处于普通贝叶斯范式之外，但并非是说这就不重要。沿着这些思路进行研究也可能会有较大的收获。

（4）普通的隐藏行为模型预测能力相当差。一个原因是复杂的激励方案使说明关于分布选择的任何情况都是困难的。另一个原因是模型中的行为是不可观察的经济变量（在这一点上，隐藏信息模型更为有用，因为例如投资或就业水平这样的行为通常是可以观察到的；参见第1.3节）。应该把建模的努力更多地放在包括集中关注代理的配置结果等有趣的经济数量方面。正如在1.2.6节中所指出的那样，预测较为简单的方案的活力论点在这种努力中应该是有所帮助的。

（5）使代理模型的预测更为清晰的另一个有益的方向，是求助于动态建模。这些动态建模适于辨别时间序列和固定样本数据，而这些在静态模型中是不可能做到的。动态模型也把注意力放到声誉效应和长期公开的或隐含的合约行为方面，这些问题可能正是现实世界中激励问题的核心。

1.3　劳动力合约

合约理论的首批应用之一就是研究企业与工人之间产生合约行为的情况［创新性的论文是由阿扎赖亚迪斯（Azariadis，1975）、贝利（Baily，1974）和戈登（Gordon，1974）等人发表的］。第1.3节讨论关于这方面的研究工作以及各种各样的扩展，包括介绍不对称信息和宏观经济应用。我们从描述阿扎赖亚迪斯—贝利—戈登模型本身开始讨论［对于劳动力合约理论的一个杰出的新综述见罗森（1985），这个综述与现在的讨论有相当不同的关注点］。

1.3.1　阿扎赖亚迪斯—贝利—戈登（ABG）模型

阿扎赖亚迪斯—贝利—戈登模型被发展为用于解释非瓦尔拉斯就业决策，尤其是失业，以及理解工资与劳动的边际生产量之间的背离。它是从这样的思想出发，即一个企业通过长期合约为其风险厌恶的工人提供工资和就业保险。

这个模型可以描述如下。想象与一组工人发生长期关系的一个单一企业。[16] 某种锁定效应大概解释了为什么这种关系应该是长期的，尽管并没有明确地构建模型。为了简化起见，假设这种关系持续两个时期。企业与工人在零期签订一份合约，而就业和生产却发生在 1 期。阿扎赖亚迪斯—贝利—戈登模型强调了隐含合约的思想；我们到 1.4.4 节再讨论这一点，现在我们相信合约是明确的、有法律约束力的。

设企业的 1 期收入为 $f(s, L)$，其中，s 表示外生需求或供给波动，L 为 1 期总就业。假设零期劳动力是由 m 个同质的工人所构成，这里 m 已给定。[17] 每个工人有一个(间接的)冯·诺依曼—摩根斯坦(von Neumann - Morgenstern)效用函数 $U(I, \rho; p)$，其中，I 表示从企业得到的收入或工资，ρ 是企业的就业量，p 是消费品价格的向盘。我们假定 p 是常数，因此下面不再加以考虑。[18] 我们假设 $U_I > 0$、$U_\rho < 0$，并且 U 在 I 和随 $U_{II} < 0$ 的 ρ 中是凹性的(也就是说，工人是风险厌恶的)。另外，假定企业是风险中性的。与阿扎赖亚迪斯—贝利—戈登模型假定 ρ 等于 0 或 1 相对照，我们假设 ρ 是一个连续变量。

在阿扎赖亚迪斯—贝利—戈登模型中，当事人双方虽然在零期时都不知道状态 s，但是在 1 期却是可以公开观察到的。在这种情况下，在使 I 和 ρ 都成为 s 的函数：$I = I(s)$，$\rho = \rho(s)$ 的意义上，合约可以是相机的。既然 ρ 是平滑的，U 在 ρ 中是凹性的，在 1 期分享工作就是合乎意愿的；也就是说，$\rho(s) = [L(s)/m]$ (因此阿扎赖亚迪斯—贝利—戈登模型的这种描述没有解释失业；不过，可参见 1.2.4.2)。因而，一个最优零期合约的解为：

$$\mathrm{Max}E_s\{f[s, m\rho(s)] - mI(s)\}$$

---

[16] 关于这种关系的经验重要性，参见霍尔 (Hall, 1980)。

[17] 在一个更为一般的模型中，劳动力的规模将是一个选择变量。

[18] 这里包括了两个假设。首先，p 独立于冲击企业的波动 s；其次，企业和工人是充分小的，他们的行动不会影响价格。在整个第 2 节和第 3 节我们都将维持这两个假设。

约束条件是 $E_s[UI(s),\rho(s)] \geq \bar{U}$ (1.20)

这里，两个期望值都以 s 的客观概率分布为基础，假设在零期这个客观概率分布是普通常识。我们所采纳的假设是，企业得到全部合约剩余，而工人被压低至他们的零期保留预期效用水平 $\bar{U}$。然而，随之没有什么东西依赖于这种剩余的事前分布。

（1.20）式的解非常简单。在通常的内部性假设下，下列各式描述了其特征，对所有 s 而言，有：

$$\frac{\partial f}{\partial L}[s, m\rho(s)] = -\{\frac{\partial U}{\partial l}[I(s), \rho(s)/\frac{\partial U}{\partial l}(I(s)), \rho(s)]\}$$ (1.21)

对所有 s 而言，有：

$$\frac{\partial U}{\partial I}[I(s), \rho(s)] = \lambda$$ (1.22)

$$E_s U[I(s), \rho(s)] = \bar{U}$$ (1.23)

式中，λ 为一个拉格朗日乘数。（1.21）式告诉我们，消费与就业之间的边际替代率等于每种状态下的边际转换率；（1.22）式告诉我们，工人收入的边际效用在各种状态下都是常数。这是在一个风险厌恶代理人与一个风险中性代理人之间最优保险的条件[注意，（1.22）式意味着如果 $\rho(s_1) = \rho(s_2)$，那么，$I(s_1) = I(s_2)$；也就是说，只有当就业变化时工资才会变化]。

可以进行几个方面的观察。首先，从（1.21）式来看，在每一种状态下就业决策都是事后帕累托有效率的。因此，为了强调到目前为止众所周知的东西，阿扎赖亚迪斯—贝利—戈登模型并不能解释无效率就业水平。关于这个结果尽管存在着某种初始的混淆，然而假定一个事前最优合约应该从交易事后（在对称信息条件下）获得全部收益，完全不会令人惊奇。然而，虽然就业水平是有效率的，但通常并不像在标准的瓦尔拉斯现货市场那样，那时状态 s 下的工资 $w(s)$ 满足：

$$\frac{\partial f}{\partial L}[s, m\rho(s)] = w(s) = -\frac{\partial U}{\partial \rho}[w(s)\rho(s), \rho(s)]/\frac{\partial U}{\partial I}[w(s)\rho(s), \rho(s)]$$ (1.24)

这一点正是各种状态下收入转移的可能性在 $[I(s)/\rho(s)]$ 与 $w(s)$

$= (\partial f/\partial L)[s, m\rho(s)]$ 之间允许的某种偏差。事实上，罗森（1985）已经指出，如果劳动是一种正常的商品（normal good），并且瓦尔拉斯劳动力供给曲线是向上弯曲的，那么，就业在一种合约状态下通常要比在一种瓦尔拉斯现货市场状态下更为频繁地变化。[19]

一种重要的特殊情况是，虽然对一个工人本身而言劳动并不会引起任何无效用，但是简单地使他丧失了 1 期在外部挣钱的机会。可以由下式来表示：

$$U(I, \rho) = \hat{U}[I + R(\bar{\rho} - \rho)] \qquad (1.25)$$

式中，$\bar{\rho}$ 是工人的劳动总才能，R 是 1 期就业替代的工资 ［在（1.25）式中，劳动既不是正常的也不是劣等的］。然后，（1.21）式和（1.24）式合并为：

$$\frac{\partial f}{\partial L}[s, m\rho(s)] = R \qquad (1.26)$$

也就是说，在一个合约中的就业水平与在一个瓦尔拉斯现货市场上的就业水平完全相同。另一方面，（1.22）式意味着：

$$I(s) + R[\bar{\rho} - \rho(s)] = 常数 \qquad (1.27)$$

这就是说，最优保险导致各种状态下一个工人的（实际）收入相等（相对于价格 p），这是一个与人们在现货市场上看到的情况相当不同的结果。

对工人的工资与他们的边际劳动（收入）生产量之间的偏差进行解释的能力，是阿扎赖亚迪斯—贝利—戈登模型的主要成就。事实上，这个模型提供了黏性（实际）工资或收入的一种引人注目的解释，与非均衡理论提供的解释形成鲜明对比。[20]

让我们考察阿扎赖亚迪斯—贝利—戈登模型的基础性假设。一个

---

[19] 原因如下：在现货市场上，在工资率高的良好状态下（替代效应）工人努力工作的激励将由他消费大量闲暇的意愿来补偿，因为他的收入高（收入效应）；而在工资率不高的不好状态下情况正好相反。在签订合约的背景下，收入效应在规模上被减小，因为企业提供的收入保险包括了合约有效期中的各种状况。

[20] 虽然我们已经假设企业是风险中性的，但是主要的结果概括出企业是风险厌恶的一般情况。尤其是，只要企业比工人的风险厌恶足够低，工人的收入相对于现货市场的收入将是稳定的。也要注意当企业是风险厌恶时（1.21）式继续有效。

关键的假设是，企业的风险厌恶比工人低，且因此准备以承保者的身份来行动。在波动 s 对企业而言是特异性的程度上（实质上我们已经假设无论如何把物品价格 p 看作是独立于 s 的），这是合理的，因为与工人们分散人力资本风险相比，企业的所有者们通过股票市场分散特异性利润风险可能更为容易。不过，在与企业的波动呈相互关联的某种宏观经济环境中，这个假设缺乏说服力。[21]

即使当波动呈特异性时，一个工人必定指望他自己的企业给予保险的情况并不明显。为什么不去保险公司呢？在阿扎赖亚迪斯—贝利—戈登模型中，s 是可公开观察到的，视 s 的情况而向保险公司支付保险金并从它那里获得保险补偿应该没有任何困难。然而，如果模型复杂得难以理解，就可以给出企业作为承保者的某些正当理由。

首先，可能是这样的情况，当 s 对企业和工人而言都是可观察时，对保险公司而言却是不可观察的。当保险公司依赖于一名工人所报告的 s 时，这名工人当然会有激励通知最大化其来自保险公司的转移支付的 s。现在虽然保险公司可以通过分别得到来自企业和工人的独立报告而知道 s 是可能的，但是存在企业和工人可能共谋的危险。这整个过程可能涉及与由企业进行保险的情况相关的相当大的成本。

事实上，为了提供最优保险，保险公司不必要观察 s，只需观察工资 $I(s)$ 和就业 $\rho(s)$ 就行了。然而，即使保险公司可以观察这些变量，当一名工人表现的某个方面对保险公司而言是不可观察的时候，就会出现新的问题。例如，假定为了使就业更具生产力，一名工人施加努力 e 就是必需的。然后，在工人竭尽努力的条件下，最优风险分担合约将保证这名工人的工资。当保险公司（不能够观察 s 或 e）提供保险时，这名工人可能不会竭尽努力，并声称他的低工资是一个不佳 s 的结果。当（确实观察到 e 的）企业作为一个承保者行动时，这个问题就再次被减轻了。

读者可能会感到诧异，如果对例如保险公司这样的外部人来说 s

---

[21] 尽管奈特主义（Knightian）的论点认为，通过自我选择，企业家的风险厌恶比工人低。有关的公式化论证，见基尔斯特罗姆（Kihlstrom）与拉丰特（1979）。

和 e 是不可观察到的，那么怎样才能履行一个在企业与工人之间，把 I 和 ρ 构成 s 和 e 的函数的合约呢？这是一个重要的问题，对此可以给出两个答案。第一，可能存在这样的情况，即企业与工人每一方都有足够的证据对某个外部人核实 s 和 e 真正是什么；也就是说，即使在他们之间发生争论，"真相也会大白"（反之，在一个涉及保险公司的三方当事人合约中，企业与工人之间的共谋可能妨碍这样的情况出现）。第二，如果合约是隐含的而不是明确的，那么可能通过声誉方面的考虑而得以履行；也就是说，当工人真正作出了努力时，企业并不会加以否认，因为否认的话企业将会在未来的工人面前丧失声誉（这一方面进一步的讨论，见 1.3.4 节）。

1.3.2　工人辞职的可能性

阿扎赖亚迪斯—贝利—戈登模型以这样的思想作为基础，即企业保证工人避免其实际收入的波动。这就意味着在某些状态下工人将获得大于其边际（收益）生产量的收入，在其他状态下则小于其边际（收益）生产量。由此已经引出的一个困难是，在后面的状态下工人可能辞职，也就是说，简单地从合约中退出。当然，只有当工人的企业外部边际生产量与企业内部边际生产量可比较时，也就是当本来对长期关系负责的锁定效应微弱时，这才会成为一个问题。不过，如果锁定效应是微弱的，合约的保险成分将被置于严重的压力之下。

为了理解这点，假定存在着一名单个工人（$m = 1$），他既可以在企业内部工作（$L = 1$），也可以在企业外部工作（$L = 0$）。为了简化起见，假设这名工人由 s 表示的边际（等于平均）生产量在企业的内部和外部都是相同的（也就是说，根本就没有锁定效应），同时假设他只关心总收入：$U = \hat{U}(I)$ [正如在（1.25）式中那样]。那么，为了防止该工人在 1 期辞职，企业在每一种状态下都必须支付他至少 s 的工资。然而，为了使该工人得失相当，企业支付给他的报酬不能够大于 s。结论是，在每一种状态下企业都将按照该工人的边际生产量精确地支付报酬，当然，这正是现货市场的解决方法。

于是，在这种没有任何锁定效应的极端情况下，保险因素完全被破坏。霍姆斯特罗姆（1983）已经证明，当就业和生产超过一个时期时，上述结论就不再有效。理由如下：在上面的例子中，企业在 1 期能够提供完全保险，同时通过在每一种状态下同意支付给工人的报酬为 $\bar{s} = \text{Max } s$ 以避免工人辞职。当然，这样做企业承受了某种损失，但是如果工人在零期也具有某种非随机生产力 s_0，那么企业可以通过在零期支付给工人的报酬小于 s_0 而弥补这种损失。这样做产生了成本，因为假设工人不能够借贷，他的消费路径随时间的推移将会比他所愿意的更为倾斜［如果工人的效用函数是 $\hat{U}(I_0) + \delta \hat{U}(I_1)$，式中 $1/\delta - 1$ 是市场利率，那么最优合约对所有 s 有 $I_0 = I_1(s) = \bar{I}$；也就是说，收入完全拉平］。容易看出，当最理想地把这种成本与保险利润相替代时，结果是下面这样一种不完全保险：企业通过保证工人至少得到 $\hat{s} < \bar{s}$ 提供 1 期收入的最低额；然而，在 $s > \hat{s}$ 的状态下，企业同意支付工人的全部边际生产量 s。

　　辞职模型的一个优点在于，它提供了一种所谓所得的后期补偿（back－end loading of earnings）解释（工人在零期的所得小于他的边际生产量，而在 1 期的所得至少等于他的边际生产量）。[22] 不过，这个模型被建立在大量相当强的假设之上。首先，假定工人可以轻而易举地退出，而企业则受合约约束。人们可能会问，为什么合约不可以列入工人根本就不能够辞职，或者辞职的工人必须通过支付某种“退出费”（exit fee）对企业予以补偿的条款呢？回答这个问题时，一些人已经诉诸这样的观念，即法庭不会实施这种非自愿的劳役（尽管要注意到，在工人可能在零期同意这个合约的限度内，我们事实上是在谈论自愿劳役）。而从历史的角度看，事实确实是这样的，注意到对这个问题的看法正在改变是有趣的；退出费的使用（例如，由离开的工人返还培训或交通费用）似乎在增加，最近的情况表明法庭正准备实施这样的做法（《纽约时报》，1985 年 10 月 30 日）。尤其是，似乎存在着把习惯法的基本原则运用到劳动合约中的某些行为，这个基本原

---

　　[22]　在霍姆斯特罗姆的模型与贝克尔（1964）的工人培训分析之间有着明显相似的情况。

则就是赋予违约的受害者要求赔偿损失的权利，也就是说，使之处于好像违约没有发生时的那样一种良好状态。在辞职模型中，赔偿的损失相当于 s 状态下辞职工人支付给企业 $s - I(s)$，其中 $I(s)$ 是被企业雇用时工人的工资。不过，在这种情况下，工人不愿意辞职，并且可以达到最优 $I_0 = I_1(s) = \overline{I}$。[23]

像阿扎赖亚迪斯—贝利—戈登模型一样，辞职模型也假设企业必须为工人提供保险。对此我们前面已经给出了某些理由，但是当锁定效应微弱时这些理由就变得没有什么说服力。原因是，如果 s 是工人能够在企业内部或外部挣得的收入量，那么一个保险公司不能够观察 s 的假设大概就难以令人信服（如果 s 是不"可核实的"，以 s 为基础履行合约可能还存在问题；参见第 1.4 节）。即使外部人不能够观察 s，工人仍然可以通过从银行贷出某个固定数量的款项并交给企业保管从而依靠企业为之保险；工人只有不辞职时才能在后期得到这笔款项（换言之，工人可以过账一笔债款）。这样一种安排能够再次达到最优，尽管这当然可能延伸了这样的限制，即假设企业将不会违反合约中关于企业的那部分内容（注意，这种安排确实涉及某种形式的后期补偿）。[24]

这些批评没有涉及的一种情况是工人可以简单地"消失"。如果情况果真如此，那么企业知道它将不能收取到任何退出费，并且没有任何银行愿意借支给工人。缺乏退出费或者债款拖延的另一个原因在于，有时工人可能因为不是高替代工资的原因而辞职；例如，在这个企业工作可能会变得难以忍受，或者工人可能患病。这些状态对工人而言可能不好，因此，工人将不情愿因为风险厌恶的原因在这些状态下失去大量的收入（我们假设辞职的原因不可公开观察到，因此不能够依此而决定退出费）。无论如何，例如这样的一些考虑似乎可能会导致模型并非是无足轻重的复杂性，而后期补偿的解释效果对这些考

---

　　[23]　同样值得指出的是，被掩盖的退出费其各种各样的形式实际上是相当常见的；例如，不合法的养老金。

　　[24]　注意，在某些背景下使用押金；例如，租借押金。

虑的引入有多强的说服力并不清楚。

1.3.3　不对称信息

让我们回到合约的全体当事人都受到合约约束的情况。正如我们已经看到的那样，阿扎赖亚迪斯—贝利—戈登模型能够解释黏性（实际）工资或收入，但是不能解释事后无效率就业。正因如此，在完善阿扎赖亚迪斯—贝利—戈登模型方面已经进行了众多的尝试。引入不对称信息就是一个重要的进展。沿这些思路构建的最早一组模型考虑的情况是，厂商的收益波动 s 只有在 1 期才会被厂商所观察到 [参见卡沃与费尔普斯（Calvo and Phelps，1977）和霍尔（Hall）与利连（Lilien，1979）]。正如肯尼思·阿罗已界定的那样，这种"隐藏信息"假设只有在拥有私人信息的当事人是风险厌恶的时候才具有说服力。[25] 正是下面这个假说构成了阿扎赖亚迪斯（1983）和格罗斯曼与哈特（1981，1983b）等人所构建的模型的基础：认为厂商等同于其风险厌恶的经理。

管理风险厌恶的一个后果是，对厂商而言，像在基本阿扎赖亚迪斯—贝利—戈登模型中那样为工人提供完全的收入保险不再是最优的；相反，经理现在将要求获得某种自身的保险。不过，经理获得保险的能力被其私人信息所限制。例如，当承保人必须依靠经理报告两种状态中哪一种状态发生时，在状态 1 支付经理报酬 $ $\alpha > 0$ 和在状态 2 经理纳税 $ $\beta > 0$ 的这样一个保险合约就不可能被履行（经理将总是报告状态 1）。然而，通过引入某种生产无效率就可以减小报告错误状态的经理激励：当其实状态的确是 2 时，如果经理肯定会选择某种无效率的、相对无利润的生产计划，同时也得到 $ α，那么他报告状态 1 的倾向就会减弱。我们将看到，次优保险合约包含了这类生产无效率的情况；而且，在一定的条件下，在处于不良世态（bad states）中无效率以劳动力失业的形式表现出来。

---

　　[25]　如果拥有私人信息的当事人是风险中性的，那么使这个当事人获得剩余收入索取权就可以实现最优。

结果，经理与工人必须互相提供保险的情况分析起来相当复杂。不过，如果假设每一方都可以从一个风险中性的第三方当事人那里得到保险，那么就可能做相当程度的简化（当然，这是对在为工人保险中企业具有比较优势这一思想的背离；反之亦然）。虽然这样一种第三方当事人的存在初看上去似乎有点牵强，但是可以认为在公众公司的情况下，企业的股东扮演了这一角色，他们在经理与工人之间充当了一种财务楔子（financial wedge）（此外，就股东保持良好的多样化投资组合而言，他们具有风险中性可能是合理的）。㉖

如果工人们可以从第三方当事人那里得到保险，企业与工人之间长期合约的重要性就大大降低了，事实上，一个简单的情况是，假设企业在 1 期现货市场完成了全部投入采购，这种合约就完全不必要了。这就是说，我们现在集中注意的是一名拥有私人信息的风险厌恶经理，他由一个风险中性的第三方当事人为他自身保险，并且在 1 期现货市场上购买其全部投入（下面，我们讨论把工人—企业合约纳入分析的意义，尤其是当企业在为工人保险方面具有比较优势时）。

不对称信息的主要含义可以从一种特定情况，即只存在两种世态加以理解［我们遵循霍姆斯特罗姆与韦斯（1985）的表述］。现在我们定义 f 为经理的收益函数（以美元度量）。假定这种收益不为人所知；也就是说，它并不被反映在企业的会计账面上，因而无法根据它来决定支付。我们记 $f = f(s, L)$，式中，现在更为一般地让 $L \geq 0$ 为投入或管理决策的向量。假设当 s 在 1 期只被经理所观察到时，L（在观察到 s 之后再选择）是可公开观察到的。事实上，把 f 看成是在全部投入已经在 1 期现货市场上购买之后状态 s 中经理的净收益是合适的。

设分别具有概率 π_1，$\pi_2(\pi_1, \pi_2 > 0, \pi_1 + \pi_2 = 1)$ 的两种状态为 $s = s_1, s_2$。经理与一个风险中性的第三方当事人签订一份合约。合约规定在状态 $s_i(i = 1, 2)$ 时，第三方当事人将支付给经理款项 I_i，而经理必须选择行动 L_i。解最优合约：

$$\text{Max } \pi_2 V[f(s_2 L_2) + I_2] + \pi_1 V[f(s_1 L_1) + I_1] \quad (1.28)$$

㉖ 下面的分析根据哈特（1983）的研究。

约束条件为：

$$f(s_2, \mathbf{L}_2) + I_2 \geq f(s_2, \mathbf{L}_1) + I_1$$

$$f(s_1, \mathbf{L}_1) + I_1 \geq f(s_1, \mathbf{L}_2) + I_2$$

$$\pi_2 I_2 + \pi_1 I_1 \leq 0$$

式中，V 是经理的冯·诺依曼—摩根斯坦效用函数，这里，$V' > 0$，$V'' < 0$。第三个约束条件说明第三方当事人准备参与合约（我们给定企业获得从这一交易产生的全部剩余）。第一个和第二个约束条件是众所周知的讲实情约束（truth - telling constraints）[例如，参见迈尔森（1979）]。因为第三方当事人不能够直接观察 s，所以必须依赖于经理报告的 s。约束 1 和约束 2 表明，当 s_2 发生时经理报告 $s = s_2$，当 s_1 发生时经理报告 $s = s_1$。[27]

这个合约的另一个解释是，代替要求经理报告 s，合约提供他两种状态选择 $(I_1, \mathbf{L}_1)$ 和 $(I_2, \mathbf{L}_2)$。那么，第一个和第二个约束表明经理在状态 s_i 时会选择 $(I_i, \mathbf{L}_i)$。

从总利润在状态 s_2 比在状态 s_1 更高这个意义上，我们假设 s_2 是良好状态，而 s_1 是不佳状态：

对于所有 $\mathbf{L} \geq 0$，当 $\mathbf{L} \neq 0$ 时，有严格不等式

$$f(s_2, \mathbf{L}) \geq f(s_1, \mathbf{L}) \tag{1.29}$$

我们还假定：

$f(s, \mathbf{L})$ 在 $\mathbf{L}$ 中是严格凹的，并且 $f(s, \mathbf{L})$ 的（唯一）最大值 $\mathbf{L}(s)$ 存在，同时满足

$$\mathbf{L}(s) \neq 0 \text{ 且 } \mathbf{L}_1^* \equiv \mathbf{L}(s_1) \neq \mathbf{L}(s_2) \equiv \mathbf{L}_2^* \tag{1.30}$$

这就是说，$f(s, \mathbf{L})$ 的最大值对 s 是敏感的。（1.29）式和（1.30）式所表达的内容直接意味着在不对称信息条件下不可能达到最优，而最优是没有讲实情约束条件时对（1.28）式的解。最优具有在每种状态下选择 $\mathbf{L}$ 以最大化 f 的性质，并且经理是被完全保险

---

[27] 更为一般意义上的合约将使结果 $(I_i, \mathbf{L}_i)$ 随机地依赖于报告 s_i。这种随机合约分析起来更加复杂，并且至少对于这里考虑的两个状态情况，并不会导致实质上不同的结果。关于随机方案，参见马斯金与赖利（Maskin and Riley, 1984）和莫尔（Moore, 1985）。

的；即

$$f(s_2, \mathbf{L}_2) + I_2 = f(s_1, \mathbf{L}_1) + I_1 \qquad (1.31)$$

式中，$\pi_2 I_2 + \pi_1 I_1 = 0$ 且 $\mathbf{L}_2 = \mathbf{L}_2^*$，$\mathbf{L}_1 = \mathbf{L}_2^*$ 但是，给定（1.29）式至（1.30）式，这就违背了第一个讲实情约束条件（换句话说，经理会在 s_2 状态下**不充分地报告** s）。⑳ 这种观察表明只有第一个讲实情约束条件将对次优解具有约束力。正如在 1.3.6 附录中所证明的那样，这个结果是真实的〔注意到甚至在缺少关于边际利润的斯彭斯单交叉点性质（Spencian single-crossing property）时，我们能够在两状态情况下核实这个结论是有趣的〕。（1.28）式的一阶条件如下：

$$\pi_2 V_2' - \mu \pi_2 + \lambda = 0$$

对全部 k 而言，有

$$(\pi_2 V_2' + \lambda)\frac{\partial f}{\partial L_k}(s_2, L_2) = 0$$

$$\pi_1 V_1' - \mu \pi_1 - \lambda = 0$$

对全部 k 而言，有

$$\left(\pi_1 V'\frac{\partial f}{\partial L_k}(s_1, \mathbf{L}_1) - \lambda\frac{\partial f}{\partial L_k}(s_2, \mathbf{L}_1)\right) = 0 \qquad (1.32)$$

式中，$V_i \equiv V[f(s_i, \mathbf{L}_i) + I_i]$，$V_i'$ 类似于此；$\lambda \geq 0$ 是第一个约束的拉格朗日乘数，$\mu \geq 0$ 是第三个约束的拉格朗日乘数，第二个约束的乘数则为零。事实上，因为 $\lambda = 0$ 给我们最优，所以 $\lambda > 0$，我们都知道这违反了第一个约束。

从（1.32）式中的第二个方程，我们看到：

对全部 k（亦即，$\mathbf{L}_2 = \mathbf{L}_2^*$），有

$$\frac{\partial f}{\partial L_k}(s_2, \mathbf{L}_2) = 0 \qquad (1.33)$$

而第三个方程和第四个方程则意味着，对全部 k 而言，有

$$\mu \pi_1 \frac{\partial f}{\partial L_k}(s_1, \mathbf{L}_1) + \lambda\left[\frac{\partial f}{\partial L_k}(s_1, \mathbf{L}_1) - \frac{\partial f}{\partial L_k}(s_2, \mathbf{L}_1)\right] = 0 \qquad (1.34)$$

---

⑳　当经理为风险中性时能够获得最优，因为在这种情况下根本就不需要任何保险；也就是说，$I_1 = I_2 = 0$ 并且 $\mathbf{L}_1 = \mathbf{L}(s_i)$，$i = 1, 2$，满足了讲实情约束条件。

进而，只有当（$\partial f/\partial L_k$）（s_2，$\mathbf{L}_1$）也为零时，（$\partial f/\partial L_k$）（s_1，$\mathbf{L}_1$）才可能为零。因此，对全部 k 而言，我们不可能有（$\partial f/\partial L_k$）（s_1，$\mathbf{L}_1$）＝0，因为这将意味着 $\mathbf{L}_1 = \mathbf{L}_1^*$；最大化 f（s_2，$\mathbf{L}$），这与（1.30）式矛盾。因而我们已经确立了：

$$\mathbf{L}_1 \neq \mathbf{L}_1^* \tag{1.35}$$

（1.33）式和（1.35）式构成了这种（两状态下）不对称信息模型的主要结果：最优的次佳合约在良好状态下的运行是有效率的，而在不佳状态下的运行是无效率的。这一点背后的直觉是，如果在不佳状态下的运行是无效率的，那么通过略微扰乱 $\mathbf{L}_1$ 以便减少 f（s_2，$\mathbf{L}_1$）的方式就可以做出一种改进；根据包络定理，这将只有一种关于 f（s_1，$\mathbf{L}_1$）的二阶效应，但是却以一个正的乘数放松了讲实情约束条件（与之相对比，对 $\mathbf{L}_2$ 的扰乱就没有放松这个约束条件）。事实上，在不佳状态下企业的每一个投入决策方面，我们一般都会产生某种扭曲。因此（1.34）式告诉我们

$$\frac{\partial f}{\partial L_k}(s_1,\ \mathbf{L}_1) = 0 \Rightarrow \frac{\partial f}{\partial L_k}(s_2,\ \mathbf{L}_1) = 0 \tag{1.36}$$

这就是说，只有当 L_k 的边际生产量不依赖于 s 时，它在次优中才不会被扭曲。我们大体上以另外一种思路来考虑，经理与第三方当事人的合约将制约在不佳状态下经理所采取的可观察行动的每一个方面。

为了识别 L_k 扭曲的方向，我们必须进一步限定 f。假设对全部 L 而言，有

$$\frac{\partial f}{\partial L_k}(s_2,\ \mathbf{L}) > \frac{\partial f}{\partial L_k}(s_1,\ \mathbf{L}) \tag{1.37}$$

也就是说，对全部 $\mathbf{L}$ 而言，在良好状态下每一项投入的边际生产量都较高。这样，对全部 k 而言，有

$$\frac{\partial f}{\partial L_k}(s_1,\ \mathbf{L}_1) > 0 \tag{1.38}$$

由于（1.34）式中 λ 后面的项是负值，因此第一项就必须是正值。这样，（1.38）式就告诉我们，给定其他投入选择，每一种投入 L_k 都是就业不充分的。虽然，当无论（1）L 是一维的，（2）L 是两

维的，且 $f_{12} > 0$，或者（3）f 为柯布—道格拉斯函数时，情况都将是这样，但是并不必然得到 $\mathbf{L}_1 < \mathbf{L}_1^*$ 的结论。在这些情况下，我们能够得出这样的结论［也运用（1.33）式］，**比起最优而言，投入使用更多地在次优状态间发生变化。**

遗憾的是，这些结果很难推广到多于两种状态的情况（尽管一般仍将存在扭曲）。原因在于，众多讲实情的约束中哪一个将正在产生约束呢？要知道这一点变得非常困难。能够取得进展的一种情况是，正如在（1.37）式中一样，只存在一种投入，以及这种投入的边际生产量能够在全部状态中加以排列。那么，只有向下的讲实情约束正在发生作用，并且不充分就业的结果依然保持。对这种情况的讨论，参见哈特（1983）。

正如我们已经注意到的那样，上面的模型强调了这样的思想，即风险厌恶的经理试图得到保险以避免其净收入的波动。㉙为了维持信息不对称的假设，必须假定这种收入是私人信息（它并不反映在企业的会计账面上）。上述模型的一个归纳是，有部分净收入被观察到，而有部分净收入没被观察到；例如，$f = f_1 + f_2$，其中 f_1 为企业的利润，$-f_2$ 表示实现这一利润时经理的努力成本（或者 f_2 表示经理的"额外津贴"）。现在的唯一差别是经理的保险支付 I 能够以 f_1 为条件加以制约，因此 f_1 变得像可观察的投入 $\mathbf{L}$ 之一。霍姆斯特罗姆与韦斯（1985）的论文对这种情况进行了分析。

上面的模型完全降低了企业和工人之间的长期合约的重要作用。如果假定工人像经理一样，可以从某个第三方当事人那里得到工资保险，那么没有显著的变化就可以重新引入这一点：关于这个问题，参见哈特（1983）的论文。不过，如果因为在 1.2.1 节讨论过的原因，在提供保险方面经理有某种比较优势的话，那么事情就会变得更为复杂。原因在于，因为经理拥有私人信息，所以经理是一种"有缺陷

㉙ 这个模型的变形替代假设，经理是风险中性的但不能够有负值的净收入［例如，参见法默尔（Farmer, 1985）］。然而，这就相当于风险厌恶的一种形式，这等于假定负值的净收入给予经理一个负无限的效用。

的"承保者，即使他是风险中性的。正如查里（Chari, 1983）和格林与卡恩（1983）已经表明的那样，这就导致了生产的进一步扭曲。例如，如果 $U(I, \rho) = \alpha(I) - \rho$，其中 ρ 为就业，且 $\alpha'' < 0$，那么当经理是风险中性时，（1.21）式与（1.22）式的解为 $I(s) =$ 常数，并且 $\rho(s)$ 是递增的。然而，这就给经理总是报告最高就业状态某种激励。也就是说，在本节的两状态例子中，当真实状态是 s_1 时经理现在有某种激励报告为 s_2。为了克服这种情况，次优合约将规定 $I(s)$ 随 $\rho(s)$ 递增。此外，在两状态例子中，最佳次优合约将具有这样的性质，即**第二个讲实情约束条件正在起作用**，并且在不佳状态下（1.21）式保持两端**相等**，而在良好状态下（1.21）式左端**小于**右端。这被称为良好状态下的"过度就业"，尽管（1.21）式的两端不相等并不必然意味着 $\rho(s_2)$ 在次优合约中比在最优合约中更高。事实上，只要 $U(I, \rho)$ 具有闲暇是某种正常商品的性质，无论何时经理是风险中性的，这种过度就业的结果就会存在［参见查里（1983），格林与卡恩（1983）］。

如果经理是风险厌恶的，这种过高报告 s 的意愿会与上面讨论过的过低报告 s 的意愿发生冲突。以另一种思路来考虑，经理为自己获得保险的意愿与他作为工人承保者的作用发生冲突。哪一种效应"获胜"，在某种意义上取决于经理对风险厌恶与正常闲暇做怎样的比较［参见库珀（Cooper, 1983）］。不存在冲突的一种情况是，正如（1.25）式中一样，所供给劳动力的成本完全来自已失去的外部挣钱机会；或者，更概括地说，此时 $U(I, \rho) = \hat{U}[I - g(\rho)]$。㉚ 在这些条件下，过度就业效应会消失，我们无疑是处于不充分就业状态［参见阿扎赖亚迪斯（1983）和格罗斯曼与哈特（1981, 1983b）］。正如我们已经注意到的那样，不充分就业的另一种情况是这样一种结果，即那时工人能够在其他地方获得收入保险。

㉚　在这种情况下，劳动力既不是正态的也不是劣等的，经理过度报告 s 的愿望消失。这就遵循了这样的事实，即当经理是风险中性时，（1.21）式与（1.22）式的解为 $I - g(L) =$ 常数。既然经理是剩余收入索取者，他就没有任何误报 s 的激励。

　　某些不对称信息模型预测就业不充分，而其他模型则预测就业过度，从这一事实可以得出的结论是，这类模型并不是分析就业扭曲的一种富有成效的方法。造成这一不幸的原因有下面几个。首先，这些模型都具有事后无效率就业的性质。以往关于劳动力市场的大多数新古典模型预测事后有效率（也就是说，这些新古典模型把劳动力市场处理成一个现货市场，或者把工资—就业决策分析为一种对称信息下的讨价还价过程），这一假定相当重要。其次，不充分就业和过度就业模型可能没有像有时人们所认为的那样存在相当大的冲突。因为一个模型涉及在不佳状态下不充分就业，另一个模型涉及在良好状态下过度就业，事实上两者提出的都是与现货市场比较的就业变化性（这里，"提出"一词是重要的，因为正如我们前面已经注意到的那样，"不充分就业"涉及的是边际替代率和边际转换率的相应规模，而不是劳动力的差别）。从宏观经济的观点来看，这可能是最重要的结论。最后，在某个特殊的背景下，是否过度就业效应可能压倒不充分就业效应这样一个问题，经验研究是能够清楚地加以解答的。劳动力市场的大多数经验分析发现，成年男子参与决策是高收入刚性的［参见凯林斯沃思（Killingsworth，1983）］。这就提出了闲暇效应的正常状态有可能很少与显著的就业变化相关，而这些变化不仅仅是临时性的（例如，解雇）。换句话说，在这种情况下，外部的挣钱机会有可能把闲暇作为一种劳动力机会成本而吞没，这为效用函数 $\hat{U}[I - g(\rho)]$ 和不充分就业效应提供了某种支持。另一方面，过度就业效应可能与暂时解雇或者计时劳动中的短期变化等情况有关。[31]

　　最后，应该提到一大批考虑其他信息不对称的文献。一些论文分析了工人拥有关于其机会成本的私人信息的情况［例如，参见卡恩（1985）和莫尔（Moore，1985）］，而另一些论文研究了企业与工人每一方都拥有某种私人信息的情况。这种极端的"双边"情况非常复杂，对它的分析至今仅仅取得有限的进展［例如，参见达斯普勒蒙与杰勒德—瓦雷特（d'Aspremont and Gerard－Varet，1979）；赖尔登

---

[31]　费尔德斯坦（Feldstein，1976）的研究认为许多解雇实际上竟然是临时性的。

（Riordan，1984）；尤其是莫尔（1984）]。

1.3.4 劳动力合约模型的扩展

1.3.4.1 宏观经济应用

最早的劳动力合约模型被发展运用于宏观经济分析。尽管就业决策是事后有效率的［以及在（1.25）式条件下，与瓦尔拉斯模型中的内容相同］这一发现或许挫伤了探索热情，但是不对称信息模型的出现又激发起在这一方向上的一些新研究。

把1.3.3节的模型融合到宏观经济环境中的一个简单方法，是假定经济由许多同质的经营企业构成，这些企业与需求或供给的波动 s 完全相关。给定（1.33）式与（1.38）式，这似乎给我们一个解释，为什么一种总量下降的波动会导致在每一家企业中的就业下降要大于在一个现货市场上所预期的就业下降？

令人遗憾的是，这过于简单了。如果所有的企业都减少就业，人们将一定会预期对工人（以及第三方当事人）而言，这是可观察到的；此外，既然推测起来没有任何企业对总就业量产生影响，并且总就业量与 s 完全相关，那么当支付受到这个变量制约时，信息不对称将消失。

已经有两种方法试图克服这个问题。一种方法是假定总波动引起 s 分布的方差变化，以及或许其均值的变化［参见格罗斯曼、哈特与马斯金（1983）]。假定存在着两种经济状态：一种为 α_1，在其中 s 的方差非常小；另一种为 α_2，在其中 s 的方差大。考虑瓦尔拉斯总就业水平在 α_1 和 α_2 状态下都相同的特定情况。那么，在不对称信息条件下，使经济从 α_1 移动到 α_2 的某种波动将减少总就业，**即使这种波动是公开观察到的**（比如说，通过总就业量的变化）。这是因为信息不对称将与低方差状态 $\alpha = \alpha_1$（几乎）不相关（这里，一个企业的获利能力实质上可以从宏观变量推断出来），但是将与高方差状态 $\alpha = \alpha_2$ 高度相关。因此，总就业量在 α_1 状态下将更接近瓦尔拉斯水平，而在 α_2 状态下将低于瓦尔拉斯水平；后者因为低 s 企业［根据（1.38）式］在不对称信息条件下具有较低的就业水平，而高 s 企业［根据

（1.33）式］并不具有较高的就业水平。把这些论据放到一起就得出结论，在不对称信息条件下总就业水平在 α_2 状态下要比在 α_1 状态下更低。事实上，相同的逻辑归纳显示，如果在经济受到某种方差递增的波动冲击时，瓦尔拉斯总就业量下降，那么在不对称信息条件下这种下降将会被放大。

法默（Farmer，1984）拓展了一个类似的思想。假定某种公开可观察到的宏观经济波动，例如由于实际利率的提高，增加了企业投入的成本。那么，尽管 s 的分布可能并没有改变，但企业的净利润下降。如果经理具有递减的绝对风险厌恶，这就类似于在经理风险厌恶方面的某种增加。这将增加在低 s 企业中所发现的扭曲（作为风险厌恶的函数），而在高 s 企业中［根据（1.33）式］并不存在抵消效应。因而，失业的某种总量增加在不对称信息条件下将再次被放大。

另一种方法是，假定 s 由一种所有企业都具有的共同成分和一种特异性成分构成［参见霍姆斯特罗姆与韦斯（1985）］。这种共同成分总是反复显现在总就业量图表中，因此工资可以根据其来决定。但是假定这些图表的提供有某种延迟，即在经理知道其中的 s 并且必须作出就业决策之后。那么，一个低 s 的经理将难以确信他的企业是否是众多受到严重影响的企业之一（也就是说，是否已经存在某种总量下降的波动），还是他的企业只不过是处于少数受影响的企业之中（亦即，是否他已经具有某种不佳的特异性波动）[2]。在第一种情况下，他将能够减少工资率（有某种延迟）；而在第二种情况下，他将不能这样做（让具有某种不佳特异性波动的企业减少工资是激励不相容的）。一个风险厌恶的经理会在第二种可能性方面给予相对高的权重，因此会把裁减就业作为减少工资总额的一种次优方法。就像上面所指出的那样，［根据（1.33）式］通过在高 s 企业增加就业并不能进行补偿。结果可以表明，在经济上下波动之间的总就业可变性比在现货市场上发生的就业变化更大。

总就业水平可能是无效率的结论提出了政府干预是否有作用的问

---

[2]　当然这是与卢卡斯（Lucas，1972）所产生过的同样的迷惑。

题。在格罗斯曼—哈特—马斯金（1983）模型的一种形式中（其中 s 反映了某种相对需求的波动），可以显示出作用于不同企业的、稳定需求的政策可以使福利得到改善。这是因为需求的变动对企业与工人或与第三方当事人之间不对称信息的范围产生巨大影响，从而具有某种外部效应。因为像这样的外部性似乎是不对称信息模型或道德风险模型中一种相当普遍的特性（参见第1.2节），所以在其他模型中，似乎政府干预也可能会发挥某种作用（当然，政府改善事物可能需要非常良好的信息，这一通常的限定条件应当在头脑中根深蒂固）。无论如何，对这一主题的研究尚处于初期阶段，关于宏观经济外部性的性质，以及纠正这些外部性的方法，一般的研究结果还不可用。

1.3.4.2　非自愿失业

我们已经把重点放在合约理论是否可以解释事后无效率配置方面。引起注意的一个相关问题是，这个理论是否能够解释非自愿解雇。这一方面的研究结果相当令人失望。

为了便于理解这些问题，让我们回到阿扎赖亚迪斯—贝利—戈登模型，但是撤销分享工作的假设。代之假定对 1 期的每个工人而言，$\rho = 1$ 或 0。现在一份合约将详细规定，在 s 状态下应该工作的工人数量为 $n(s) \leqslant m$，支付给每个应该工作的工人的报酬是 $I_e(s)$，以及支付给每个失业工人的报酬是 $I_u(s)$。那么，在 s 状态下的总工资额 $W(s)$ 等于：

$$W(s) = n(s)I_e(s) + [m - n(s)]I_u(s) \tag{1.39}$$

既然企业只关心这一工资总额的规模，而并不关心它是被如何进行分配的，那么一份最优合约就必须**在每种状态下**解为：

$$\text{Max}\left\{\frac{n(s)}{m}U[I_e(s), 1] + \left[1 - \frac{n(s)}{m}\right]U[I_u(s), 0]\right\} \tag{1.40}$$

结束条件为：

$$W(s) = W$$

这里，由于解雇是随机选择的，这个解就是每个工人的预期效用。（1.40）式的一阶约束条件是：

$$\frac{\partial U}{\partial I}[I_e(s), 1] = \frac{\partial U}{\partial I}[I_u(s), 0] \tag{1.41}$$

这就是说，被保留的工人和被解雇的工人都应该有相同的收入边际效用。[33] 这意味着如果闲暇是一种正常商品，那么被解雇的工人的状况比被保留的工人的状况要好；如果闲暇是一种劣等商品，那么情况则刚好相反。如果 $U = \hat{U}[I - g(\rho)]$，那么两者的状况都得到改善；也就是说，无论何时，对闲暇的需求都是收入无弹性的。阐明上述看法并不困难。

既然难以经验性地证明闲暇是劣等商品，这个模型给我们的就是违背意愿的结果，即存在事后非自愿**就业**。众多的研究尝试已经偏离了这一点。[34] 一种方法是撤销效用函数 $U(I, p)$ 在 1 期是被公开知道的假设。例如，假定 $U(I, \rho) = \hat{U}[I + R(\bar{\rho} - \rho)]$，式中 $\bar{R}$ 作为 1 期外部保留工资是一个随机变量。一个简单的情况是，当做出解雇决策时，无论企业还是工人都不知道 $\bar{R}$ 位于何处（但是两者都知道它的分布状态）。在这些条件下，吉纳科普洛斯与艾托（Geanakoplos and Ito，1982）指出，只有当 $\hat{U}$ 表现为递增的完全风险厌恶时（这通常被认为是难以置信的），最优合约才会包括非自愿失业。

第二种情况是，工人知道 $\bar{R}$ 位于何处，但是企业不知道。如果工人们的 $\bar{R}$ 是相互关联的，而且存在许多 $\bar{R}$，那么企业能够得知 $\bar{R}$ 的共同部分是可能的，因此，要研究的正常情况就是从某种已知的分布独立地指出 $\bar{R}$ 位于何处。不过，对这种情况，莫尔（1985）已经指出，当 $\rho < \bar{\rho}$ 时，效用函数 $\hat{U}$ 引起了非自愿就业。[35] 在就业是非自愿的任何合约中，一个干扰特性是给工人一种被解雇的激励。几篇论文依据这一点，建立了这样的模型，在这些模型中非自愿失业是某个鼓励企业

⸺

[33] 这是阿克洛夫与米亚扎基（Akerlof and Miyazaki，1980）的工资总额论点。注意，一个最优合约必须满足（1.40）式的结论所涉及的企业是风险厌恶的情况，因为一个风险厌恶的企业在某种特定的状态下也只能关心工资总额的规模，而不是关心工资总额的分布。

[34] 在阿扎赖亚迪斯（Azariadis，1975）的创始性论文中，他是能够解释非自愿失业的，只不过是通过做出失业支付为零的任意假定来进行。

[35] 第三种方法是把重点放在失业工人必须进行寻找新工作的有成本搜寻过程方面 [例如，参见阿诺特、霍西斯与斯蒂格利茨（Amott，Hosios，Stiglitz，1985）]。显然，如果保证工人得到的固定收入水平与他们是否寻找新就业岗位无关，就不会提供工人以真正的搜寻激励。不过，既然企业通过向离开的工人提供一次总付的报酬可以维持激励，被解雇工人会比留下的工人经济状况更糟的这种情况并不成立。事实上，这种情况的结果是模糊的。

劳动力努力工作的激励方案中的部分内容〔见马尔科森（1984b）、哈恩（Hahn，1984）和伊登（Eden，1985）〕。虽然这些模型可以应用于雇主拥有解雇处置权的情形，但是实际上通常看来并不是这样的情况，例如，在工会合约中，解雇几乎总是以资历为依据的。

应该强调的是，这些理论中没有一个解释在合约期间的非自愿失业。原因在于，如果在零期存在一个竞争性的劳动力市场，一份最优合约将具有这样的性质，即每一名被雇工人的预期效用等于 $\bar{U}$，市场处于出清水平。尤其是，对于被雇工人得到大于 $\bar{U}$ 的工资与就业是配给的而言，它不可能是一种均衡，因为这样个别企业就能够在每一种状态下（没有扭曲激励地）通过减少工资 I（s）而增加利润。这个结论受到某些条件的限制。首先，在某些状态下减少工资是不可能的，因为工人们正处于其消费组合边界上。其次，在包括工人努力的模型中，如果工人的效用函数 U（e，I）中努力和收入是恰如其分地不可分离，那么收入的减少可能对一名工人不获利地为企业工作的愿望产生一种完全相反的影响（例如，参见马尔科森，1981）；一个类似的激励效应构成许多效率工资文献的基础〔例如，参见夏皮罗（Shapiro）与斯蒂格利茨（1984）〕。在这两种情况下，被雇工人都可能得到大于 $\bar{U}$ 的收益。最后，在合约期间的非自愿失业处在零期存在逆向选择的模型中是可能的，这是处于这一综述范围之外的一种重要情况〔参见韦斯（1980）和斯蒂格利茨与韦斯（1981）〕。

1.3.4.3　长期（重复）合约

在长期关系中，无论是隐含的还是明确的劳动力合约都被认为是最重要的。使这些关系定型为某种"一次"（one - shot）情形（正如在 1.3.1 节至 1.3.3 节所讨论的那样）的工作似乎并不令人满意。不过，对前面的分析进行基本完整的应用而言，存在动态形式。富登伯格等人（1986）的研究工作提供了精确地适用于（1.28）式结构的一个特殊例子。

考虑前面研究过的单期模型的一个无限（和独立）重复的形式。由 $\sum -\delta' \exp(-rc_t)$ 给出关于消费趋势 $\{c_t\}$ 的经理效用，式中 δ 为贴现因子, r 为该经理的绝对风险厌恶系数。经理可以以利息率 $(1-\delta)/\delta$ 自由地借贷和存款，这并不被委托人观察到。

就像在 1.2.7 节中所讨论过的那样，一个最优长期合约在这种情况下可以由一系列短期合约所复制，这是具有指数效用 (exponential utility) 和独立波动的一系列相同的短期合约。然而，要注意的是，在这种动态模型中的最优单期合约不同于在静态模型中的最优合约，因为经理可以拉平消费。动态情况下的单期解似乎与经理正好工作一次但永远消费的情况相同（因为没有任何收入效应，并且波动是独立的，所以各期的合约并不相互影响）。可以把这种方案归纳为下面的 (1.28) 式形式。

假设经理在他工作的单个时期获得报酬后才开始消费（虽然这与富登伯格等人的观点相反，但是就这种分解结果而言，没有任何后果）。令 w_i 为当 s_i 在那一时期发生时经理的净财富[以我们前面使用的符号，即 $w_i = f(s_i, L_i) + I_i$, $i = 1, 2$]。由于没有进一步的收入，经理在所有未来时期将消费其财富所产生的利息；也就是说，他将永远消费 $(1-\delta)w_i$。这意味着一种一生效用 $V(w_i) = -\exp[-r(1-\delta)w_1]/(1-\delta)$。因而，把这个 V 用作 (1.28) 式中经理的效用函数，我们得到动态情况下的最优短期合约。

要注意到，静态问题与动态（短期）问题之间的唯一差别是后者的经理风险厌恶系数较小。在动态情况下，这一系数是 $r(1-\delta)$，而在静态情况下这一系数则是 r。风险厌恶的减小来自动态模型中的自我保险。随着 δ 趋向于 1，并且未来不存在任何贴现等这样一些限制下，经理以某种风险中性的方式有效地行动。这种情况的一个最优（和最佳）解是，把技术租给经理，并让他承担全部风险（读者可以回顾我们前面在 1.2.7 节中关于亚里的研究工作的评论）。

既然在这个例子中引入动态只改变了经理的风险厌恶系数，所以早期的静态分析可以直接应用。我们得出结论，当多期情况比单期情况有较小的配置扭曲时，两种情况下的扭曲在性质上将是相同的。

同样值得注意的是，并不是所有长期关系都遇到独立的波动。然而，由于 s_i 的 s 系列关系，来自我保险的利益可能被大量减少。例如，在一种单一波动永远持续的极端情况下，根本就没有任何自我保险收益，最优长期合约将是来自（1.28）式的重复静态合约。更为一般地看，具有正向相互关系的重复与具有独立波动的重复相比，在减少次优无效率水平方面将有较小的效应（见下面的 1.3.4.4 节）。

1.3.4.4   合约的履行

不对称信息合约模型有时受到批评，理由是，"尽管当事人预先可能同意在不佳世态下存在失业，但是一旦这样一种状态出现时他们就肯定会改变其主意"。为了理解这一点，考虑与一名单个工人签订一份合约的一个企业。假定 $\rho = 1$ 或 0，存在两种状态 $s = s_2$ 或 $s = s_1$（$s_2 > s_1$），劳动力的事后机会成本为零。一份最优次佳合约可能具有这样的性质：当 $s = s_2$ 时 $\rho = 1$；当 $s = s_1$ 时 $\rho = 0$。但现在假定 $s = s_1$ 出现，企业解雇了工人。那么，论点在于，在这个阶段企业和工人将重新签订合约，因为他们都会认识到交易中存在某些未被利用的收益（假设 $s_1 > 0$）。

这样的重签合约只能使当事人在事前条款方面处境更糟（假设这是被预见到的），否则初始合约就已经不是一个最优合约。因此，问题在于当事人各方是否能让自己不再重新谈判；在 1.3.3 节讨论过的静态模型中，答案似乎是不再重新谈判。总是存在必须做出就业决策的最后一刻。让企业能够对是否雇用工人改变主意的初始合约状态延续到这个最后一刻。那么，在这最后一刻之前解雇工人的任何威胁都是不可信的，因为工人知道企业能够无成本地改变其主意，当然，这最后一刻的威胁对企业来说是无用的，因为到那时已经太迟而不能进行重新谈判了。

因此，当只有一个就业期时，重新签订合约的批评似乎是无效的。然而，在动态背景下，这样的批评确实有效。改变上述例子以使工人在 T 天中的每一天都能够工作或者不工作（但与 1.3.4.3 节相对照，假定所有日子中波动 s 都相同）。在不佳状态 $s = s_1$ 下，最优次佳合约可能对工人被解雇的 $1 < T_1 \leq T$ 天的损失提出要求。然而，难以理解的是，工人在失业一天后，是什么东西阻止了各方当事人为这份合约重新谈判呢，既然在这一时点上的交易清晰地存在未被利用的收

益，以及已经做出的只能是无法补救的关于这第一天的解雇决策。㊱

在未来的研究工作中，详细研究使这种重新谈判置于动态合约之上的这些约束将是令人感兴趣的。㊲ 我们将在第 3 节转向讨论事后再谈判问题。

1.3.5 概要与结论

劳动力合约文献似乎有两个最重要的结论。一个结论是，在一项最优合约中，在劳动力的工资与边际生产量之间将存在系统的差异。另一个结论是，在不对称信息条件下，存在事后无效率。

对我们研究劳动力市场的方式而言，这两个结论有着重要意义。例如，在几乎所有关于劳动力市场的经验研究中，工资度量了劳动力的机会成本被认为是理所当然的，并且企业都处于其需求曲线上，或者工人都处于其供给曲线上，或者两者都是如此。在一个合约行为的框架里，正如罗森（1985）已经强调的那样，这些假说中没有一个是成立的。举另一个例子，常常假设以下是工会行为的一个典型模型：工会选择工资率以最大化所代表的工人的效用，而这一过程受到企业所处的劳动力需求曲线的限制。不过，根据这个合约行为的框架，这样的行为是非理性的，因为企业和工会两者可以通过协商使工资—就业双方都处于效率边界上，以使自己的状况变得更好。

鉴于劳动力合约方式的重要意义，知道理论与实际是如何满意地相一致是重要的。关于这一主题的重要计量经济研究工作只不过是刚刚开始，但是由布朗与阿申费尔特（Brown and Ashenfelter, 1986）和卡德（Card, 1985）发表的一些引起兴趣的论文已经崭露头角。这些论文验证了阿扎赖亚迪斯—贝利—戈登模型关于事后就业水平能够由

㊱ 类似的现象出现在一种动态的谈判背景中，此时卖方本来愿意向买方保证提供单一一份可选择报价，但是卖方不会这样做，因为当他的第一次报价被拒绝时他不能劝说自己不提供第二次报价。例如，参见富登伯格与蒂罗尔（1983）的论文。注意，在全体当事人都同意撕毁合约与一个当事人不履行合约之间存在一个根本差别——例如，因为所造成的损失支付是如此巨大，我们已经隐含假设的某些东西并没有出现。

㊲ 德沃特里庞特（Dewatripont, 1985）已经首先进行了这方面的研究。

机会成本而不是由实际工资来解释的预测［就像（1.27）式那样］。虽然至今获得的这些研究结果对这个假说的支持微乎其微，但是布朗与阿申费尔特和卡德发现的某些实际工资的解释力能够被追溯到信息不对称（就像 1.3.3 节的模型那样），而不是最优合约行为方法本身的某种否定，这是可能的。很遗憾，直接验证不对称信息合约模型是一项极为困难的任务，至今我们还没有发现在这一方面的任何尝试。

由奥斯瓦尔德（Oswald，1984）采用的一个非常不正式的经验方法，是考察实际劳动力合约，看看这些合约是否包含人们可能从理论所预期的特性。与有利于签约的方法相比，这种方法得到的结果还是要少。首先，大多数非工会合约出乎意料地简单，有时其构成就像一名雇工以某种具体的（现行）工资找工作的书面叙述那样少。其次，工会合约，尽管通常既冗长又复杂，却并不包括理论认为它们应该包括的大量条款。例如，很难找到工资与就业的共同一致；典型的情况是，对工资率加以确定遍及合约过程，但是就业决策却留给了企业［虽然这并非与 1.3.3 节的模型不一致，但在更为一般的不对称信息模型中（例如，此时工人与企业双方都拥有私人信息），一个最优合约将包括由企业与工人作出的共同就业决定］。其他不合规则的是，缺乏与零售价格或者例如企业就业或企业销售这样的变量有关的工资指数，以及对解雇补偿的限制条款。

当然，对合约理论家而言，一个可能的遗漏，是证明在明确合约中没有出现的无论什么东西都只不过是隐含合约的一部分（参见导言）。这就与这样的命题相同了，即一个理论应该根据其预测性（例如，就业水平是否仅由机会成本来决定）来判断，而不是根据其假设（例如，一项特定的合约条款是否确实地存在）来判断。虽然对这一思想而言肯定存在某种东西，但是它似乎是依赖于隐含合约观念的某种重要的信任行为，因为目前在关于隐含合约的协议如何履行方面知道得这样少（见 1.4.4 节）。事实上，鉴于现在忽视了这一点，这整个领域经常置于隐含劳动力合约（Implicit Labor Contracts）的名义下似乎令人难以理解，并且很不恰当。

既然对劳动力合约模型的经验支持目前相当有限，那么因此提出的问题是，签约的方法是否值得探索。毫不奇怪，我们强烈地感觉到回答是肯定的。主要理由是，似乎没有任何严格的替代选择适用于分析这类问题。例如，前面阐述过的工资配置—工会模型就可能很好地符合某些事实，但是它是以假设当事人不能利用来自交易的全部利益为基础的，而这一点（用理论术语来表示）似乎是不可接受的。因此，人们并不是要放弃这个签约框架，而是似乎愿意力图修正这一框架以便使它更为真实，例如，通过进一步把道德风险或信息不对称包括进去，或者通过引入签订合约的成本（或许这是最重要的，见第1.4节）等。还应该注意到，企业与工人之间的关系只不过是签约框架的一种应用。在第1.4节，我们论证其他方面的应用（例如，企业之间的投入供给合约）可能在长期运行中至少是富有成效的，以及可能与事实更相一致。

1.3.6　附录

容易看出，如果 f 是连续的，（1.28）式的解存在。用（$\hat{L}_1$，$\hat{L}_2$，$\hat{I}_1$，$\hat{I}_2$）来表示。显然，$\pi_2\hat{I}_2 + \pi_1\hat{I}_1 = 0$。进而，至少讲实情的约束条件之一必须正在起作用（否则，通过改变最优的方向就可以产生某种帕累托改进）。需考虑三种情况。

情况一（两个讲实情的约束都起作用）：

$$f(s_2, \hat{L}_2) + \hat{I}_2 = f(s_2, \hat{L}_1) + \hat{I}_1$$
$$f(s_1, \hat{L}_1) + \hat{I}_1 = f(s_1, \hat{L}_2) + \hat{I}_2 \qquad (1)$$

这种情况下，经理在两种状态之间是无差异的。因此，$\hat{I}_1 = \hat{I}_2 = 0$，因为如果 $\hat{I}_i < \hat{I}_j$，那么通过用一份新合约（$\hat{L}_i$，$\hat{I}_i$，$\hat{L}_i$，$\hat{I}_i$）替换这份老合约就可以获得帕累托改进。但是，如果 $\hat{I}_1 = \hat{I}_2 = 0$，建立 $\hat{L}_i$ 等于其最佳价值 L_i^*（$i = 1$，2）是最优的，这与（1）式相矛盾。因此情况一是不可能的。

情况二（只有第二个讲实情的约束在起作用）：

$$f(s_1, \hat{L}_1) + \hat{I}_1 = f(s_1, \hat{L}_2) + \hat{I}_2$$
$$f(s_1, \hat{L}_2) + \hat{I}_2 > f(s_2, \hat{L}_1) + \hat{I}_1 \qquad (2)$$

第二个不等式与(1.29)式一起意味着 $f(s_2, \hat{L}_2) + \hat{I}_2 > f(s_1, \hat{L}_1) + \hat{I}_1$；也就是说，经理偏好 s_2 而不是 s_1。然而，在这种情况下，通过一个标准风险分担论证，由降低 I_2，提高 I_1，保持 $\pi_2 I_2 + \pi_1 I_1$ 为常数(讲实情约束将继续被满足)，就能够获得帕累托改进。因此情况二也被排除。

这样我们只剩下情况三，这时只有第一个讲实情约束在起作用；这样的情况正是在正文中所分析的情况。

1.4　不完全合约

1.4.1　签订长期合约的利益

关于劳动力合约的研究文献集中关注作为长期合约动机的收入转移方面；亦即，关注当某一种世态或某一时期转变为另一种世态或另一时期时，当事人从转移收入中得到的收益。在阿扎赖亚迪斯—贝利—戈登模型中，工人要求保证其收入。在辞职模型中也是这种情况，此时增加了工人要求随时间的推移拉平其消费。最后，在阿扎赖亚迪斯—格罗斯曼—哈特模型中，要求保险的是企业家与经理。

在所有这些模型中，如果代理人是风险中性的，并且面对的是完全的资本市场，那么合约的基本原理将会不复存在。即使出现的是风险厌恶和不完全的资本市场，劳动力合约的阿扎赖亚迪斯—贝利—戈登解释和霍姆斯特罗姆解释都依赖于这样的假设，即企业在向工人提供保险和拉平收入的机会等方面具有某种比较优势。

把这样多的注意力放在这种形式的"财务"合约上或许是不合适的。正如我们在导言中所指出的那样，长期关系的一个基本原因是存在某种程度的当事人特定投资。虽然这种锁定效应常常被用于促进劳动力合约模型中工人和企业之间的长期关系，但随后却趋向于被忽视。即使存在风险中性和完全的资本市场，这种锁定效应仍然可以解释长期合约的存在和特征。此外，在（譬如说）供给合约涉及大型企业的情况，鉴于存在这些当事人可用的许多外部保险和借贷机会，风险中性和完全的资本市场就可能是合理的假设。

当存在特定投资关系时，长期合约的重要性可以从下面的例子中看到 [格劳特 (Grout, 1984)；参见克劳福德 (Crawford, 1982)]。设 B 和 S 分别表示（一个单位的）一项投入的买方和卖方。假定为了实现这项投入的利益，B 必须进行对 S 而言是特定的投资 a；例如，B 可能不得不在 S 的隔壁建立一家工厂。假设正好存在两个时期：投资在零期进行，而在 1 期提供投入并获得利润。S 在 1 期的供给成本为 c，而 B 的利润函数为 $b(a)$（全部成本和利润都以 1 期美元来度量）。

如果在零期没有签订任何长期合约，那么当事人将根据 1 期筹款情况来决定交易的条件。如果我们假设在 1 期没有一方当事人有可替代的交易伙伴，那么给定 B 的沉没投资成本 a，就存在一个剩余 $b(a) - c$ 供分配。做一个简单的假设，当事人按 50 : 50 平分这个剩余（这正是纳什谈判解）。这就是说，投入的价格 p 将满足 $b(a) - p = p - c$。这就意味着买方的总回报（其投资成本的净额）为：

$$b(a) - p - a = \frac{b(a) - c}{2} - a \tag{1.42}$$

预期这一回报的买方将选择 a 以使（1.42）式最大化，也就是说，最大化 $1/2 b(a) - a$。

这与有效结果形成对照，在有效结果中选择 a 以便总剩余 $b(a) - c - a$ 最大化。最大化（1.42）式将导致投资不足；事实上，在极端情况下，a 将等于零，交易将根本不会发生。这种无效率的出现是因为买方没有从其投资中获得充分的收益，这种收益中的某些部分在 1 期谈判中被卖方所占用。要注意的是，在零期 S 对 B 的预先支付（以补偿 S 后来将获得的剩余的份额）在这里将没有用，因为它将只通过一个常数改变 B 的目标函数（就像一次总额转移支付）。也就是说，它重新分配了收入而没有影响实际决策。

如果在零期签订长期合约，预先规定了投入的价格 p^*，那么就可以获得效率。随之，B 将最大化 $b(\alpha) - p^* - a$，形成有效的投资水平 a^*。

一个替代方法是规定买方必须选择 $\alpha = \alpha^*$（如果不这样，他就要向 S 支付巨额损失费）；然后 p 的选择可以一直留到 1 期进行，由 S 提供一项预先支付，用于补偿 B 的投资。第二个方法则预先假定投资决策是公开可观察的，因此实际上可能比第一种方法更复杂（见 1.4.3 节）。

这个例子说明了当存在特定关系投资时长期合约的作用，威廉森（Williamson, 1975, 1985）以及克莱因、克劳福德与阿尔钦（Klein, Crawford and Alchian, 1978）等人的研究工作对此进行了形式化证明。"投资"这个词应该广义地解释；作为与另一个当事人产生某种关系的一种结果，一个当事人无论何时被迫放弃某种机会，同样的要素都会起作用（例如，在与 B 的关系中，A 的"投资"不可能锁定于 C）。这就是说，关键要素是某种（直接或机会）沉没成本（一种努力决策就是一种沉没成本的一个实例）。注意，对一个长期合约而言，这里完全缺少收入转移动机；不存在不确定性，每一事物都处于现值关系之中。

尽管这些合约如此重要，这类关于"实际"合约（是"实际"而不是"财务"，因为这些合约的基本原理来自例如投资那样的实际决策的存在）的分析还处于起步阶段。可供参考的一个著名早期研究是贝克尔（Becker, 1964）对工人训练的分析。更近一些，威廉森（Williamson, 1975, 1985）和克莱茵、克劳福德与阿尔钦（Klein, Crawford and Alchian, 1978）都强调了签订推动有效的特定关系投资的合约存在困难，并且把这种困难作为解释垂直一体化的重要因素。

本综述的第 1.4 节基本上是关于这类实际合约的分析。无论如何，在这个阶段，概述签订长期合约的一般利益可能是有所帮助的。我们已经讨论过收入转移和"实际"动机。让我们进一步注意三种利益。首先，如果某种关系是重复发生的，那么预先决定每个当事人应该采取什么行为，而不是就一系列短期合约进行谈判，就可能节约交易成本。其次，当在关系进程期间出现信息不对称时，让当事人随他们的关系进程进行谈判可能导致事后的讨价还价无效率［例如，就像在富登伯格与蒂罗尔（Fudenberg and Tirole, 1983）的论文中所指出的那样］，而通过长期合约就可以避免这样的情况。⑧ 最后，一份长期合约对于甄别目的而言可能是有益的，例如，一个企业可以通过提出工人将来取得成就时可以得到一份高额的报酬，来吸引一名生产工人［这是来自逆向选择文献的一个例子；例如，参见萨洛普与萨洛普（Salop and Salop，1976）］。

既然长期合约有许多优势，很明显，提出的问题是，为什么我们没有理解更多的这些优势，为什么我们确实理解的那些优势常常受到范围的限制。现在让我们回到这个问题上来。

1.4.2 签订长期合约的成本

合约理论有时被忽视，因为"我们并不理解这个理论所预言的长期相机合约"。关于长期合约的利益，这种陈述（即使是确实的）需要加以解释。

所作的第一个解释是，世界上并不缺少复杂的长期合约。例如，乔斯科（Joskow，1985）在他最近关于发电厂与坑口煤供应商之间交易的研究中，发现当事人之间的一些合约长达 50 年之久，而且大多数合约超过 10 年。合约中的条款包括质量规定，把煤价与替代品的成本和价格联系起来的公式、标准化规定，等等。这些合约既复杂又精致。在戈德伯格与埃里克森（Goldberg and Erickson，1982）关于石油焦的研究中，也有类似的发现。

在一个更为基本的层面上，一份典型的人身保险合约，载有许多限制性条件和免责条款就并不完全是一份简单的文件。其实一份典型的房屋出租协议同样不是一份简单的文件。另一方面，正如我们在第 2 节就注意到的那样，劳动力合约却往往出乎意料的简单和不完全，

---

⑧　例如，假定 B 没有进行任何投资，但其从这项投入所得到的利益是随机的：$b = 10$ 的概率为 $1/2$，$b = 3$ 的概率为 $1/2$。假设 B 知道 1 期 b 的确切价值，而 S 不知道，确定 $c = 0$，两个当事人都是风险中性的。那么当在 1 期筹款时发生讨价还价，并且 S 有力量选择报价时，他将确定 10 为定价（显然，s 将不会发现确定不同于 10 或 3 的价格的获利性；10 的定价给他以较高的预期利润）。但是，这就意味着结果为 $b = 3$ 的某种有着共同利益的交易将不会发生。另一方面，通过一个长期合约规定买方以某种预先决定的价格在所有的情况下都可以坚持供应投入，就可以实现最优。

至少在某些方面如此。

　　既然在某些情况下形成复杂的长期合约，而在其他情况下却不是这样，那么，把任何观察到的合约解释为某种最优化过程的结果就是自然而然的事情了，在这一最优化过程中，合约中额外长度和复杂性的相对利益与成本在边际进行替代。我们已经就合约中长度和复杂性的利益的确定给出了一些说明。但是关于成本的情况如何呢？成本的说明要困难得多，因为它们都列入"交易成本"这样的一般标题之下，众所周知，这是一个模糊不清而且难以捉摸的概念。关于交易成本，以下各点看来是重要的：（1）每个当事人预期在关系延续期间可能发生的各种事情的成本；（2）对怎样处理这些可能发生的事情作出决策并达成有关协议的成本；（3）以充分清晰明确的方法签订合约，以便合约的条款能够被履行的成本；（4）履行合约的法律成本。

　　尽管这些成本通常总是不太大，但需要注意的一点是，所有这些成本也出现在短期合约的情况中。实际上，既然短期的将来更加可以预测，第一种成本可能会大大减少，第三种成本因此也可能减少。然而，在短期合约与长期合约之间肯定不存在明显的分界线，并不是（像有时假定的那样）前者是无成本的，而后者是无限成本的。

　　同样值得强调的是，当我们谈论某个长期合约的成本时，我们正涉及的总是一个"良好"的长期合约的成本。在签订**某个**长期合约时，很少存在显著的成本或困难。例如，对一个投入品供应合约而言，当事人本来可以为未来 50 年商定一个固定的价格和供应水平；但他们并不这样做，因为（总是）这样一种刻板的安排将是非常无效率的。㊴

　　由于存在交易成本，人们签订的合约在许多重要方面将是不完全

　　㊴ 在某些情况下，就这样的着眼点，当事人不可能真正地打算在这样一个长时间内丝毫不变地执行协议，法庭将不执行这样一个协议。不过，作用于当事人使他们真正说到做到的条款应该足以克服这个困难。在其他情况下，签订一份有约束力的长期合约大概是不可能的，因为涉及某些当事人的特性可能改变。例如，当事人一方可能是在某个固定时期掌权的政府，要求这届政府约束其继任者大概是不可能的。这一方面的思想构成了基德兰德与普雷斯科特（Kydland and Prescott, 1977）和弗雷泽斯、盖内里与蒂罗尔（Freixas, Guesnerie and Tirole, 1985）等人的研究工作的基础。

的。以这样的着眼点等待，看看会发生些什么事要比试图囊括大量个别不可能发生的事更好，当事人将相当理性地不考虑许多意外发生的事。较少合乎理性地，当事人将不考虑他们只不过没有预期到的其他意外发生的事。代替签订相当长期的合约，当事人将签订有限期的合约，打算等到这些合约到期时再重新谈判。合约将常常包含模棱两可或含混不清的款项，有时甚至达到致命的程度。

熟悉关于合约的法律文献的任何人都会意识到，几乎每一起诉诸法庭的合约纠纷都涉及不完全性问题。事实上，作为对背离"理想的"阿罗—德布鲁相机合约的一种解释，不完全性大概与不对称信息至少在经验上同等重要。尽管如此，关于这一论题已经进行的研究工作相对很少，原因（大概）是交易成本的分析是如此之复杂。一个问题是上面提出的头两种交易成本与有限理性的观念紧密联系［就像西蒙（Simon，1982）指出的那样］，而有限理性的概念还没有成功地定形。因此，对分析不完全性所进行的不多尝试总是集中于第三种成本，即签订合约的成本。

由戴伊（Dye，1985）提出的一种方法可以阐述如下。假定在买方与卖方之间交易的投入量 q 应该是买方所面对的产品价格 p 的函数：$q = f(p)$。写下这个函数就可能是有成本的。戴伊根据随着 p 的变化而呈现多少不同值的 q 来度量成本；实际上，如果# ｜对某些 p，$q \mid q = f(p)\}$ $= n$，那么合约的成本为 $(n-1)c$，其中 $c > 0$。这就意味着，非相机陈述"对全部 p 而言，$q = 5$"有零成本；陈述"对 $p \leqslant 8$ 而言，$q = 5$，对 $p > 8$ 而言，$q = 10$"有成本 c；等等。

戴伊试图找到的成本是足够真实的，但是所使用的度量方法却存在某些缺陷。例如，当 p 有无限域时，意味着陈述"对全部 p 而言，$q = p^{1/2}$"有无限的成本，并且这个陈述不能辨别像这样一个简单函数的成本与一个要复杂得多的函数的成本。又如另一个例子，针对实际工资应该是常数这种结果（即对某些 λ 而言，货币工资 $= \lambda p$）的一个简单指数化条款将不会被遵守，因为根据戴伊的度量方法，它也有无限的成本。此外，这种方法没有告诉我们怎样评估使 q 相机决策的这些间接方法的成本；例如，合约可能规定买方（已经观察到 p）可以选择他愿意的任何投入量 q，但是受到对每一单位投入量要支付给卖方 σ 报酬的约束。

还有知悉包括相机陈述的成本的另一种方法。这是假定具有成本的是正在对世态 ω 的描述，而不是写出某个陈述本身。也就是说，假定 ω 不能够简单地由某个产品价格所表示，而是非常复杂的和大范围的，例如，它包括需求状态，在该行业中的其他企业正在做什么，技术状态，等等。这些成分中许多可能是相当模糊不清的。为了对某个外部人（例如，法庭）充分详细地描述事前 ω，证实某种特殊的状态 $\omega = \omega'$ 已经发生，并且因此履行合约，可能产生高得支付不起的成本。在这些情况下，合约将不得不略去某些（极端情况下则为全部）与基本状态有关的条款。

与此相似的情况是，描述被交易的事物的特征，或者当事人必须采取的行为（例如，投资）产生成本。例如，假定只存在一种世态，但是现在 q 表示所交易项目的质量而不是数量。一个理想的合约将对 q 作出精确的描述。然而，质量可能是多方面的，且非常难以进行清晰的描述（质量应该是"良好的"这样一些模糊陈述可能根本就没有意义）。结果可能是合约将不得不对质量或行为的许多方面保持沉默。

格罗斯曼与哈特（Grossnan and Hart，1987）和哈特与莫尔（Hart and Moore，1985）针对世态不能够予以描述这种情况，布尔 Bull（1985）和格罗斯曼与哈特（Grossman and Hart，1986，1987）针对质量或行为不能够予以规定这种情况，已经进行了这种不完全性模型的研究。这些模型并不依赖于当事人之间的任何信息不对称。当事人双方都可能认识到，世态就是如此，即买方的利润是高的或卖方的成本是低的，或者一个项目的质量是好的或差的，或者一项投资决策是合适的或不合适的。困难在于如何向其他人传递这种信息；也就是说，**一方面，当事人之间存在信息不对称；另一方面，当事人与外部人（例如，法庭）之间存在信息不对称，这正是问题的根源。**

使用经济学术语表达就是，因为世态、质量和行为（对合约当事人而言）**是可观察的**，但是（对外部人而言）**不是可证实的**，所以出现了不完全性。我们在 1.4.3 节沿着这些线索叙述一个不完全合约的实例。

1.4.3 不完全合约：一个实例

我们针对这样一种情况给出一个不完全合约的实例，这种情况就是，要详细规定所交换物的质量特征或者当事人的投资决策，就存在着高得支付不起的成本。当世态不能够被描述时，出现类似的问题。这个实例是格罗斯曼与哈特（Grossman and Hart，1986，1987）和哈特与莫尔（Hart and Moore，1985）等研究中的模型的一种变形。

假设一个买方 B 希望向一个卖方 S 购买一个单位的投入。B 和 S 每人都在零期（同时）进行一项特定投资，并且在 1 期发生了交易。令 I_B 和 I_S 分别表示 B 和 S 的投资，为了简化起见，假设每项投资只呈现两种价值，即 H 或 L（高或低）。这些投资对 B 和 S 而言都是可观察的，但是却是不可证实的（它们是复杂的和多方面的，或者表示努力决策），因此是不可用签订合约来加以约束的。我们假设在 1 期卖方可以供给的不是满意的投入就是不满意的投入。"不满意"的投入对买方而言有零利润，对卖方而言有零成本（因此就像根本没有供给一样）。"满意"的投入则得到取决于事前投资的利润和成本。这些状态如下图所示：

	$I_B = H$	$I_B = L$
$I_S = H$	(10, 6)	(9, 7)
$I_S = L$	(9, 7)	(6, 10)

括号中第一部分为买方的利润 V，第二部分为卖方的成本 c。因此，如果 $I_B = H$ 和 $I_S = H$，那么 $v = 10$ 和 $c = 6$（当投入是满意时）。从这些总利润和总成本中必须减去投资成本，我们假设（对每个当事人而言）当投资价值高时投资成本为 1.9 单位；当投资价值低时投资成本为零（全部利润和成本都以 1 期美元计算）。注意，不存在任何不确定性，因此对风险的态度是不相关的。

我们的假设是，投入的特征（例如，是否是满意的）对双方当事人都是可观察的，但是过于复杂而不能在一份合约中加以详细规定。投入的特征是可观察的这一事实，意味着在 1 期可以向买方提供这样的选择，如果他不喜欢，他可以拒绝投入。在下面的情况中，这一点将是重要的。

这个例子的一个重要特点是，卖方的投资不仅影响卖方的成本而且影响买方的利润；买方的投资不仅影响买方的利润而且影响卖方的成本。这里的认识是，由卖方进行的较好投资提高了满意投入的质量；由买方进行的较好投资降低了产生满意投入（也就是买方可以使用的投入）的成本。

例如，人们可以把 B 设想成一个发电厂，S 是位于发电厂附近的一个煤矿。I_B 可能涉及发电厂所安装的燃煤锅炉的型号，I_S 可能涉及煤炭供应者所开发的矿井的类型。通过投资于较好的锅炉，发电厂可能能够燃烧较低质量的煤，从而降低了卖方的成本，同时还增加了其（投资）总利润。另一方面，通过开发优良的煤层，煤矿可能提高了所供煤的质量同时降低了其可变成本。

最优的情况为 $I_B = I_S = H$，总剩余等于 $10 - 6 - 3.8 = 0.2$（如果 $I_B = H$ 而 $I_S = L$ 或者相反，那么剩余 = 0.1；如果 $I_B = L_S = L$，那么没有任何交易发生并且剩余为零）。如果如下面所述那样，无论投资或质量都是可以用合约加以约束的，这种最优就能够获得。如果投资可以用合约加以约束，那么一个最优合约将详细规定买方必须使 $I_B = H$，卖方必须使 $I_S = H$，并且给买方在 1 期以价格 p_1 接受投入或者以价格 p_0 拒绝投入的权力。如果 $10 > p_1 - p_0 > 6$，那么将引入卖方以提供满意的投入（来自所接受投入产生的收益 $p_1 - p_0$。大于卖方的供给成本），并且买方将接受这种安排（买方的利润大于递增的价格 $p_1 - p_0$）。另一方面，如果质量是可以用合约加以约束的，那么合约可以详细规定当 $I_B = I_S = H$ 时，卖方必须提供具有使投入是满意的那些明确特征的投入。这样，伴随特定的业绩，每个当事人都将具有社会性的正确投资激励，因为没有一个当事人的投资会影响其他人的报酬（不存在外部性）。

现在我们证明如果投资和质量两者都不可以用合约加以约束，最优就不可能实现的情况。一个次优的合约可以使价格成为任何可核实的变革的函数。投资和质量都是不可核实的（既不是 v 也不是 c），但是我们将假定由买方来判断项目是被接受还是被拒绝是可核实的；那么，合约可以详细规定一个接受价格 p_1 和一个拒绝价格 p_0。实际上，p_0，p_1 也可以成为买方和卖方互相传递的（可核实的）信息的函数，这种信息反映了双方已经作出的投资决策［就像哈特与莫尔（Hart and Moore，1985）指出的那样］。下面的论证不受这些信息的影响，因而，为了简化起见，我们予以省略（但可参见注释㊹）。

通过对 p_0，p_1 的适当选择，我们可以维持最优合约吗？卖方总有选择 $I_S = L$ 并且产生一个不满意质量的项目的选择权，这使卖方获得净报酬 p_0。为了促使卖方不这样做，我们必须使

$$p_1 - 6 - 1.9 \geqslant p_0 （即 p_1 - p_0 \geqslant 7.9）\qquad (1.43)$$

类似地，买方的净报酬必须不少于 $-p_0$，因为他总有选择 $I_B = L$ 并且拒绝投入的选择权。这就是说，

$$10 - p_1 - 1.9 \geqslant -p_0 （即 p_1 - p_0 \leqslant 8.1）\qquad (1.44)$$

因此，$(p_1 - p_0)$ 必须处于 7.9 与 8.1 之间。

现在卖方有另外一个选择权。如果他预期买方建立 $I_B = H$，他可以选择 $I_S = L$，并且既然 $8.1 \geqslant p_1 - p_0 \geqslant 7.9$，他自然确信在 1 期的初始合约下满意投入的交易将会发生（因为 $v = 9 > p_1 - p_0$，买方将接受满意的投入，同时，因为 $p_1 - p_0 > 7 = c$，卖方将提供满意的投入）。但是如果卖方偏离合约，他的报酬从 $p_1 - 6 - 1.9$ 上升到 $p_1 - 7$（这个例子是对称的，因此一个类似的偏离对买方而言也是可获利的）。因而，$I_B = I_S = H$ 的均衡将被破坏。

这样，我们看到，当投资和质量两者都不可以用合同加以约束时，最优合约就不可能维持。原因在于，减少投资将符合卖方（相应地，买方）的利益，因为尽管由降低买方（卖方）的利益减少了社会利益，但是却增加了卖方（买方）自己的利益。作为替代的最优次佳合约为 $I_B = H$，$I_S = L$（或者相反），这个合约将由使 $9 > p_1 - p_0 > 7$

的一对价格 p_0，p_1 来维持。总剩余将是 0.1，而不是最佳水平时的 0.2。[40]

结论是，即使当事人有共同的信息（双方遵守投资和双方遵守质量），无效率仍可以出现在不完全合约中。发生在所分析模型中的特定无效率存在于事前投资中。相对于这些投资的事后交易总是有效率的，因为可以选择和将会选择 p_1 和 p_0，以便使 $v > p_1 - p_0 > c$；这正是卖方希望提供、买方希望接受的满意的投入。可以认为这个例子使威廉森（Williamson，1975，1985）和克莱因、克雷福德与阿尔钦（Klein，Crawford and Alchian，1978）等人的论证成形，这些论证认为，由于签订完全相机合约的不可能性将使特定关系投资产生扭曲。注意，获得这个结论并没有把主观的限制强加于这一许可合约的形式之上。[41]

上面的例子可以修改后用于说明在不完全合约中可能出现的一种有趣的可能性。假定我们把支付 $I_S = H$，$I_B = L$ 从（9，7）改变为（9，8.2），支付 $I_S = L$，$L_B = H$ 改变为（7.8，7）。最优仍然是相同的。但是，现在**在 1 期只要合约的重新谈判是不可能的**，最优状态就可以维持。尤其是，选择 $p_1 - p_0 = 8$ 时更是如此。随之，当无论买方或者卖方偏离最优时，$v \geqslant p_1 - p_0 \geqslant c$ 将被违反，因此产生偏离的当事人的利润将下降到 p_0（对卖方而言）或 $-p_0$（对买方而言）。

---

[40]　值得指出的是，我们为什么假设买方和卖方都进行投资呢？如果只有买方（相应地，卖方）投资，那么在 6 与 7（9 与 10）之间选择 $p_1 - p_0$ 就可以获得最优；那时，买方（卖方）的任何偏离都将不能获利，因为这将导致没有交易发生。这个论点依赖于在 1 期没有合约重新谈判的假设，这时我们涉及下面的问题。然而，即使允许重新谈判，通过这样一份合约以一方进行投资也可以获得最优，这份合约固定 p_0，但是给予投资的当事人选择他所要求的任何 p_1 的权力。这样，这个当事人面对的是社会净收益函数，因为他索取了全部剩余。

[41]　我们已经确认的无效率似乎不可能如此令人惊奇，因为我们的模型类似于关于团队中道德风险的文献所建立的模型［例如，参见霍姆斯特罗姆（1982a）］。在那些文献中，每一个代理人都采取影响总收益的私人行动；在我们的模型中，投资决策有这种性质。然而，在这些理论框架之间存在着某些差别。首先，在我们的情景中，代理人观察相互的行动。其次，投资的外部性只有最终交易发生时才呈现出来，因而交易的条件可以用于调节外部性。在任何情况下，我们的目的都不是发展新的模型，而是把它运用到新的情景中去，即分析不完全合约行为的结果。

然而，如果重新谈判是可能的，最优就不可能维持。前面证明 $7.9 \leqslant p_1 - p_0 \leqslant 8.1$ 的论证仍然适用。不改变一般性，下面设 $p_0 = 0$。假定卖方选择 $I_S = L$，同时 $I_B = H$。那么在 1 期，因为 $7.8 = v < p_1$，当事人将认识到在初始合约的条件下交易（尽管是共同受益的）将不会发生（买方将拒绝投入）。因此，他们将会总是把价格 p_1 降低到 7—7.8。但是，只要新价格 $p_1' > 7.2$，卖方的净报酬就将比当他没有偏离合约时更高（因为他的最优剩余为 $p_1 - 7.9 < 0.2$）。因此，除非卖方在重新谈判中保持 p_1 上升的力量是相当有限的，否则卖方将偏离合约（如果当事人通过重新谈判按 50∶50 平分收益，那么 $p_1' = 7.4$，卖方肯定会偏离合约）。[42] 然而，当卖方是一个弱的谈判者时，买方总是会偏离合约；这就是说，买方预期 $I_S = H$，他会使 $I_B = L$。随后，当事者们会同意把价格从 p_1 提高到位于 $c = 8.2$ 和 $v = 9$ 之间，并且只要这个新价格 $p_1'' < 8.8$，买方的净报酬就会上升。

这样，在这个修正过的例子中，如果买方和卖方能够预先决定不再为合约重新谈判，他们都可以有更好处境！在 1.3.4.4 节之前，我们已经遇到过这种可能性，但是要注意，那里提出的（在静态下）防止重新谈判的方法在这里将不能运作（那种方法依赖于工人直到最后一刻都不知道企业正准备做什么，然而，这里一旦做出投资决策，当事人双方都将认识到重新谈判的需要）。在初始合约中简单地设置重新谈判惩罚（例如，如果出现重新谈判，买方必须支付卖方 100 万美元）是不可能有效的，因为当事者们总是可以同意废除旧合约，从而

---

[42]　事实上，哈特与莫尔（Hart and Moore，1985）提供了一个论据，在涉及降低价格的重新谈判中，卖方将是明显有利的，并且 $p_1' = p_0 + 7.8$。

避免惩罚［参见谢林（Schelling，1960）］。[43]

  如果不能够防止重新谈判，重新签订合约无事后帕累托改进的这种情况就必须在初始合约中作为一种强制的约束［就像在哈特与莫尔（1985）的论文中指出的那样；在现在的背景中，回顾信息是对称的，因而帕累托改进是什么是清楚的］。在动态不对称信息劳动力合约模型中，我们已经注意到这样一种约束可能是重要的，它似乎也运用于其他背景中。例如，一个企业可能希望使一个顾客相信未来它不准备降低其商品的价格，但是就效果而言，一份有约束的合约可能是行不通的，因为企业和顾客都知道在后面的日子里他们将会同意废除这份合约（另一方面，不提高价格的一份协议可能不会遇到同样的困难）。在谢林（Schelling，1960）关于作出承诺存在困难的有趣讨论中，可以找到同样思路的其他例子。[44]

  回到我们的例子，我们可以用它来解释格罗斯曼与哈特（Gross-

---

  [43] 合约中把第三方当事人包括在内（初始的两方当事人允诺第三方当事人，如果他们进行重新谈判，就支付给第三方一大笔款项）也不能克服这个问题，因为如重新谈判有事后收益的话，就可以在 1 期以一项单边支付作为交换，说服第三方当事人放弃对这一大笔款项的索取权。不过，合约中包括第三方可能有助于使重新谈判的成本更高；例如，众所周知，在重新谈判的过程中，在某种关键时刻第三方当事人将是没有用的。

  应当注意到，第三方当事人会利用他们能力以外的东西使重新谈判更加困难。一个第三方当事人在初始合约当事人之间可以像一个财务楔子那样起作用，以至于卖方在某种特定状态下（p_1 或者 p_0）所接受的量不同于买方的支付量，而正是第三方当事人弥补了差距。还有，当无论什么时候行为或状态是可观察但不可证实时，通过促使初始当事人向第三方当事人报告，如果报告不诚实则将受到严厉罚款（这里，均衡而不是讲实情可能成为问题），使初始当事人向外部人披露他们的信息是可能的。这些安排中每种安排的困难在于，可能存在三方当事人中的两方共谋的巨大激励；例如，两方初始当事人之一可以蓄意报告错误信息，而（秘密地）与第二方当事人商讨瓜分由此产生的罚款。如果这样的共谋是可能的话，那么在现在的背景中就可以显示，三方当事人合约并不比双方当事人合约有优势［参见哈特与莫尔（1985），埃斯韦拉与科特沃尔（Eswaran and Kotwal，1984）］。

  [44] 我们在前面的讨论中提到过但没有进行分析这样的可能性，即当事人可能在 1 期互相传递（可证实的）信息，反映他们共同可观察到的投资决策，以合约详细规定最终价格 p_1 和 p_0 应该怎样依据这些信息而决定。应当注意的是，这些信息的利用在原初的例子中并不能获得最优，至少当重新谈判是可能的时候是这样。这是因为，如果 $v=9$ 和 $c=7$，那么在 l 期将以某种依据于所传递的信息的价格（譬如说，p'_1）发生交易。因此，要使买方从最优的 $I_S=I_B=H$ 偏离是无利可图的，我们必须使 $10-p_1-1.9\geqslant9-p'_1$，式中 p_1，为 $v=10$ 和 $c=6$ 时的交易价格。另一方面，要使卖方从最优偏离是无利可图的，我们必须使 $p_1-6-1.9\geqslant p'_1-7$。这些不等式是不一致的。

man and Hart，1986，1987）提出的所有制理论。有时人们认为，当交易成本妨碍签订一份完全的合约时，就可能存在企业一体化的理由 [参见威廉森（Williamson，1985）]。考虑前图所示的报酬，并且假定 B 接管了 S。因此，这种 B 获得对 S 资产的控制能够让 B 以各种各样的方法影响 S 的成本，并且这样能够降低 S 采取机会主义行为的可能性。举一个非常简单的（人为设计的）例子，假定如果 S 选择 $I_S = L$，那么 B 可以采取某种涉及 1 期 S 的资产的行动 α，以便使 S 供给无论满意还是不满意投入的成本都等于 9（在煤矿——电厂的例子中，α 可能关系到煤矿所开采的某部分煤层；注意，现在我们放弃供给不满意投入的成本为零的假设）。进一步设想这个行动增加了 B 的利益，因此 B 的确会在 1 期当 S 选择 L 时采取这一行动。这样，有了这种额外的自由度，就可以获得最优。尤其是，当 $p_1 = p_0 + 6.1$ 时，那么 $I_S = I_B = H$ 就是一种纳什均衡，因为（根据上面的理由）既然 $p_1 < p_0 + 7$，卖方的任何偏离都将受到惩罚，而买方的偏离将促使卖方供给不满意的投入。[45]

　　注意，如果行动 α 能够在初始合约中加以规定，那么就不存在进行一体化的任何需要：初始合约将简单地说明 1 期 B 有选择 α 的权利就可以了。无论如何，如果：（1）α 过于复杂而不能在零期合约中加以详细规定，因此具有一种剩余控制权的资格；（2）某项资产之上的剩余控制权掌握在拥有这项资产的任何人手中，那么所有权就是重要的。在不完全性条件下，要点在于剩余决定权的配置至关重大，因为合约不能够精确地规定在每一种世态下每个当事人的职责是什么。一项资产的所有权保证了对该项资产的剩余控制权，在这种意义上，纵向和横向一体化可以被看成是保证特定的（并且总是有效率的）剩余决定权配置的方法 [尽管在上面的例子中，一体化提高了效率，但这绝不是一般性结论。在格罗斯曼与哈特（Grossnson and Hart，1986，

---

　　[45]　这就假设了不能够在 1 期就合约进行重新谈判。然而，即使重新谈判是可能的，买方的偏离也将是无利可图的。这是因为就满意投入而言，重新谈判的价格 p_1' 将满足 $p_1' \geqslant p_0 + 7$，因此当买方偏离时他的净利润为 $9 - p_1' \leqslant 8.1 - p_1$。

1987）的研究中，提供了一体化降低效率的例子]。

在给出本节的结论之前，我们应该强调，为了易于处理，我们已经把注意力限制在由于某种非常特殊的交易成本所引起的不完全性方面。实际上，我们已经提及的某些其他交易成本如果不是更为重要的话，也可能至少与此同样重要。例如，在我们已经分析过的模型类型中，虽然当事人不能够描述世态或者质量特征，但是仍然假设他们能够签订一份确定的，以及对所有可能发生的事有所预测的合约。这一假设是非常不现实的。实际上，一份合约可能（比如说）载明 B 同意以某个特定的价格租用 S 的音乐厅。但是假定随后 S 的音乐厅被烧毁。关于在这些情况下所发生的事意味着什么，合约通常将是不发表意见的，（没有任何音乐厅供租用了，但是 S 应该向 B 赔偿损失吗？如果赔偿那么应该赔偿多少呢？）因此，一旦发生争执，法庭将不得不补充遗漏的条款（提供一种一劳永逸的合约是不可能的或成本极其高昂的，这种情形在法律文献中被认为是一种“不可能性”或“合约失效”情形）。尽管对这种不完全性的分析是极其困难的，但是在未来的研究中这种分析却是一个非常重要的课题。就签订合约的方法以及说明法庭应该如何评估损失而言，获得更为丰富、更加现实的看法是可能的 [在法律和经济学文献中，已经开始对后一个问题进行分析；例如，参见谢维尔（Shavel, 1980）]。[46]

1.4.4　自履行合约

前面的讨论涉及由外部人，例如法庭，来履行的、明确的约束性

---

[46]　还应该提到由戴蒙德与马斯金（Diamond and Maskin, 1979）发展起来的损失理论。戴蒙德与马斯金考虑了这样一个情形，一个买方和卖方计划互相进行交易，但是其中一方认识到在某些状态下代之与另一个当事人进行交易可能是有效的；例如，卖方可能发现另一个买方有更强的支付意愿。在这些情况下，买方和卖方都可以利用在他们的初始合约中的违约损失条款作为从这个新当事人那里获取剩余的一种方法。例如，如果新当事人必须补偿卖方，因为后者违反了他与初始买方的合约，此时这个新当事人的讨价还价地位将被弱化（这个论点假设新当事人不能够与买方和卖方就放弃损失赔偿进行事后谈判）。阿吉翁与博尔顿（Aghion and Bolton, 1985）在一篇有趣的论文中已经应用这种思想来解释长期合约是怎样阻止行业进入的。

合约。即使最普通的经验也告诉我们，众多的协议并不是这种类型。虽然在那些情况下，法庭仍可能是最终求助的对象（因此法律的影响力是重要的），但是这些协议是以日常的习惯、诚信、声誉等为基础来履行的。甚至在发生严重争执的情况下，当事人也可能尽力自己解决问题而不是诉诸法庭。这就产生了自履行合约或隐含合约的思想〔像这种非正式安排在商务活动中的重要性已经由麦考利（Macaulay，1963）和本—波拉思（Ben-Porath，1980），以及其他人加以强调〕。

人们常常绕过法律程序，大概因为使用法律程序产生了交易成本。签订一个良好的长期合约的成本（见 1.4.2 节的讨论）是与此密切相关的。就这样的程序也成为法庭用以解决合约争端的专门技能。如果合约是不完全的，并且包含有遗漏的条款以及模棱两可、含混不清的陈述，那么要恰当地履行合约就需要许多法官和陪审团所不具备的能力和知识（当事人头脑中在想些什么呢？）这就意味着上法庭可能成为一种巨大的赌博，并且是一种昂贵的赌博（1.4.2 节中提到的第四种交易成本就是一个例子）。

虽然隐含合约或自履行合约的思想常常被援引，但是，随着来自重复博弈理论（参见 1.2.7 节的模型）的巨大激励，对这种协议的正式研究只是最近才开始〔例如，参见布尔（Bull，1985）〕。这一文献已经强调了声誉在使一个合约"完全"的过程中的作用。也就是说，为了建立作为一个正直的、可靠的交易者的声誉，一个当事人可能采取"合情合理的"行为，即使他并没有责任这样做。在某些情况下，这类声誉效应仅仅在合约当事人的集团中起作用，有时被称为合约的**内部**履行，而在其他情况下，这类效应将更为普遍。后者的情况出现在这样的时候，合约的某些外部人（例如，该行业中的其他企业或者某个企业的潜在工人）观察到合约的某个当事人的不合理行为，作为一种结果，他们在未来会更不愿意与其打交道。在这种情况下，合约的履行被称为是**外部的或以市场为基础的**（1.2.7 节的模型就应用了这种外部履约的思想）。请注意，在这种外部履约与缺乏合法的约束性合约的原因之间一开始可能就处于某种紧张局面，能够观察到这种行为的人越多，就越有可能证实这种行为。

  这里，应该加以强调的是一份不完全合约与一份标准的不对称信息合约之间的差别。声誉在其中起作用的是前者，因为此时当事人拥有相同的信息，并且可以观察到合理的行为是否正在被维持。在后者的情况下，声誉可以如何克服当事人之间的信息不对称并不清楚，而这种信息不对称是偏离阿罗—德布鲁合约的原因。

  在维持合约方面，声誉的作用可以用下面的模型加以说明［以布尔（1985）和克雷普斯（Kreps，1984）的研究为基础；这是一个比上一节中的模型更为简单的不完全合约模型］。假设在 1 期买方 B 和卖方 S 希望交易一个项目，该项目对买方具有价值 v，对卖方具有成本 c，其中 $v>c$。不存在事前投资，商品都是同质的，因而质量不存在问题。不过，假定交易是否实际发生是不可核实的。那么，一个合法的约束性合约虽然详细规定了卖方必须交付项目，买方必须支付价格 p，其中 $v>p>c$，但是并不能够被履行。原因在于，假设同时交付和支付是不可行的，如果卖方必须首先交付，那么，买方总是可以否认交付的发生并且拒绝支付，而如果买方必须首先支付，那么卖方总是可以随后声称他已经交付，即使他并没有这样做。如果当事人必须依赖于法庭进行裁决的话，其结果只能是丧失掉一次可获利的交易机会。

  其实交易水平都是不可证实的思想是极端的，事实上，布尔（Bull，1985）提出了更为站得住脚的假设，即不能够证实的是商品的质量（在布尔的模型中，S 是一名工人，质量是该工人的表现）。布尔假定对买方而言，质量只有在经过一段时滞以后才可观察到，因此，1.4.3 节中所考虑的那类取舍建议是不可行的。结果，卖方总是有产生最小质量的某种激励（这与前述零产出模型相一致）。使数量不可证实是获得同样思想的一种较粗略但较简单的方法［这正是克雷普斯（Kreps，1984）采用的方法］。

  注意，在上述模型中合约的不完全性完全是由于交易成本（3）而引起的，即签订和履行合约的困难所致。

  为了引入声誉效应，人们假定这种交易关系是反复发生的。布尔（Bull，1985）和克雷普斯（Kreps，1984）遵循超级博弈文献，为了避免把问题拆开而假设交易是无限重复的。众所周知，这种方法遇到了大量的困难。首先，交易具有无限的（或者，在某些形式中为潜在的无限）生命力的假设是令人难以接受的。其次，"合理的"行为（即交易）是由这样的威胁所维持，即如果一个当事人的行为不合理，那么从那以后其他当事人的行为也会不合理。虽然这种威胁是可信的［更确切地说，是完美的子博弈（sub–game perfect）］，但是在出现某种合约偏离之后，为什么当事人不能够决定继续进行交易，这一点并不清楚；这就是说，"过去的事就让它过去吧。"［参见法雷尔（Farrell，1984）；这是事后的再谈判能力损害了事前当事人的另一个例子。］

似乎一种更可取的方法是假设交易关系具有有限的时间长度，但是引入不对称信息，正像在克雷普斯与威尔森（Kreps and Wilson，1982）和米尔格罗姆与罗伯茨（Milgrom and Roberts，1982）的研究中所指出的那样。下面所进行的讨论是以某些非常初步的研究工作为基础，我们沿着这些线索已经承担了这样的工作。

假定在全体大众中存在两种类型的买方，诚实的和不诚实的。诚实的买方将总是信守他们已经达成的任何协议或做出的承诺；而不诚实的买方只有在这是有利可图时才会这样做。一个买方知道他自己的类型，但是其他人不知道。全体大众中诚实买方的比重为 π（$0 < \pi < 1$），这是众所周知的。与此相比较，所有的卖方都被认为是不诚实的。所有的代理人都是风险中性的。

为了简化起见，假设单个买方和单个卖方在零期相匹配，在这一时期以及未来时期都没有任何替代的交易伙伴（这里，我们偏离了我们在大多数章节中已经保持的事前完美竞争的说法）。首先考虑单个时期的情况。这样，一份零期协议可以表示如下：

解释是，买方承诺在 1 期（阶段 1）前支付卖方 p_1；作为回报，卖方

承诺在 1 期（阶段 2）提供项目；对此的回报是，买方承诺进一步支付 p_2（阶段 3）。

我们应该提到一个进一步的假设。尽管诚实的买方不会首先违反协议，但是假设他们感到没有责任完成已经被卖方破坏了的协议条款（饶有趣味之处是，这种买方心理学的理论在普通法中有相似之处）。注意，当一个买方首先破坏了一项协议时，他就暴露了他自己是不诚实的，结果是不可能与卖方有进一步的自履行协议，因而交易就此停止。

什么是一项最优的协议呢？考虑前面的图示。卖方知道他将能得到 ρ_2 的概率只为 π，因为一个不诚实的买方将在最后一个阶段违约。既然卖方自身是不诚实的，只有当他这样做是有利可图时他才会在阶段 2 提供项目，这就是说，只有当

$$\pi p_2 - c \geq 0 \tag{1.45}$$

时才会提供项目。为了简化起见，假设卖方在零期拥有全部讨价还价的能力（后面的情况就不再依赖于这种能力）。那么，卖方会希望最大化他的全部报酬

$$p_1 + \pi p_2 - c \tag{1.46}$$

约束条件为（1.45）式，它使卖方将在阶段 2 提供项目成为可信，同时也是卖方使在零期参与协议的诚实买方不致丧失信心的约束。因为〔（1.45）式被满足〕买方肯定知道他们将接受这个项目，这最后的条件就是

$$v - p_1 - p_2 \geq 0 \tag{1.47}$$

要注意的是，一个不诚实买方的报酬 $v - p_1$ 总是高于在（1.47）式中给出的一个诚实买方的报酬，因此没有任何方法鉴别不诚实的买方。以不对称信息模型的语言来表达，均衡是一种集中均衡。

因为卖方的报酬在 p_1 是递增的，（1.47）式将保持两端相等（买方没有得到任何剩余）。（更为一般地说，p_1 的改变简单地在两个当事人之间再分配了剩余，而没有改变任何一方的违约激励）如果我们在（1.46）式中替代 p_1，卖方的报酬就成为 $v - p_2$（$1 - \pi$）$- c$，当在（1.45）式的条件下最大化这个报酬时，就得到解 $p_2 = c/\pi$。这个最大

化的净报酬是

$$v - \frac{c}{\pi} \tag{1.48}$$

这个结果小于最优水平 $v - c$。

这样，我们看到在缺乏一份约束性合约时交易的条件更为严格。当 $c/\pi > v > c$ 时，交易中存在的收益将不会在一种单个时期的关系中实现。

现在假设这种关系是反复发生的。考虑上述情况的一种两个时期的变形，同时假设没有任何贴现。现在应用下面的图示：

```
|  _____  _____  _____  _____  _____
     p₁         s         p₂         s         p₃
   阶段1       阶段2      阶段3      阶段4      阶段5
```

这就是说，协议表明买方支付了款项，卖方第一次提供项目，买方进一步支付款项，卖方第二次供货，买方完成最后的支付。我们将简明地证明卖方可以比在单个时期时做得更好，而不是寻求最优安排的解。设 $p_3 = c/\pi$，$p_2 = c$，以及 $p_1 = 2v - c - c/\pi$。那么，（1）卖方知道他将得到 p_3 的概率为 π，他将在阶段 4 供货（如果事情已经发展至此的话）；（2）诚实的买方和不诚实的买方在阶段 3 都将支付 p_2，后者之所以支付是因为在成本为 c 的情况下他们由此确保在阶段 4 得到供应的价值 $v > c$；（3）卖方在阶段 2 将供货，因为这使他得到净报酬 $p_2 + \pi p_3 - 2c \geq 0$，而如果他不这样做，安排终止，他的报酬为零；（4）诚实的买方准备参与，因为他的剩余是非负的（实际上为零）。

卖方的预期总净报酬为

$$p_1 + p_2 + \pi p_3 - 2c = 2V - c - \frac{c}{\pi} \tag{1.49}$$

这个报酬超过了单个时期报酬的一倍。因此，与单个时期的关系相比，在两个时期的关系中交易更有可能发生。事实上，可以证明上述例子正是一个最优两个时期的协议。

由于让诚实的买方第二次支付（阶段 3）少于第三次支付（阶段 5），交易的重复使事情得到改善。这就是说，协议安排**延迟**了支付。

这对卖方来说是可以接受的，因为他知道即使是一个不诚实的买方在阶段 3 也不会违约，因为买方在正在继续的协议安排中有着重大的利害关系。换言之，不诚实的买方并不准备在过早的一个阶段暴露他的不诚实。

同样的安排可以用于两个时期以上的情况：当买方支付为（c/π）时，他承诺除了在最后一个阶段之外的每一个阶段都支付 c。事实上，随着时期的数量趋向于无限，来自这样一种安排的卖方每一时期剩余收敛于最优水平（$v-c$）（当然，假设不存在任何贴现）。

虽然上面的分析极其暂时和粗略，我们仍然可以得出关于声誉作用的某些值得注意的结论，并且为未来的研究指出某些方向。首先，对自履行合约理论而言，违反合约需付出心理成本的观念似乎是一种有用的并非是不现实的基础。放弃某些代理人完全是诚实的，而某些代理人完全是不诚实的假设，代之以假设典型的交易者有有限的违约心理成本显然是合意的，这里，这种成本以人们熟知的方式分布于人群之中。换言之，每一个人都有他们自己的价格，但是这种价格是变化的。沿这些思路进行的初步研究表明，上面的结果具有一般性；尤其是，交易关系的重复使自履行协议的维持更容易。

当然，关于心理成本的信息不对称并不是声誉理论唯一可能的基础。例如，买方与卖方都可以拥有关于 v 与 c 的私人信息，并且可能选择他们的交易策略以影响关于这些变量的价值的看法。一种自履行合约的理论应该理想地产生对信息不对称所处的情形不敏感的结果。不过，富登伯格与马斯金（Fudenberg and Maskin, 1986）在一项相关内容的研究中认为，这可能是一个难以达到的目标。[47]

采取这种模型的其他正常研究方向还有很多。其中之一是把其他当事人引入交易。例如，卖方可能与接二连三的买方而不是一个单一的买方进行交易。在这样的情况下，重复交易增加每一时期剩余的程度取决于新的买方是否观察到卖方过去的违背承诺行为（这决定了外

---

[47] 托马斯与沃勒尔（Thomas and Worrall, 1984）已经详细研究过关于 v 与 c 在决定声誉的过程中不确定性的作用。

部执行合约起作用的程度；更为一般的情况是，一个新的买方可能观察到过去发生的违约情况，但是不能确定谁应该对违约负责）。如果新的买方不能观察到过去违背承诺的情况，那么重复交易就不会获得任何东西，对于在一个固定的买方与卖方之间建立一种长期关系的可能利益，这就提供了一个非常强有力的预期。即使过去的违约情况被完全地观察到，当其他情况都相同时，似乎一份单一的长期协议可能优于一系列的短期协议。原因在于，在后面的情况下，强制约束每一方当事人在**他们的**关系期间都必须接受非负的剩余，而在前面的情况下，只存在单一的约束，即在整个关系期间剩余必须是非负的［参见布尔（Bull，1985）和克莱普斯（Kreps，1984）］。

或许最重要的扩展是由于其他的交易成本，例如在1.4.2节讨论过的有限理性成本（1）和（2），而引入的不完全性。问题在于，在一份正式的合约中难以预测的事件和计划的相同因素也在非正式安排中起作用。也就是说，一项非正式安排也可能包含许多遗漏的条款。但是随之提出的问题是，对于事前没有讨论过的状态或行动，（从建立声誉来看）什么东西构成"合情合理的"或"合乎意愿的"行为呢？在其他的事物中，习惯在这样一些情况下可能是重要的：行为在通常被认为到这样的程度上将是合情合理的或合乎意愿的［关于这个问题的杰出讨论，参见克莱普斯（Kreps，1984）］。这就引起了许多新颖的、有趣的（也是极其困难的）问题。

即使我们的声誉分析还是非常初步的，但对阿扎赖亚迪斯—贝利—戈登隐含合约模型可以有新的了解。在这一模型中，企业为工人保险以弥补他们因边际劳动生产量波动带来的损失。不确定性和风险厌恶显然使自履行合约的分析大为复杂化，但是上面的结果认为，使工人净收入稳定化的长期协议甚至在缺乏有约束力合约的情况下也能够维持下去，尤其是当交易是重复进行的时候更是如此。此外，即使边际劳动生产量随时间的推移是（完全）相互关联的（在上面的模型中则是常数），也可能如此，认为对于1.3.3节中研究过的不对称信息的情况，一份隐含的合约也能够维持下去（边际生产量的相互联系是重要的，因为没有这种相互联系时，信息不对称可能渐渐消失；

见 1.3.4.3 节）。无论如何，由于强有力的相互联系，一份隐含合约的条件将更为严格，既然声誉已经不佳，并且知道这种声誉不佳的影响是持久的，这样的企业将有更强烈的违约激励［参见纽伯里与斯蒂格利茨（Newbery and Stiglitz，1983）］。更为一般的情况是，合约必须自履行这样一个事实将在合约可以采取的形式方面强化约束条件。当存在风险厌恶和不对称信息时，可以支撑隐含合约（及其结果特征）的精确条件分析对于未来的研究将是一个有趣的、重要的课题。

1.4.5　概要与结论

到目前为止，关于合约的大多数理论研究工作往往涉及的是可能称之为完全合约的那些东西。在这样的背景下，一份完全合约规定了在每一种可能想象的事件中每一方当事人的责任，而不是在阿罗—德布鲁模型意义上是充分相机的合约。根据这种专用术语，1.3.3 节的不对称信息劳动力合约正好与 1.3.1 节的对称信息劳动力合约一样完全。

事实上，预先完全地、毫不含糊地规定每一个当事人的责任通常是不可能的，因而最实际的合约是严重不完全的。在第 1.4 节，我们已经试图指出这种不完全性的某些复杂的情形。在其他的叙述中，我们已经看到，甚至当合约行为的当事人中并不存在任何信息不对称（并且当事人各方都是风险中性的）时，不完全性也可以导致偏离最优状态。

比这更重要的或许是，关于怎样决定参与合约的当事人的行为，不完全性提出了新的、困难的问题。在不完全合约不能充分规定当事人的行动的程度上（即不完全合约存在"漏洞"），需要其他的理论告诉我们怎样弥补这些漏洞。在其他叙述中，例如习惯或声誉这样的外部影响在这些情况下可能变得重要。此外，例如法庭（或仲裁人）这样的外部人在弥补合约遗漏的条款，以及解决合约的模糊性等方面可能发挥作用，而不在于简单地强制实施已存在的合约。不完全性也可以使我们对决策权或控制权的配置有了新的了解。如果成本太高而不能精确地叙述一项特定的资产在每一种世态下是如何被使用的，那么，简单地让一个当事人"控制"该资产就可能是有效率的，在这个意义上，这个当事人被赋予了做他愿意做的事情的权利，或许受到某些明确的（可以用合约加以约束的）限制。

虽然不完全性之重要性已经被律师以及那些在法学和经济学方面从事研究工作的人们很好地认识，但是经济理论家们的理解和评价只不过刚刚开始。希望在今后几年的研究工作中对这种现象的规范理解取得重大进展。遗憾的是，进步是不可能轻而易举取得的，因为不完全性的许多方面与有限理性的观念密切地联系在一起，而后者还没有形成令人满意的正式理论框架。

作为不完全性之重要性的一个最后说明，请考虑下面的问题。为什么当事人频繁地签订一份有限期的，当合约临近到期时打算重新谈判的合约，而不是签订一份跨越当事人交易关系的整个期间的单一合约呢？在一个完全合约框架中，这样的行为不可能是有利的，因为各方当事人都可能计算当合约到期时会发生什么事情，并且把其包括进初始合约中。希望未来关于不完全合约的研究工作将使这种非常基本的问题得到解答。

参考文献

Abraham, K., and H. Farber. 1985. "Job Duration, Seniority, and Earnings." Mimeo, Massachusetts Institute of Technology.

Aghion, P., and P. Bolton. 1985. "Entry-Prevention Through Contracts with Customers." Mimeo, Massachusetts Institute of Technology.

Akerlof, G., and H. Miyazaki. 1980. "The Wage Bill Argument Meets the Implicit Contract Theory of Unemployment." *Review of Economic Studies* 47: 321-38.

Allen, F. 1985. "Repeated Principal–Agent Relationships with Lending and Borrowing." *Economic Letters* 17: 27-31.

Antle, R., and A. Smith. 1986. "An Empirical Investigation of the Relative Performance Evaluation of Corporate Executives." *Journal of Accounting Research* 24: 1-39.

Arnott, R., and J. Stiglitz. 1985. "Labor Turnover, Wage Structures, and Moral Hazard: The Inefficiency of Competitive Markets." *Journal of Labor Economics* 3: 434-62.

Arnott, R., A. Hosios, and J. Stiglitz. 1985. "Implicit Contracts, Labor Mobility and Unemployment." Mimeo, Queen's University, Canada.

Aron, D. 1984. "Ability, Moral Hazard, and Firm Diversification, Parts I and II." Mimeo, University of Chicago.

Arrow, K. 1985. "The Economics of Agency." In J. Pratt and R. Zeckhauser (eds.), *Principals and Agents: The Structure of Business,* pp. 37-51. Boston: Harvard Business School Press.

Azariadis, C. 1975. "Implicit Contracts and Underemployment Equilibria." *Journal of Political Economy* 83: 1183-1202.

—— 1983. "Employment with Asymmetric Information." *Quarterly Journal of Economics (Supplement)* 98: 157-73.

Baily, M. 1974. "Wages and Employment Under Uncertain Demand." *Review of Economic Studies* 41: 37-50.

Baiman, S. 1982. "Agency Research in Managerial Accounting: A Survey." *Journal of Accounting Literature* 1: 154-213.

Baiman, S., and J. Demski. 1980. "Economically Optimal Performance Evaluation and Control Systems." *Supplement to Journal of Accounting Research* 18: 184-220.

Baron, D., and D. Besanko. 1984. "Regulation, Asymmetric Information, and Auditing." *Rand Journal of Economics* 15: 447-70.

Baron, D., and R. Myerson. 1982. "Regulating a Monopolist with Unknown Costs." *Econometrica* 50: 911-30.

Becker, G. 1964. *Human Capital.* New York: Columbia University Press.

Becker, G., and G. Stigler. 1974. "Law Enforcement, Malfeasance and Compensation of Enforcers." *Journal of Legal Studies* 3: 1-18.

Ben-Porath, Y. 1980. "The F-Connection: Families, Friends, and Firms and the Organization of Exchange." *Population and Development Review* 6: 130.

Bhattacharya, S. 1983. "Tournaments and Incentives: Heterogeneity and Essentiality." Research Paper No. 695, Graduate School of Business, Stanford University.

Brown, J., and O. Ashenfelter. 1986. "Testing the Efficiency of Employment Contracts." *Journal of Political Economy* 94: 540-87.

Bull, C. 1985. "The Existence of Self-Enforcing Implicit Contracts." C. V. Starr Center, New York University.

Calvo, G., and E. Phelps. 1977. "Employment Contingent Wage Contracts." *Journal of Monetary Economics* 5: 160-8.

Card, D. 1985. "Efficient Contracts and Costs of Adjustment: Short-Run Employment Determination for Airline Mechanics." Mimeo, Princeton University.

Carmichael, L. 1984. "Firm-Specific Human Capital and Promotion Ladders." *Rand Journal of Economics* 14: 251-8.

Chari, V. 1983. "Involuntary Unemployment and Implicit Contracts." *Quarterly Journal of Economics (Supplement)* 98: 107-22.

Cooper, R. 1983. "A Note on Overemployment/Underemployment in Labor Contracts Under Asymmetric Information." *Economic Letters* 12: 81-7.

Crawford, V. 1982. "Long-Term Relationships Governed by Short-Term Contracts." ICERD DP, London School of Economics.

Cremer, J., and M. Riordan. 1986. "On Governing Multilateral Transactions with Bilateral Contracts." Discussion Paper No. 134, Studies in Industry Economics, Stanford University.

D'Aspremont, C., and L. Gerard-Varet. 1979. "Incentives and Incomplete Information." *Journal of Public Economics* 11: 25-45.

DeGroot, M. 1970. *Optimal Statistical Decisions*. New York: McGraw-Hill Book Company.

Dewatripont, M. 1985. "Renegotiation and Information Revelation Over Time: The Case of Optimal Labor Contracts." Mimeo, Harvard University.

Diamond, D. 1984. "Financial Intermediation and Delegated Monitoring." *Review of Economic Studies* 51: 393-414.

1985. "Reputation Acquisition in Debt Markets." Mimeo, University of Chicago.

Diamond, P., and E. Maskin. 1979. "An Equilibrium Analysis of Search and Breach of Contract, I: Steady States." *Bell Journal of Economics* 10: 282-316.

Dye, R. 1985. "Costly Contract Contingencies." *International Economic Review* 26: 233-50.

Eden, B. 1985. "Labor Contracts, Enforcement and Fluctuations in Aggregate Employment: The Case of No Severance Payments." Working Paper, University of Iowa.

Eswaran, M., and A. Kotwal. 1984. "The Moral Hazard of Budget-Breaking." *Rand Journal of Economics* 15: 578-81.

Fama, E. 1980. "Agency Problems and the Theory of the Firm." *Journal of Political Economy* 88: 288-307.

Farmer, R. 1984. "A New Theory of Aggregate Supply." *American Economic Review* 74: 920-30.

1985. "Implicit Contracts with Asymmetric Information and Bankruptcy: The Effect of Interest Rates on Layoffs." *Review of Economic Studies* 52: 427–42.

Farrell, J. 1984. "Renegotiation-Proof Equilibrium in Repeated Games." Mimeo, Massachusetts Institute of Technology.

Feldstein, M. 1976. "Temporary Layoffs in the Theory of Unemployment." *Journal of Political Economy* 84: 937–57.

Fischer, S. 1977. "Long Term Contracts, Rational Expectations, and the Optimal Money Supply Rule." *Journal of Political Economy* 85: 191–205.

Freixas, X., R. Guesnerie, and J. Tirole. 1985. "Planning Under Incomplete Information and the Ratchet Effect." *Review of Economic Studies* 52: 173–92.

Fudenberg, D., B. Holmström, and P. Milgrom. 1986. "Repeated Moral Hazard with Borrowing and Saving." Draft, School of Organization and Management, Yale University.

Fudenberg, D., and E. Maskin. 1986. "The Folk Theorem in Repeated Games with Discounting and with Incomplete Information." *Econometrica* 54: 533–54.

Fudenberg, D., and J. Tirole. 1983. "Sequential Bargaining with Asymmetric Information." *Review of Economic Studies* 50: 221–48.

Gale, D., and M. Hellwig. 1985. "Incentive Compatible Debt Contracts: the One Period Problem." *Review of Economic Studies* 52: 647–64.

Geanakoplos, J., and T. Ito. 1982. "On Implicit Contracts and Involuntary Unemployment." Cowles Foundation Discussion Paper #640, Yale University.

Gibbons, R. 1985. "Essays on Labor Markets and Internal Organization." Unpublished dissertation, Stanford University.

Gjesdal, F. 1982. "Information and Incentives: The Agency Information Problem." *Review of Economic Studies* 49: 373–90.

Goldberg, V., and J. Erickson. 1982. "Long-Term Contracts for Petroleum Coke." Department of Economics Working Paper Series No. 206, University of California–Davis.

Gordon, D. 1974. "A Neo-Classical Theory of Keynesian Unemployment." *Economic Inquiry* 12: 431–59.

Green, J. 1985. "Differential Information, the Market and Incentive Compatibility." In K. Arrow and S. Honkapohja (eds.), *Frontiers of Economics,* pp. 178–99. Oxford: Basil Blackwell.

Green, J., and C. Kahn. 1983. "Wage Employment Contracts." *Quarterly Journal of Economics (Supplement)* 98: 173–88.

Green, J., and N. Stokey. 1983. "A Comparison of Tournaments and Contracts." *Journal of Political Economy* 91: 349–64.

Grossman, S., and O. Hart. 1981. "Implicit Contracts, Moral Hazard and Unemployment." *American Economic Review (Papers and Proceedings)* 71: 301–8.

1982. "Corporate Financial Structure and Managerial Incentives." In J. McCall (ed.), *The Economics of Information and Uncertainty,* pp. 107–37. Chicago: University of Chicago Press.

1983a. "An Analysis of the Principal–Agent Problem." *Econometrica* 51: 7–45.

1983b. "Implicit Contracts Under Asymmetric Information." *Quarterly Journal of Economics (Supplement)* 71: 123–57.

1986. "The Costs and Benefits of Ownership: A Theory of Vertical and Lateral Integration." *Journal of Political Economy* 94: 691-719.

In press. "Vertical Integration and the Distribution of Property Rights." In A. Razin and E. Sadka (eds.), *Economic Policy in Theory and Practice.* New York: Oxford University Press.

Grossman, S., O. Hart, and E. Maskin. 1983. "Unemployment with Observable Aggregate Shocks." *Journal of Political Economy* 91: 907-28.

Grout, P. 1984. "Investment and Wages in the Absence of Binding Contracts: A Nash Bargaining Approach." *Econometrica* 52: 449-60.

Hahn, F. 1984. "Implicit Contracts and Involuntary Unemployment." Discussion Paper No. 71, Cambridge University.

Hall, R. 1980. "Employment Fluctuations and Wage Rigidity." *Brookings Papers on Economic Activity* 1: 91-123.

Hall, R., and D. Lilien. 1979. "Efficient Wage Bargains Under Uncertain Supply and Demand." *American Economic Review* 69: 868-79.

Harris, M., and B. Holmström. 1982. "A Theory of Wage Dynamics." *Review of Economic Studies* 49: 315-33.

Harris, M., and A. Raviv. 1979. "Optimal Incentive Contracts with Imperfect Information." *Journal of Economic Theory* 20: 231-59.

1981. "Allocation Mechanisms and the Design of Auctions." *Econometrica* 49: 1477-99.

Harris, M., and R. Townsend. 1981. "Resource Allocation Under Asymmetric Information." *Econometrica* 49: 33-64.

Hart, O. 1983. "Optimal Labour Contracts Under Asymmetric Information: An Introduction." *Review of Economic Studies* 50: 3-35.

Hart, O., and J. Moore. 1985. "Incomplete Contracts and Renegotiation." Working Paper, London School of Economics.

Holmström, B. 1979. "Moral Hazard and Observability." *Bell Journal of Economics* 10: 74-91.

1982a. "Moral Hazard in Teams." *Bell Journal of Economics* 13: 324-40.

1982b. "Managerial Incentive Problems - A Dynamic Perspective." In *Essays in Economics and Management in Honor of Lars Wahlbeck.* Helsinki: Swedish School of Economics.

1983. "Equilibrium Long-Term Labor Contracts." *Quarterly Journal of Economics (Supplement)* 98: 23-54.

Holmström, B., and P. Milgrom. 1985. "Aggregation and Linearity in the Provision of Intertemporal Incentives." Cowles Discussion Paper No. 742.

Holmström, B., and J. Ricart-Costa. 1986. "Managerial Incentives and Capital Management." *Quarterly Journal of Economics* 101: 835-60.

Holmström, B., and L. Weiss. 1985. "Managerial Incentives, Investment and Aggregate Implications: Scale Effects." *Review of Economic Studies* 52: 403-26.

Jensen, M., and W. Meckling. 1976. "Theory of the Firm: Managerial Behavior, Agency Costs, and Capital Structure." *Journal of Financial Economics* 3: 305-60.

Joskow, P. 1985. "Vertical Integration and Long-Term Contracts." *Journal of Law, Economics and Organization* 1: 33-80.

Kahn, C. 1985. "Optimal Severance Pay with Incomplete Information." *Journal of Political Economy* 93: 435–51.

Kihlstrom, R., and J. Laffont. 1979. "A General Equilibrium Entrepreneurial Theory of Firm Formation Based on Risk Aversion." *Journal of Political Economy* 87: 719–48.

Killingsworth, M. 1983. *Labor Supply.* Cambridge University Press.

Klein, B., R. Crawford, and A. Alchian. 1978. "Vertical Integration, Appropriable Rents and the Competitive Contracting Process." *Journal of Law and Economics* 21: 297–326.

Kreps, D. 1984. "Corporate Culture and Economic Theory." Mimeo, Stanford University.

Kreps, D., and R. Wilson. 1982. "Reputation and Imperfect Information." *Journal of Economic Theory* 27: 253–79.

Kydland, F., and E. Prescott. 1977. "Rules Rather Than Discretion: The Inconsistency of Optimal Plans." *Journal of Political Economy* 85: 473–92.

Laffont, J.-J., and E. Maskin. 1982. "Theory of Incentives: An Overview." In W. Hildenbrand (ed.), *Advances in Economic Theory,* pp. 31–94. Cambridge: Cambridge University Press.

Laffont, J.-J., and J. Tirole. 1986. "Using Cost Observation to Regulate Firms." *Journal of Political Economy* 94: 614–41.

Lambert, R. 1983. "Long-Term Contracting and Moral Hazard." *Bell Journal of Economics* 14: 441–52.

　　1986. "Executive Effort and Selection of Risky Projects." *Rand Journal of Economics* 16: 77–88.

Lazear, E. 1979. "Why is There Mandatory Retirement?" *Journal of Political Economy* 87: 1261–84.

Lazear, E., and S. Rosen. 1981. "Rank-Order Tournaments as Optimum Labor Contracts." *Journal of Political Economy* 89: 841–64.

Lucas, R. 1972. "Expectations and the Neutrality of Money." *Journal of Economic Theory* 4: 103–24.

Macaulay, S. 1963. "Non-Contractual Relations in Business: A Preliminary Study." *American Sociological Review* 28: 55–67.

Malcomson, J. 1981. "Unemployment and the Efficiency Wage Hypothesis." *Economic Journal* 91: 848–66.

　　1984a. "Rank-Order Contracts for a Principal with Many Agents." Working Paper No. 8405, Universite Catholique de Louvain.

　　1984b. "Work Incentives, Hierarchy, and Internal Labor Markets." *Journal of Political Economy* 92: 486–507.

Malcomson, J., and F. Spinnewyn. 1985. "The Multiperiod Principal Agent Problem." Discussion Paper No. 8511, University of Southampton.

Maskin, E., and J. Riley. 1984. "Optimal Auctions with Risk-Averse Buyers." *Econometrica* 52: 1473–1518.

Milgrom, P. 1981. "Good News and Bad News: Representation Theorems and Applications." *Bell Journal of Economics* 12: 380–91.

Milgrom, P., and J. Roberts. 1982. "Predation, Reputation and Entry Deterrence." *Journal of Economic Theory* 27: 280–312.

Mirrlees, J. 1971. "An Exploration in the Theory of Optimum Income Taxation." *Review of Economic Studies* 38: 175-208.

1974. "Notes on Welfare Economics, Information and Uncertainty." In M. Balch, D. McFadden, and S. Wu (eds.), *Essays in Economic Behavior Under Uncertainty,* pp. 243-58. Amsterdam: North-Holland.

1975. "The Theory of Moral Hazard and Unobservable Behavior – Part I." Mimeo, Nuffield College, Oxford.

1976. "The Optimal Structure of Authority and Incentives Within an Organization." *Bell Journal of Economics* 7: 105-31.

Moore, J. 1984. "Contracting Between Two Parties With Private Information." Working Paper, London School of Economics.

1985. "Optimal Labour Contracts When Workers Have a Variety of Privately Observed Reservation Wages." *Review of Economic Studies* 52: 37-67.

Murphy, K. 1986. "Incentives, Learning and Compensation: A Theoretical and Empirical Investigation of Managerial Labor Contracts." *Rand Journal of Economics* 17: 59-76.

Myerson, R. 1979. "Incentive Compatibility and the Bargaining Problem." *Econometrica* 47: 61-74.

1981. "Optimal Auction Design." *Mathematics of Operations Research* 6: 58-73.

Nalebuff, B., and J. Stiglitz. 1983. "Prizes and Incentives: Towards a General Theory of Compensation and Competition." *Bell Journal of Economics* 13: 21-43.

Newbery, D., and J. Stiglitz. 1983. "Wage Rigidity, Implicit Contracts and Economic Efficiency: Are Market Wages Too Flexible?" Economic Theory Discussion Paper 68, Cambridge University.

New York Times. 1985. "The Two-Tier Wage Impact." October 30.

Oswald, A. 1984. "Efficient Contracts Are on the Labour Demand Curve: Theory and Facts." Mimeo, Oxford University.

Radner, R. 1981. "Monitoring Cooperative Agreements in a Repeated Principal–Agent Relationship." *Econometrica* 49: 1127-48.

1985. "Repeated Principal–Agent Games with Discounting." *Econometrica* 53: 1173-98.

Riordan, M. 1984. "Uncertainty, Asymmetric Information and Bilateral Contracts." *Review of Economic Studies* 51: 83-93.

Roberts, K. 1982. "Long-Term Contracts." Mimeo, Warwick University.

Rogerson, W. 1985a. "Repeated Moral Hazard." *Econometrica* 53: 69-76.

1985b. "The First-Order Approach to Principal–Agent Problems." *Econometrica* 53: 1357-68.

Rosen, S. 1985. "Implicit Contracts: A Survey." *Journal of Economic Literature* 23: 1144-75.

Ross, S. 1973. "The Economic Theory of Agency: The Principal's Problem." *American Economic Review* 63: 134-9.

Rubinstein, A. 1979. "Offenses That May Have Been Committed by Accident – An Optimal Policy of Retribution." In S. Brams, A. Shotter, and G. Schwödiauer (eds.), *Applied Game Theory,* pp. 406-13. Wurtzburg: Physica-Verlag.

Salop, J., and S. Salop. 1976. "Self-Selection in the Labor Market." *Quarterly Journal of Economics* 90: 619–27.

Schelling, T. 1960. *The Strategy of Conflict.* Harvard University Press.

Shapiro, C., and J. Stiglitz. 1984. "Equilibrium Unemployment as a Worker Incentive Device." *American Economic Review* 74: 433–44.

Shavell, S. 1979. "Risk Sharing and Incentives in the Principal and Agent Relationship." *Bell Journal of Economics* 10: 55–73.

　　1980. "Damage Measures for Breach of Contract." *Bell Journal of Economics* 11: 466–90.

Simon, H. 1982. *Models of Bounded Rationality.* MIT Press.

Spence, M., and R. Zeckhauser. 1971. "Insurance, Information and Individual Action." *American Economic Review (Papers and Proceedings)* 61: 380–7.

Stiglitz, J., and A. Weiss. 1981. "Credit Rationing in Markets with Imperfect Information." *American Economic Review* 71: 393–410.

Taylor, J. 1980. "Aggregate Dynamics and Staggered Contracts." *Journal of Political Economy* 88: 1–24.

Thomas, J., and T. Worrall. 1984. "Self-Enforcing Wage Contracts." Mimeo, University of Cambridge.

Townsend, R. 1980. "Models of Money With Spatially Separated Agents." In J. Kareken and N. Wallace (eds.), *Models of Monetary Economics.* Minneapolis: Federal Reserve Bank.

　　1982. "Optimal Multiperiod Contracts and the Gain from Enduring Relationships Under Private Information." *Journal of Political Economy* 90: 1166–86.

Weiss, A. 1980. "Job Queues and Layoffs in Labor Markets with Flexible Wages." *Journal of Political Economy* 88: 526–38.

Williamson, O. 1975. *Markets and Hierarchies: Analysis and Antitrust Implications.* New York: Free Press.

　　1985. *The Economic Institutions of Capitalism.* New York: Free Press.

Wilson, R. 1969. "The Structure of Incentives for Decentralization under Uncertainty." *La Decision* 171.

Wolfson, M. 1985. "Empirical Evidence of Incentive Problems and Their Mitigation in Oil and Tax Shelter Programs." In J. Pratt and R. Zeckhauser (eds.), *Principals and Agents: The Structure of Business,* pp. 101–25. Boston: Harvard Business School Press.

Yaari, M. 1976. "A Law of Large Numbers in the Theory of Consumer's Choice Under Uncertainty." *Journal of Economic Theory* 12: 202–17.

2　合约法中的不可能性与相关原则：一种经济分析[*]

Richard A. Posner & Andrew M. Rosenfield

理查德·A. 波斯纳^{**}　　安德鲁·M. 罗森菲尔德^{***}　　著

苟文均　译

　　通常，合约一方不能按要求履约就构成违约，为此他应当对给另一方造成的损害负责。但有时不能履约会得到豁免，此时，合约被理解为是解除而不是被违反。本项研究应用经济学理论探讨合同法中对解除合约有效的三个密切相关的原则："不可能性"、"不可行性"与"受挫失效"。这些并不是豁免不履约的仅有理由。未在本项研究中讨论的其他豁免理由还有密切相关的共同过失原则（有时称为"事前不可能性"）。同样有关而且仅在这里附带讨论的是"哈德利诉巴克森达尔案"①中，有关限定违约方对可预见违约损失的责任的原则。

　　关于这一套原则，相关法律文献不胜枚举，由于没有更具概括性的术语，我们有时把这些文献笼统地归入"不可能性"原则的名义之下。2.1.1 部分总结了这类文献的主要结论，接着，2.1.2 部分从经

---

　　*　这项研究得到来自国家科学基金对国民经济研究局在法与经济学研究方面的资金资助。

　　**　芝加哥大学法学院法学教授；国民经济研究局高级研究员。

　　***　芝加哥大学法学院 1978 届大学生。

　　①　9Ex. 341，156Eng. Rep. 145（1854）.

济学观点出发分析了这一主题②。第 2.2 部分把经济分析应用于已实
施该法则的主要案例和周期性发生的情形。第 2.3 部分讨论原则应用
的救济性后果。我们的主要结论是原则——在其典型而非所有应用上
——例证了普通法内含的经济逻辑。③

2.1 不可能性与相关原则：基本原则

2.1.1 传统法律学术中的一般看法

讨论过解约案件的传统法学家们表现出对流行性学说表达方式的

---

② 此题很少引起经济分析学家的注意。一个较早而不令人满意的论述是罗伯特·
L. 伯明翰，苏伊士运河案例的再探讨：根据经济学理论对不履行合约责任的豁免，黑斯廷
斯《法律杂志》20 卷，第 1393 页（1969 年），参见下文注释⑮—⑯和补充文章。理查德·
A. 波斯纳，法的经济分析第 49—50 页，简要地讨论了不可能性经济学。斯蒂芬·S. 阿什
利，不可能性原则的经济含义，黑斯廷斯《法律杂志》26 卷，第 1251 页（1975 年），该文
对此问题进行了较长的讨论，但对经济原则和它们的应用的讨论没有超过波斯纳（参见同
上第 1272—1273 页），作者主要强调模糊合约原则的成本。保尔·L. 乔斯科，"商业不可能
性，铀市场与西屋电气公司案例"，《法律研究杂志》6 卷，第 119 页（1977 年），在我们自
己的研究大体上完成后该文引起了我们的关注，它是一篇极精彩的经济学案例研究。但是，
乔斯科在不可能性原则下的经济原则的讨论是有相当局限性的，而他的那些法体原则的应
用主要局限于《统一商法典》2 -615 部分。

经济学中有关风险转移（正如我们将会明白的，它是理解不可能性原则的核心）的更
广阔的主题当然有广泛详尽的文献。例如杰克·赫什莱弗，"投资、利率和资本"（1970
年）。然而，它主要强调资本市场调整、正式保险合约和作为风险转移方法的明示远期合
约，忽略了作为一种可能转移风险方法的合约法。结果，这个文献与我们研究的课题只有
限相关。一个较早的有关风险转移的法理学文献似乎也忽视了合约中的而不是正式保险合
约中的风险转移条款。参见查尔斯·O. 哈德，"风险与风险承担"（修订版，1931 年）。我
们意识到的作为一种转移风险设计的非保险合约的唯一研究是蒋的股票租赁的研究，下文
注释⑯引证。

③ 参见理查德·A. 波斯纳，上述注释②第 1 部分。

普遍不满。④ 他们的不安可能反映了对要发展出一种连贯的并与各种反复发生的案件中的典型结果相一致的实证理论的无能，并且可能要为法庭和评论家们同样地把这个领域视为过于宽泛多样而无法在某个单一理论框架中得到适当理解的倾向负责。⑤ 这样，在努力使对案例法的描述性分析更容易进行时，该主题就被分解了。要分解成的主要部分是："履约的不可能性"、"目的受挫"和"极不可行性"，其中每一个部分都被认为是值得单独分析处理的。⑥ 当诺言的兑现不再是

---

④ 参见罗伯特·L. 伯明翰，上述注释②，约翰·H. 施莱格尔，"有关狂人、轮船、密封蜡、苏伊士和挫折事件——履约的不可能性原则"，鲁特格尔《法律评论》23 卷，第419 页（1969 年）；"评论，合约履行的短期不可能性"《弗吉尼亚法律评论》47 卷，第798 页（1969 年）；马尔科姆·P. 夏普，"承诺责任Ⅱ"，《芝加哥大学法律评论》7 卷，第250 页（1940 年）；"评论，准合约——履约不可能性——在进一步履约被豁免的情况下已付货币或给予利益的追回"，《密歇根法律评论》46 卷，第401 页（1948 年）；J. 登森·史密斯，"不可能性原则的几个实践方面"《伊利诺伊法律评论》32 卷，第672 页（1938 年）。也可参见下文注释⑥的参考资料。

⑤ 这个问题已被描述为"要求对法庭没有进行充分阐述的一类案例实施特殊处理。这是一个相对较晚的认识领域，其中考虑的各种要素还未进行充分的探讨"。"评论"，《密歇根法律评论》46 卷，见上述注释④（原文）第403 页。也应考虑这个说法"已裁决案例中做出的结论并不是协调一致的，这也许部分地归因于受制于已提出问题的环境或条件的复杂多样。确定一个可适用于所有类型案例的一般规则是不可能的"。"房屋管理机构对西田纳西电力公司的诉讼案"载于 183 Va. 64，72，31 S. E. 2d 273，276（1944）。

⑥ "实际不可能性、法律不可能性、不可行性数字、主观与客观不可能性、个人无行为能力、增加的困难、标的受挫失效这些术语的使用很常见。这些不同的概念的表达和法律可应用的规则是不统一的"（载于 6 Arthur Linton，Contracts § 1325，1962 年。也可参见 6 Samuel Williston，Contracts §1935，1938 年修订版）。在继续把受挫失效看成是一个不同领域来对待时，存在一种把不可行性看作是不可能性的一个子集来处理的倾向（载于 Compare Restatement of Contracts §§284，454，1932）。用特雷纳法官的话说"尽管受挫失效原则近似于履约的不可能性原则，因为二者都发展于极端困难情况下豁免履约的商业需要；但是，受挫失效甚至按它的现代界定也不是不可能性的一种形式，它不仅包括实际不可能性案件而且也包括履约的极端不可行性案件。"（载于 Llody v. Murphy，25 Cal. 2d 48，53，153 p. 2d 47，50，1944。也可参见 Arthur Anderson，Frustration of Contract—A Rejected Doctrine，3 DePaul U. Rev. 1，1953）

"实际可能的"时,"不可能性"就成为法律使用的惯用语;⑦ 当履行诺言是实际可能但协议的根本目的已不再能达成时,"目的受挫"就成为法律中使用的惯用语。⑧ 当履约是实际可能的,且协议的根本目的也是可达成的,但由于某种出乎意料的事件,执行诺言的成本会比起初设想的高得多时,常用的术语就是不可行性,这是一个把任何既不能贴切地适用不可能性分类,也不能适用目的受挫分类的解约案件

---

⑦　参见 6 Samuel Williston,上述注释⑥, §§1931 – 1979;6 Arthur Linton Corbin , 上述注释⑥, §§1320 – 1372;和 Restatement of Contracts §454,1932。主要的案例是 Taylor v. Caldwell（载于 3 B. & S. 826 , 122 Eng. Rep. 309 , 1863）。在该案中,当音乐厅被大火烧毁时,在特定礼堂音乐演奏的合约根据不可能性被解除。类似的美国案例包括 Siegel v. Eaton & Prince Co.（165 Ill. 550,46 N. E. 449,1896,在原文第 105—106 页注释讨论）。在该案中,当百货商店被火灾毁灭时,要求制造一部电梯和在百货商店安装它的合约根据不可能性原则被解除。也可参见,例如,Texas Co. v. Hogarth Shipping Co.（载于 256 U. S. 619, 1921）;和 Emerich Co. v. Siegal , Cooper & Co.（载于 237 Ill. 610,86 N. E. 1104,1908）。这些案例说明了一组重要的不可能性案件的裁决。其中,一些关键事物的持续存在被看作是基础性的;如果事物停止存在,那么,履行就认为是不可能的。另外一组主要的不可能性案例由于并发非法行为而涉及合约解除。这样,法庭把所谓非法当作不可能来处理,显示了对法律的极大司法尊敬,但表现出一种对规范使用语言的漠视。参见,Columbus Ry. Power & Light Co. v. City of Columbus（载于 249 U. S. 399,1919）;Stamey v. State Highway Comm'n of Kansas（载于 76 F. Supp. 946, D. Kan. , 1948）;和 Phelps v. School District（载于 302 Ill. 193,134 N. E. 312,1922,原文第 101 页将讨论）。

⑧　参见 6 Arthur Linton Corbin , 上述注释⑥, §§1353 – 1361 ; Restatement of Contracts §288（1932）。案例法是从"加冕案件"中发展而来的。例如,Krell v. Henry,［1903］2 K. B. 740（C. A.）。参见 R. G. McElroy & Glanville Williams。The Coronation Cases, I（载于 4 Mod. L. Rev. 241,1941）。在这些案例的每一案例中,考虑爱德华七世的加冕队伍而租用公寓大楼。由于爱德华患病,加冕典礼被取消,根据根本目的（加冕典礼）已经受挫而要求解除合约。进一步讨论这些案例请参见注释㉝㉞和原文第 108 页。参见类似的美国案例,例如,La Cumbre Golf & Country Club v. Santa Barbara Hotel Co.（载于 205 Cal. 422 , 271 p. 476,1928）;和 Alfred Marks Realty Co. v. Hotel Hermitage Co.（载于 170 App. Div. 484, 156 N. Y. S. 179 , 1915）。

装在一起的筐子。⑨

这种分类是无益的。有一些合约真的只有在付出巨大代价后才能得到履行，尽管罕见（科尔宾教授利用提供赴月球旅行的许诺来证明，不可能性显得缺乏一定的想象力），⑩这是一些具有真正的实际不可能性的案例。但无论成本是无限大的，抑或仅仅相对于从履约得到的收益而言过于高昂（正如在不可行性和目的受挫案例中），都是与合约或合约法的目的大相径庭。这样，一方面不可能性和目的受挫案例与另一方的不可行性案例之间没有效用差别。⑪在每一解约案例中的基本问题是相同的：决定由谁应当承担一方不经济地放弃履约事件所导致的损失。

解约问题被分割成为任意的子题目已产生了严重后果。当一解约案件提出诉讼时，在刚刚描述的解约案例分类范围内有大量关于它的适当地位的讨论。既然分类是空的，这就等于没有差异地区分调查研究并导致法学家对富有成效地概括解约问题抱以失望。一位评论家认为，解约案例中的结局最好被描述为是以特殊案件的公平为根据的，⑫

---

⑨　参见 6 Arthur Linton Corbin，上述注释⑥，at §1325；和 6 Samuel Williston，上述注释⑥，at §1935。早先的不可行性案例强调：当履约变得十分困难或成本高昂时，它可作为不可能来处理（参见 Restatement of Contracts §454，1932）。例如，在 Mineral Park Land Co. v. Howard 案件中（载于 172 Cal. 289，156 pp. 458，1916），承包人同意从起诉人的土地上运送修建混凝土桥所需的全部沙砾。承包人除在公开市场上购买了约完成这项工程所需一半数量的沙砾外，从起诉人土地上运走了可直接获得的全部沙砾。他宣称，起诉人土地上的所有另外的沙砾都在水下，并且它的采掘要求使用极为昂贵的技术。加利福尼亚最高法庭根据"尽管土地上有沙砾，但它是如此地位于水下以至于被告不能通过常规手段开采，除非以惊人的成本为代价。要求被告开采送它是不可能的，因此，为维护一切社会公平"坚持认为解除合约（载于 172Cal. 293，156 pp. 459 – 460）。然而，法庭除宣称"仅困难是不充分的"外，不能明确有力地阐述证明根据不可行性解除合约的合理性所必需的成本变动大小的标准（参见，例如，Wischhusen v. American Medicinal Spirils Co.，163 Md. 565，163A. 685，1933；Piaggio v. Somerville，119 Miss. 6，80 SO. 342，1919；和 Browne & Bryan Lumber Co. v. Toney，188 Miss. 71，194 SO. 296，1940。也可参见 Kronprinzessin Cecilie，244 U. 5. 12，1917；Comment，4 Calif. L. Rev. 407，1916）。

⑩　6 Arthur Linton Corbin，上述注释⑥，al §1325。直到它首先是既成的，以后是可能的时候才证明它是一个可能事件，这几乎没有任何意义。

⑪　参见 J. Denson Smith，上述注释④；和 Comment，46 Mich. L. Rev.，上述注释④，第 104 页。

⑫　参见 J. Denson Smith，上述注释④，第 675 页。

另一位评论家认为，"作为是否被强制履约的决定必须最终依据政策和权宜之计的考虑"，[13] 还有一位评论家认为"公平有理由是所有法律补救方法的基石"。[14]

我们能够从有关不可能性与相关原则的法律文献中考察两种思想倾向。一派学者认为，作为诸如公平、权益和正义这些难以言状的特定概念的结果，一种广泛而又不确定的自由裁量权是所要求的适当处理解约问题的根本。持有这种观点的人看到了把来自无法预期事件的损失量化或至少是明晰化的作用，从而使法庭能按比例地在当事人之间分配责任损失。[15] 这可以被称为解约（责任）的分配方法。

另一派学者认为，案件结局的分歧产生于法庭缺乏一致的方法。这些评论家们为一点原则变动争论不休：一些强调更大的限制，[16] 而另一些主张更大的自由。[17] 各种建议是复杂的、武断的，有时几乎是不可理解的。[18]

简言之，一派评论家基本认为可能没有一般理论，因此赞成法庭无论何时做出的裁决；而另一派也并未建立起一种系统的理论，但认为当前的司法原则与结局是不一致的。

文献中也有一些观点认为，解约问题是分配风险之一，因为同意解约效应是把妨碍履约的风险置于受约人，而拒绝解约效应则把它置

---

[13]　Comment. 46 Mich. L. Rev.，上述注释④，第 408 页，没有具体说明原因。

[14]　Robert L. Birmingham. 上述注释④，第 1396 页。

[15]　"既然受挫失效在许多案例中被运用成被几乎公平合理的理由拒绝，它们允许在缔约当事人之间分配利得或损失中给予仲裁人一定的自由。它们的主要再分配功能不应被隐藏在解释诉讼案卷是寻求正确含义必需的而不是司法自由量裁权的一种行使的枯燥乏味的断言后面。"参见 Robert L. Birmingham. 上述注释②，第 1397 页。

[16]　例如，参见 Stephen S. Ashley. 上述注释②；Harold J. Berman. *Excuse for Nonperformance in the Light of Contract Practices in International Trade*（载于 63 Colum. L. Rev. 1413, 1963）。

[17]　例如，参见 John Henry Schlegel，上述注释④；和 Malcolm P. Sharp，上述注释④。

[18]　"我想建议，在不同寻常的事件发生和断言受挫失效的情况下，仅当有争议的合约基本上类似于典型合约情境：每一个代理人基本上都是严格推测微小的市场波动而签订合约……时，合约才应被强制执行。这样，一个事件当它不是一个通常易发生于代理人或批发商合约的小范围内的事件——微不足道的拖延和小的市场波动时应裁定为受挫失效。"（见 John Henry Schlegel，上述注释④，第 447 页。）

于要约人。[19] 但是，由于不能制定任何转让风险于一方或另一方的标准，因而这样深刻的见解并无成效。在提出谁承受风险[20]是无关要紧的事和风险分配是专断的观点方面，科尔宾是典型的代表，"在既不是惯例也不是协议决定风险分配的情况下，法庭必须行使它的衡平权力和为所罗门的智慧而祈祷。"[21]

当应用于解约问题时，我们将尽力给出风险分配概念的内容，首先绘制一个理论框架证明为什么和何时因一些不能预期的偶然事件使解除合约在经济上是敏感的。然后，通过把它的含义与主流学说的环境和典型的案件裁决相比较提供初步证实的理论。

2.1.2 经济原则

（1）一般的合约法。[22] 商品和劳务转移到它们最有价值的用途上的过程是一个自愿交换的过程。当达成协议的交换并不即刻发生时（例如，A 同意为 B 建造一幢房屋，而建设需要几个月的时间），合约法中的鉴别问题就产生了。履约要延伸至未来的事实会引起不确定性，这又反过来创造风险。合约的基本目的是在当事人双方间的交换行为中分配这些风险。

合约法的一个目的，但这里并不是特别引人注目的一个目的，是确保对当事人已达成的风险分配的遵从（就是说，防止坏的信念）。第二个目的，我们的主题中心，是通过供给合约条款减少合约的协商成本，如果当事人双方进行过协商，那么他们可能明确地采纳。自边沁时代以来，这个目的已深入人心：

……（合约的）责任可以分为原始的和从属的。我所称之为

---

⑲　尤其要参见 6 Arthur Linton Corbin，上述注释⑥；John Murray. Jr.，Contracts §§197—205（1974）；和 Edwin W. Patterson，The Apportionment of Business Risks Through Legal Devices 全文（载于 24 Colum. L. Rev. 335, 348–353, 1924）。

⑳　参见 6 Arthur Linton Corbin，上述注释⑥，第 344 页。

㉑　参见 6 Arthur Linton Corbin，上述注释⑥，第 371—372 页。

㉒　参见 Richard A. Posner，上述注释②，第 41—65 页。

　　原始的，是指在合约中明确提及的。我所称之为从属的，是指法
律认为应适当加之于其上的东西。原始责任结果是订约人双方已
经预见的事件，而其他的则是他们不能预见的事件。

　　如果他们的想象力已预见到自然的进展，法律为他们提供他
们本应为自己所做的。正是这样，每一国家的法律都在制造目光
短浅的个体。[23]

　　合约法的功能类似于标准或形式合约。正式合约是在缺乏公开协
商的条件下通过提供一组管理条款而节省合约协商成本。当然，当事
人双方能变动正式合约的条款，寻找适合他们需要的条款，这就会减
少缔结合约的成本，除非他们不愿这样做。这与合约法是高度统一
的。在合约中缺乏明确规定的条件下，司法裁决、统一商法典和合约
法的其他根据，起界定双方当事人责任的作用。每一合约自然地吸收
许多（一般性的）合适条款，当事人双方不必对此进行坦率的协商，
除非他们想变更法律供给的标准条款。顺便提一句，合约法在供给合
约条款中的作用，类似于标准的或正式合约的作用，合约中的赌金越
大，它的作用就越不重要，因而交易成本与交换价值的比率就越小。
赌金越大，它将给予当事人将他们的合约很好地适用于特殊环境的协
商支付就越多。

　　如果合约的法律目的是要实现缔约当事人的意愿，那么，评价合
约法规则的适当标尺无疑关系到经济效率。既然大多数自愿交换的标
的是增加价值或效率，缔约当事人可以假定为渴望一组合约条款以促
使交换价值最大化。诚然，每一方仅仅对合约带给他的价值感兴趣。
然而，交换在结构上越有效，为当事人双方分割的合约的潜在利润就
越大。

　　运用经济效率作为法律决策的一种标尺当然是有争议的。然而，
在合约领域中，一旦承认当事人有权随意变更合约条款，运用标尺就

---

　　[23]　Jeremy Bentham, A General View of a Complete Code of Laws , in 3 The Works of Jeremy
Bentham 157, 191（John Bowring ed. 1843）.

几乎是不可避免的。如果合约法的规则是无效率的，当事人双方将（交易成本的节约有时可能超过来自更有效规则的利得）围绕它们订立合约。因此，不是以效率动机为基础的合约法大多是没有多少用处的。即使法官和律师已经发现明确表达法律的潜在经济前提是困难的，这也是期望合约法事实上已被诉诸效率动机的一个强有力的理由。

更进一步地说，我们的分析精神是非常积极的。我们对基于效率的合约法是否最终是一部好法并无兴趣，但是对由于关注经济效率而形成的合约法的假定在解释法律的原则主张和典型案例结局方面是否富有成效怀有由衷的兴趣。

（2）不可能性经济学。由于不可预见或至少未能对意外事件做准备，产生不可能性或一些相关原则的典型案件是当事人一方依据合约履行他的义务变得比他订立不经济的合约时预见的要付出更多的成本（即履行合约的成本大于收益）。许诺履行在一个特定的交货日期交付一批特殊货物——但是由于以色列和埃及之间的战争，轮船被困于苏伊士运河。或者吉纳·巴乔尔本来要举行一次钢琴独奏会——然而，她在签订合约和演奏日之间死去。在每一案件中，法律把不能履约作为违约来对待，从而在实际上把战争、死亡的风险归属于要约人妨碍履行（或使得它不经济）。要不然，由于引致不可能性或一些相关概念，法律把不能履约作为可豁免和解除合约来对待，从而实际把风险归属于受约人。

从经济学的观点来看——无视管理成本，除非仅是短暂的一瞬——在受约人是较高风险承受者的地方，解约应得到承认；如果要约人是较高的风险承受者，不履约应作为违约来对待。"较高的风险承受者"这里应作为在不确定性中、交易的特殊环境中特殊风险的更有能力的承受者的当事人来理解。当然，如果当事人明确地把风险归属于他们中的一方，那就没有机会查究谁是较高的风险承受者。调查研究仅仅是帮助解释。

当事人能成为较高的风险承受者的原因之一，是他可以处于更有利的位置防止来自物质化的风险。这类似于侵权行为案件中分配责任的经济标准。[24] 但它不仅在这一方面，而且在许多合约调整中也是重要的。在要约人能够以比预期风险事件成本低的成本水平防止物质化风险的情况下，无论如何解约都是无效率的。在这样的案件中，效率要求要约人承担产生于偶发事件的损失，因此，应把偶发事件作为促使违约的因素来看待。

但反过来则并不必然正确。它并不必然产生于这样的事实：要约人不能在任何合理成本上防止他应被免除的合约责任的物质化风险。预防仅仅是处理风险的一种方式；另一种是保险。要约人也许是高级保险人。如果是这样，他无力预防物质化风险不应作为免除合约责任的理由，正如一家保险公司无力防止被保险房屋的火灾不应免除它由火灾引起的赔偿责任。

为了理解即使合约一方不能预防物质化风险，他也可能是高级（更有效的）风险承受者，有必要理解风险厌恶（risk aversion）的基本概念。比较有100%的机会支付10美元与1%的机会支付1000美元。预期成本在两个案例中都是相同的，然而并不是每个人做两难选择时都是满不在乎的。许多人愿意支付一个大数目去避免不确定性选择——例如，用15美元去避免1%的机会支付1000美元。这样的人就是风险厌恶者。保险的盛行就是风险厌恶极为普遍的强有力证明，因为保险实质上是不确定性与一定成本的交换。由于保险的行政管理费用，一定成本（即保险费用）总是比它要避免的不确定成本——火灾、汽车意外事件或其他什么的预期成本高，通常是高出很多。仅仅只有风险厌恶的个体愿意支付比预期风险成本多的成本来避免承担风险。

人们愿意为避免风险而支付的事实表明风险是一种成本。相应地，保险是一种减少与履约成本可能比预期成本更高的风险相联系的成本的方法（替代预防的方法）。在不可能性环境中它是规避成本尤其重要的方法，因为原则所涉及的风险一般是不履约控告方无法预防的。如果是这样，正如上面提及的，把不履约作为违约来看待在正常

---

[24]　参见 Richard A. Posner，上述注释[2]，第 69 页。

情况下会给予一个令人信服的理由（另外可以这样陈述，如果要约人得到在合理成本水平上他能防止灾害的保险，那么"道德危害"问题就产生了）。

与决定合约的哪一方是较便宜的保险者的相关因素是：风险评估成本和交易成本。㉕ 前者包含成本的决定：（a）风险物质化的概率，（b）如果确实发生物质化，损失的大小。如果风险发生，风险量就是损失概率和损失大小的产物。两个要素——概率和大小——必须知晓以便保险人弄清楚应从合约另一方要价多少来作为争议中的承受风险的补偿。

相关交易成本是涉及通过把风险与其他不确定事件汇集即分散风险来消除或使风险最小化的成本。这能通过自家保险或购买保险单（市场保险）来实现。为了证明，公司的股东可能通过持有与其他公司的股份相结合的多种证券资产组合来消除与公司合约相联系的风险；如果这个特定公司打算违约，那么，他们的收入不会受到（不利的）影响。两者取其一，公司可能购买商业损失或其他形式保险保护它（更重要的是它的股东）免遭违约后果的损害；这是一个市场保险的例子。在存在多样化良好机会的地方，自家保险通常比市场保险更便宜。㉖

前述讨论表明了法庭和立法机构在设计有效解除合约的规则方面可能考虑的因素。在①要求履约的要约人不能理性地预防使他的履行变得不经济的事件，和②受约人比要约人在更低成本水平上为偶发事件保险，因为受约人（a）是在更好的位置上估计（i）偶然事件发生的概率和（ii）如果偶然事件发生，损失的大小，和（b）能够自家保险，而要约人不得不花费更多的成本购买市场保险。正如我们将要看到的，并不是所有案件都这样简单。

（3）应用分析。两个假定案例将用于阐述解约案例经济分析的

㉕ 评估成本确实是交易成本的组成部分，但是，为便于解释，我们从后者概念中把它排除。

㉖ 例如，一家人寿保险公司通过把它的（许多）投保人的死亡风险集中起来实行自家保险；它持有一个预期寿命的多样化投资组合。个体不能对他的死亡风险进行自家保险。

性质。

①一个印刷机制造商 A，与一个商业印刷商 B，签订了一项销售和在 B 的房屋安装一台印刷机的合约。当时 B 意识到，机器将按 B 的需求特定设计，一旦这种印刷机生产出来，它的价值与其他印刷机的价值相比将非常小。在机器生产出来以后，但在安装之前，火灾毁坏了 B 的房屋并且 B 破产了，妨碍 B 接收交付机器。机器没有残值，A 因此起诉索要全价。B 以火灾为由辩护，火灾消防队长已查明 B 没有玩忽职守的责任——的确（从经济意义上看，论点相同），B 在任一合理成本水平上都不能预防——应该免除 B 在合约下承担的责任。[27]

物质化的、使得合约履行不经济的风险是 B 房屋火灾妨碍了 B 在机器按照 B 要求的特定规格顺利完成以至于它没有替代使用价值时接收交付的机器。火灾发生于 B 管理下的房屋的事实表明 B 有足够的能力防止火灾的发生。即使火灾消防队长查明 B 事实上不能防止火灾（在经济学上），这种考虑也应占有一定的分量；火灾消防队长也可能做出了错误的论断。在当事人双方之间，B 当然更有能力防止火灾。但是根据火灾消防队长的调查研究结果，预防能力不能过分地用于考虑裁决案件。

我们转向研究当事人为作为火灾结果的机器价值损失保险的相对能力，如果火灾真的发生，我们首先注意到：B 处于更有利的地位决定火灾发生的概率，A 处于更有利的地位决定相关损失的大小（投入制造机器的资源损失）。如果火灾发生于机器制造完成后，那种损失不仅依赖于机器的残值，而且也依赖于机器在先前多种不同阶段上的残值。A 比 B 更深知机器的生产阶段和在每一阶段它的残值。

假定风险的精算价值已被计算出来，剩下的问题就是哪一方能以较低成本水平获得保险保护。依靠 A 的生产量和 A 应付诸在与 B 的合约中发生的偶发事件的优先经验，A 能够通过向它的所有顾客征收一个较高价格——实质上是一个保险费——来完全消除这种偶发事件的风险；简言之，A 能够自家保险。B 不太可能这样做：在违约事件

_____

[27]　参见下文注释⑥⑨—⑦⑩，讨论与假设案例相对的现实世界中案件的法律处理。

中它对 A 的潜在责任的大小可能大大超过它希望以较高价格形式转移给它的顾客的任何数量。至于市场保险，B 能以合理的价格获得一个不仅保护它避免火灾引起的房屋（可能还有业务）损害而且保护它免担对 A 的合约责任的火灾保险单似乎是不可能的，正如上面提到的，它对于 A 的合约责任决定于火灾发生时机器所处的生产阶段，而这又是 A 私人信息范围内之事。

我们在这些情况下倾向于把 A 视为较高的风险承受者，这样就可以解除 B 的合约责任。如果结果证明 A 是公开持股公司、B 是内部持股公司，那么这种倾向就会加强，因为，A 的所有者能通过他们在 A 公司的股份和在其他公司的股份之间合理的多样化的资产组合来完全消除机器价值损失的风险。对于内部持股公司的所有者来说，分散与他们在该公司的持股相联系的风险一般更为困难，因为通常那些持股代表了他们净资产的大部分。[28]

②至于我们第二个假定案例，[29] C 是从事煤矿开采、大型煤火炉的制造和销售的一家大型和多样化的公司。C 签署生效了向 D、E、F 等出售火炉的合约，该合约也同意在给定的时间内以特定的价格向他们提供煤炭。然而，价格是随着消费物价指数的变动成一定比例地变化的。

几年以后，煤炭价格意外地上涨至原来的四倍，C 认为如果被迫继续按照合约中特定价格水平供煤以满足承诺，那么它就会破产，因

---

[28]　这个讨论提出了一个一般性问题：缔约当事人的法人特性在裁决谁是较高的风险承受者方面是否在任何时候都是一个因素。法庭还没有把它作为一个因素来考虑，在这个问题上他们也许是正确的。当一个大规模的公开持股公司原则上能通过持有多样化的证券资产投资组合来完全消除与公司行动相联系的全部多样化风险时，股东合理地达到完全分散化的实际能力取决于许多经济和制度（税收等）因素，包括多样化的投资工具的可获得性（例如，新"指数"或"市场"共同基金：见 John H. Langbein & Richard A. Posner，Market Funds and Trust – investment Law，pts. I and Ⅱ，1976 A. B. F. Res. J. 1；1977 id，at 1）。当这些工具出现时，重新考虑法人特性的相关性可能变得很有必要（大多数不可能性案件在时间上先于现代公司的产生是显而易见的），但是，现在也许这个因素应继续排除在不可能性分析之外。

[29]　是由 Joskow 在对未判决的西屋电气公司诉讼案的案例研究中提出的，上述注释②。我们意欲提示对该诉讼案的事实或法律依据没有见解，写作该文时案件仍处于初审阶段。

而 C 拒绝履行供煤协议。每一购买者都控告 C，要求超过 C 的承诺期限和合约价格之上的买煤价的差额赔偿，C 认为煤炭价格的上升是不可预见的，因此，应该免除它的合约责任。

根据这些事实，该案可能做出完全不利于 C 的裁决，因为合约明确把所有价格风险分配于 C（除那些产生货币价值变动的风险外）。然而，要是 C 能够说服法庭风险并没有按文件（即合约）进行特定的分配（不论是根据 C 确定签约销售火炉和合约附带供应煤的推理，还是发生的价格变动的根源和大小都并不在双方当事人的意图中），那么就有必要决定是 C 还是购买者是较高的风险承受者。

关于双方当事人预测合约履行中煤炭价格急剧变动后果的相对能力，关键因素似乎有两个：C 以合同签订的固定价格远期供煤的数量和 C 对于煤炭价格变动的风险程度。C 的风险决定于要么不包括 C 的现有煤炭存盘，要么不包括它的远期购买合约的煤炭销售量部分乘以平均远期售价与平均远期购买价之间的价格差。这样，来自价格增加的潜在损失的大小只是 C 的短期净头寸，既然只有 C 拥有它自己的净资产头寸和合约承诺的准确信息，那么 C 比它的任何（典型）的顾客都处于更有利的评估风险大小的位置。

这个案例中损失的可能性（这一点不同于大小）好像主要依赖于煤炭价格大规模变动的概率，C 可能没有比它的购买者更强的能力预测这种变动。但是，这种表象是一种假象。关键的变量还是 C 的风险程度。如果 C 拥有煤的完全中性套头交易头寸，那么煤炭价格的变动就不可能对它产生影响。C 越接近于中性套头交易头寸，给定的价格变动对它的资产负债表的冲击就越小。因此，这里预测相关概率的能力最终取决于了解 C 的净煤炭头寸，而唯有 C 最了解这一点。

此外，C 能迅速地为该案件中涉及的紧急事件保险。它的所有者能够或者通过持有普通股的多样化证券资产组合或者通过购买正好是 C 的合约购买方公司的股份，为 C 按合约中特定价格供煤承诺进行赔偿所面临的财务风险自行保险。毫无疑问，C 公司客户的股东能以同一方式和并不大的成本为自己保险。但是，正如上面表明的，一个附加因素是 C 能通过购买附加合约去完善中性套头交易来自行保险。既然在做远期合约中有规模交易经济学问题，C 会在比它的每一购买者更低成本水平上实施套头交易。

虽然 C 对它的客户的潜在责任取决于他们按照合约减轻损害原则的要求所采取的使不能预见的煤炭价格上升的净成本最小化的措施，那么，为了更深入全面地分析，我们必须看到在 C 拥有对它的总体风险的更好认识时，它实际上并不知道它对它的客户的潜在责任。例如，煤炭、石油或天然气在当前价格水平上可能发生经济上的替代。如果是这样，损害的大小将不是合约煤炭价格与当前煤炭价格的差额，而是合约煤炭价格与当前替代燃料价格的差额，当前替代燃料以替代品的身份调节任何差额。然而，全面考虑，C 是较高的风险承受者和它的免除责任要求不应获准对于我们来说似乎是合理清楚的。

（4）特定调查成本。在我们讨论的两个假定案例中，我们直接应将早先建立起来的有效解约标准用于案例事实。这并不必然是最优方法。[30] 一个广义的标准会使预测特定案例的结局变得困难。如果合约法的目的（这里就相关而论）是为节省谈判提供标准的合约条款，那么，由于法律标准是如此的模糊和笼统以至于缔约当事人双方试图确认他们的合约在司法上的隐含条件遇到极大的困难，它将没有提供多少帮助；如果合约中风险分配是不明晰的，当事人也不知道他应采取措施预防何种风险或为何种风险保险，因为如果风险物质化，他将承担责任。[31]

我们的第二个假定案例是对广义标准的危险性的极好证明。合约就其表面来看似乎是给 C 分配煤炭价格变动的风险（除那些由通胀引起的之外）；如果分配转而依赖于数年后法庭怎样裁决谁是较高风险承受者，合约条款表面上的明确性就消失了。在煤炭假定案例中避免这种结果的一种方式是通过指明缺乏任何证据来证明在合约指引下的

---

　　[30]　关于规则与标准之间的选择，参见 Isaac Ehrlich & Richard A. Posner , An Economic Analysis of Legal Rulemaking, 3J. Leg. Studies 257（1974）。

　　[31]　参见 Stephen S. Ashley，上述注释②，和 Arthur Linton Corbin，上述注释⑥，at §1328。然而，硬币的另一面是：过早草率宣布明确的规则可能会阻止诉讼当事人向法庭提供有关有助于制定更合适的规则的案件特殊情况的证据。也可参见下文第 114 页。

履行是不经济，从而在免予起诉的范围之外对这个案例做出评价。我们假定煤炭公司的态度并不是不在一个经济上以合理价格水平遵从合约（它能从公开市场上购买它履行合约责任所需要的所有煤炭），但这种依从会使它破产倒闭。这等于是证明：当违约方因某种原因缺乏赔偿他方损失的资源时，违约应得到豁免。

人们在煤炭案例中取消解约所能采取的另一个方法是证明当合约清楚地把价格变动的风险分配于一方时，不能简单地允许解除合约，因为价格变动比预期大得多，而无论哪一方是变动的不可预期部分的较高风险承受者。这里的理论是：既然当事人双方无论用何种方法都必须商议价格，他们能同时和几乎没有附加协商成本地完全认定对要约人价格风险的限制。如果他们不这样做，法庭也不会为他们这样做。

在这部分中，早先发展起来的这类一般标准的适当使用不仅是要指导特定案例的裁决，而且也是为了指导决定类似案例集的规则制定。在随后部分我们努力去证明一组这样的规则——与早先发展起来一般标准相一致的规则——隐含于应用不可能性与相关原则的司法裁决中。

2.2　经济方法的应用

这里，我们首先对经济分析的意义与撤销案件法主导原则进行比较，其次，对它与主要类型案例的结局进行比较，然后，对它与统一商法典的方法进行比较。最后，小部分考虑当经济分析缺乏有效性时应该怎么办。作为一个初步的依据，我们注意到：如果我们关于任何以正的交易成本为特征的法律体系会有效运作的建议是正确的，如果它不能发展不可能性原则的一些形式，则解约概念是在普通法发展中相对晚的时候被认同的惯常论断至少构成了一个小小的迷惑。㉜ 最通常引用的支持这一断言的案件是帕瑞丁对珍妮的起诉案，法庭正式宣称："当一方因他自己的合约产生一种责任或解除他自身的责任时，如果他可能，尽管是不可避免的必然性的事件，他一定要对此赔偿，因为他可以通过合约来预防它。"㉝ 这种仅仅是牵强附会地联系争论的事情和为案例中的现代权益提供唯一根据的评论即使在当时也不能真正代表英国案例法，㉞ 当然，自从它在英国㉟和美国被抛弃至今已有相当长的时间。㊱

吉尔摩教授近来利用扩展了的不可能性原则为经济取向的合约法的分析论辩。㊲ 在他看来，19 世纪的合约法严密地限制了不可能性的抗辩，因为抗辩是与基于自由放任主义（即古典经济学）原则的合约法观点不一致的。然而，正如我们已经看到的，在受约人是较高风险承受者的案例中允许解除责任与把合约法视为一种基本上用古典经济学术语称之为效率最大化方法之间并没有什么不一致。解除合约责任概念的产生证明了合约法的经济观点的合理性而不是侵蚀了合约法的经济观点的基础。

㉜　例如，参见 John Murray，Jr.，上述注释＝⑲，§197，at 389。

㉝　Aleyn 26，82 Eng. Rep. 897（1647）。一承租人被侵略者 Prince Rupert 剥夺了财产。法庭认为被剥夺了财产并不能赦免承租人支付给地主租金的独立义务。

㉞　参见 William Herbert Page，The Development of the Doctrine of Impossibility of Performance，18 Mich. L. Rev. 589（1920）。也可参见 Brewster v. Kitchell，Salkeld 1，91 Eng. Rep. 177（1697）（由于特定重要标的的破坏，合约被解除）；Hyde v. The Dean and Canons of Windsor，Cro. Eliz. 552，78 Eng. Rep. 798（1597）（由于受约人死亡合约解除）。

㉟　例如，参见 Taylor v. Caldwell，3B. & S. 826，122 Eng. Rep. 309（1863）。有关解除合约的原则方面英国经历的全部历史，参见 Glanville L. Williams，The Law Reform（Frustracted Contracts）Act，1943（1944）。

㊱　例如，参见 Kronprinzessin Cecilie，244 U. S. 12，22（1917）（per Justice Holmes）："似乎绝对局限于明示合约的词句要一直减少到从实施的合约风险（而不是像货币之类可替代物的转让）中逐出，至少，如果它们已经交易，那就不能认为发包人已提出正式要求，承包人已接受。"

大陆法系也已发展了不可能性原则。它似乎类似于英美概念［例如，参见 Comment，Commercial Frustration：A Comparative Study，3 Tex . Int'l. F. 275（1967）］，但我们没有在这篇论文中试图进行比较。

㊲　Grant Gilmore，The Death of Contract 80－82，94－96（1974）．

2.2.1　流行的法律原则

从经济学的观点来看，当使得履约不经济的事件是每一方都能合理地预防时，就不应当允许免除合约。这种观点在案例法中占主导地位。[38] 根据科尔宾"如果原告自身使得被告不可能履行他的许诺，这种不履行不是可予以起诉的违约，那就几乎没有资格声明它"[39]。"如果要约人故意造成（妨碍履约的条件），或者如果他能通过合理的谨慎和有效的执行效率而预见和避免它，要约人的合约责任也不应该免除。"[40]

我们认为：如果当事人明确表示就合约条款进行协商，那么一种经济上基本的合约解除原则的目的是要为当事人提供他们需要采用的合约条款。这个命题有两个重要的推论：（1）该原则适当地限定于偶发紧急事件，而不是合约中特别规定的；（2）当事人双方明确协商的条款必须得到尊重——如果他们希望合约适用于"不可能"，他们可能会践踏这些条款。缔约双方选择的风险分配必须是最有效率的一种可能（当然，受制于信息成本和其他交易摩擦的限制），因为，如果不是这样，由当事人双方所进行的在不减少他方效用的条件下至少增进某一方效用的风险分配是可能的。

管理风险分配的明晰的合约条款能被完全地接受，从而限定对那些不是合约中专门提出的偶发事件的免除责任原则。用霍尔姆斯的话说：

签订合约的人绝不敢绝对地肯定当合约期限到来时他将有能

---

[38]　例如，参见 Gulf，Mobile & O. R. R. v. Illinois Central R. R.，128F. Supp. 311（D. Ala. 1954），225 F. 2d 816（5th Cir. 1955）；Martin v. Star Publishing Co.，50 Del. 181，126A. 2d 238（1956）；Powers v. Siats, 244 Minn. 515，70 N. W. 2d. 344（1955）；Helms V. B. & LInvestment Co.，19 N. C. App. 5, 198 S. E. 2d 79（1973）。也可参见 6 Arthur Linton Corbin，上述注释⑥，at §1959；Restatement of Contracts §§281，459（1932）；41Marq. L. Rev. 314（1957 – 1958）。

[39]　6 Arthur Linton Corbin，上述注释⑥，at §1323。

[40]　同上，at §1329。

力履行合约，在他许诺的范围之内承担风险正是这种精髓所在。在仅通过文字含义决定承诺的范围方面，现代案件比过去的可能减少了一些绝对性……但是当许诺的范围一旦被确定，在那种程度上订约人承担标的的风险仅仅是另一种表达方式。[41]

同样地，在一个由于要约人的死亡、合约被终止的案件中，卡多佐声明当事人"可能通过他们的合约说明在豁免〔死亡〕事件中应得到什么补偿"，并且"裁决将符合他们表达的意愿"。[42]

当事人就"不可能"签约的原则也是公认的法律原则，用威利斯顿的话说：

　　一个人除了为困难的事签约外，也可能为不可能履行的事而签约和因不能不履行而承担法律责任。重要的问题是：当他们达成合约时，不可预期的事件是否使得履约与当事人双方意图中应当合情合理履行具有极大的不同。[43]

这是以司法语言陈述的。根据最高法院对它的表达：

　　毫无疑问，一方当事人可以通过绝对合约把自己或本身约束于后来变得不可能履行的事情上或为不履约赔偿损失……[44]

同样的表达发生在整个撤销案件法中。[45]
假定当事人明确分配了风险，在决定他们何时这样履行（像在我们关于煤炭的假定）方面问题就产生了。一些法庭通过询问争论中的

---

[41]　Day v. United States，245 U．S．159，161（1917）．

[42]　Buccini v. Paterno Constr. Co.，253 N. Y. 256，258，170 N. E. 910，911（1930）．

[43]　6 Samuel Williston，上述注释[6]，at §1931 年。

[44]　Chicago, Mil. & St. P. Ry. v. Hoyt，149 U. S. 1，14－15（1893）。

[45]　例如，参见 Annot，84 A. L. R. 2d. 12（1962）。

事件是否被预期并以此在合约中进行规定来解决这一问题。⑯ 如果能肯定地回答这一问题，他们就过于草率地推论出合约明确地分配了偶发事件的风险：

> 合约的目的是把履约风险给予要约人，双方当事人的关系、合约条款和围绕合约形成的状况必须经过检验来决定是否能完全推论出意外发生的引起被指称的挫折事件的风险不可能被合理地预见。这一规定的缺乏会产生风险是假定的推论。⑰

预见力测试，至少以常规形式确定的，是不可操作的，因为它不能指出哪一缔约方是不可预见风险的较高承受者。测试正在消失，尽管偶尔提及的测试很少应用。⑱ 正像贾奇·赖特在最近一个案件中正确观察到的："对风险的预见力或者确认并不必然表现风险的分配。"⑲

2.2.2　典型案例

在这一小部分我们讨论撤销案件法中的主要循环性问题。正如人们所预料的，在所考虑的这些问题的多重司法权中存在一些不一致的裁定。解释或甚至鉴别每一不一致的结果不是我们的目的。我们满足于解释主要典型案例的典型结果。

2.2.2.1　劳务合约

当雇员意外死亡时，通常请求解除劳务合约。在"刀具工人对联合鞋业机器公司的诉讼"案例中，⑳ 机器公司与发明人有一个雇佣合约。当发明人死后，在一项关于发明人遗产的起诉中，法院解除了合约。这种结局——雇工案例中的典型——是与经济方法相一致的。雇

---

⑯　例如，参见 Chicago, Mil. & St. P. Ry. v. Hoyt, 149 U. S. 1 (1893)。

⑰　Llody v. Murphy, 25 Cal. 2d 48, 54, 153 P. 2d 47, 50 (1944).

⑱　例如，参见 Note, 53 Colum. L Rev. 94 (1953)。

⑲　Transatlantic Financing Corp. v. United States, 363 F. 2d. 312, 318 (D. C. Cir. 1966).

⑳　274Mass. 341, 174 N. E. 507 (1931).

工（1）至少和他的雇主一样估计了他的预期寿命。（2）更好地认识到与任何替代雇佣合约相比该合约对于他的价值。（3）能迅速购买人身保险。

如果雇主在探察由于雇员死亡造成的损失时，宣称雇员死亡引起依据合约规定的雇员违约责任，那么合约也应被解除。一般说来，雇主并不比雇员更难以估计预期寿命（如果雇员知道减少他的预期寿命在他的同龄同性别的人们保险统计水平之下的条件，那么大概不会允许解除合约）。如果雇员死亡并且通常可以为这样的不测事件实行自家保险，那么，雇主能够更好地估计对他的成本（以特定公司的人力资本、替代成本等）。

正如在"海因对福克斯的起诉"案例中，[51] 在没有丧失要约人生理能力的条件下，当不可预期的偶发事件妨碍了约定劳务的完成时，在劳务案件中也会实施解约原则。福克斯同意在海因的土地上打一口井。在两次分别打井尝试中碰上了岩层，一次是在 250 英尺深处，另一次是在 350 英尺深处，由于战时管制，需要穿透岩石的特别探察不可能获得，这就妨碍打井的顺利完成。钻井者福克斯比他的顾客更有能力估计在地表下深处遇到岩石的概率、替代钻井技术的成本、不能获得特定投入（输送管探察）的可能性、替代投入的成本。而且福克斯能在他的钻井价格方面把这些偶发事件的风险分摊在他所有的顾客之中，从而提供有效的和廉价的自我保险。

2.2.2.2 并发违法行为对教师合约和租赁的效应

在"费尔普斯对学校区起诉案"[52] 中，由于流感，国家健康委员会命令一所学校关闭两个月，校区解雇了那所学校的教师。校区认为它与教师的合约关系被解除，因为它被合法地免予履行。法院严厉地拒绝了解除合约的要求。尽管没有一方预防过流行病，校区还是较高的风险承受者。它能把风险分散于所属的所有学校中，从而也分散于所有的教师中；它拥有学校的一种"多样化证券资产组合"。如果希

---

⑭ 126 Mont. 514，254 P. 2d 1076（1953）．

⑮ 302 Ⅲ. 193，134 N. E. 312（1922）．

望进行市场保险，校区能在一次交易中为所有雇员保险，从而消除每一个个体发生交易成本的需要。

尽管"费尔普斯"一案的结局是这类案例中普通的一个[53]，印第安纳的决定抓住了类似由于学校关闭而解除教师合约的事实。[54] 我们的分析表明这个结局是无效率的[55]，这个结论得到印第安纳州立法机关制定法令把学校关闭所创造的风险归属于校委会的微弱支持。[56]

当租赁权因法律的实施而被根本性地修改时，作为解约根据的并发违约问题也会产生。但是在这里，经济分析必须保持尝试的态度，因为决定哪一方是较高的风险承受者也许是不可能的。在"斯特拉特福德对西雅图酿酒和麦芽酿酒公司起诉"一案中，一方租赁房屋用作"酒馆"[57] 租赁随后经修改允许作为其他相关用途使用。当承租人因复决失去了继续经营酒馆的必要的酒精特许权时，合约被解除。结果把法律变动的风险分配给了租赁人。但是在另一组案件中，汽车陈列室租赁并没因"二战"期间汽车销售的联邦限制法而解除。[58] 在这里，承租人承担了风险。

在酒精特许权案件中，复决通过禁止财产的最有利可图的使用而降低了它的价值。损失的价值等于初始租金价值与复决后租金价值之差。类似的是在汽车陈列室案件中，损失是初始租金价值与通过限制汽车生产的管制后的租金价值之差。似乎在两个案例中，租赁人都比承租人更有能力估计房屋在次优用途上的机会价值。但是承租人在估

---

[53] 例如，参见 EIsemore v. Inhabitants of Hancock, 137 Me. 248, 18 A. 2d. 692 (1941)；6 Arthur Linton Corbin，上述注释⑥，at §1357。

[54] Gregg School Township v. Hinshaw, 76 Ind. App. 503, 132 N. E. 586 (1921)．

[55] 没有立法致力于加强效率的假定。例如，参见 George J. Stigler, The Theory of Economic Regulation, 2 Bell J. Econ. & Management Sci. 3 (1971)。

[56] lnd. Code Ann. §20 - 6 - 8 - 2 (1971) 规定："如果教师合约生效期间由于校务委员会的命令或由于卫生权威部门的命令而关闭学校，或者是如果教师没有错误，学校不能被关闭，在学校关闭期间，教师应获得正常收入。"该法令已被类似的一个法令所替代。见同上 §20 - 6, 1 - 5 - 8 (Supp. 1976)。

[57] 94 Wash. 125, 162 P. 31 (1916)．

[58] 例如，参见 Lloyd v. Murphy. 25 Cal. 2d 48. 153 P. 2d 47 (1944)；Leonard v. Autocar Sales & Service Co. , 392 Ⅲ 182, 64 N. E. 2d 477 (1945)。

计其他关键参数和损失发生的概率方面处于更有利的地位。例如，人们预期汽车销售商比一般商业土地主在关于限制新车生产的可能性方面更有见识。

当经济分析的两个关键参数以相反方向表示时，在一般水平上分析是不会有结果的，分析必须进行估计他们相对经验的重要性。在"斯特拉特福德"一案中租赁人是一个酿酒商，[59] 因而可能与承租人具有同等的能力估计酒精特许权损失的可能性。在这起典型的汽车案例中，法院认定租赁的陈列室的次优用途是作为销售二手汽车的陈列室或作为汽车修理场所。因而在汽车案件中，典型的承租人可能充分地具有与典型的租赁人一样的能力估计损失的大小。我们推断酒精特许权和汽车陈列室案例都应从经济观点来裁决。

但是，对事实进行如此细致无遗的检验是否是一种对 I 部分讨论的、根据管理成本，以高度特定的从个案到个案为依据而不是以同一方式在特定范畴内决定所有案例的规则为依据——例如无论是承租人赞同还是租赁人赞同，一个规则决定所有的解约案件——运用不可能性原则做出决定的合适断定存在着疑问。不幸的是，哪一个是更有效的规则是不清楚的。比较相关的经验证据是在大而多样化的房地产所有者——租赁人与它的许多主要的、地理上分散的零售连锁承租人中的每一个之间的合约中，"妨碍承租人经营"的环境变动引起的损失风险是始终如一和明确地置于租赁人。[60] 尽管这仅仅是制定租赁案件中应用不可能性原则的合理规则所要求的经验证据的一部分，但在两个方面它都是有用的。第一，它表明在房地产案件中多样化的实体之间租赁人是较高的风险承受者。[61] 第二，它指出当对不可能性的经济分析的关键参数是以相反方向表示时，有可利用的经验方法帮助解决提出的困难问题。在测试和为合约法提供经济理论工具中经验分析的

---

[59] 事实上租赁要求承租人从出租人的酿酒厂购买它的全部啤酒。

[60] 这个信息是根据与全国最大房地产公司之一的首席法律顾问的一次访谈。

[61] 这也许是因为出租人关于估价租赁终止对他损失大小的能力的优势性边际超过承租人关于估价租赁终止对他的损失概率的能力的优势性边际。对于像没有人能很好预见的法律中变动之类的事件的边际也许是小的。

潜在作用，在这篇论文中的结论部分进一步讨论。

2.2.2.3　运输合约

在不可能性领域中的另一共同问题是战争或其他不可预期的事件对运输合约的影响。为了证明这类案例中当事人承担风险的相对能力，让我们考察 1956 年埃及政府关闭苏伊士运河对航运合约的影响。这次关闭要求经过亚特兰大港与中东港口之间的轮航绕非洲航行，更长和更昂贵的航行引起大量的诉讼。一般结果是强制执行运输合约。[62] 例如，在"欧洲融资公司对美国的起诉"一案中，[63] 船东认为他与美国签订的从美国运送小麦到伊朗的合约因苏伊士运河的关闭而应被解除。

这个问题是由贾奇·赖特表达如下：

> 第一，偶发事件——带有不可预期性的——必须发生。第二，不可预期的偶发事件发生的风险不必按协议或惯例来分配。第三，偶发事件的发生必须使得商业上的履约不可能实行。[64]

法庭裁决运河的关闭是无法预期的，它发生的风险并没有在当事人之间明确分配。它随后提出了最根本的问题：关闭是不是解除合约的理由？

为了回答这个问题，贾奇·赖特试图决定哪一方——轮船所有者还是美国政府——是较高的风险承受者。他的回答把注意力放在我们经济学框架的确切原理上：

> 欧洲融资公司为偶发事件发生投保的购买保险的能力并不低

---

⑥ 例如，American Trading and Prod. Corp. v. Shell lnt' l Marine Ltd. ，453 F. 2d 939 (2d Cir. 1972)；Transatlantic Financing Corp. v. United States，363 F. 2d 312（D. C. Cir. 1966）；Glidden Co. V. Hellenic Lines，Ltd. ，275 F. 2d 253（2nd Cir. 1960）；Ocean Tramp Tankers Corp. v. V/O Sovfracht（The Euqenia），［1964］2Q. B. 226；Tsakiroglou & Co. v. Noblee Thorl G. m. b. H. ，［1960］2Q. B. 348。

⑥ 363 F. 2d 312（D. C. Cir. 1966）。

⑥ 同上书，第 315 页。

于美国政府。要说有什么区别的话，要求轮船所有者——经营者为战争的损害保险投保是更为合理的。他们处于最有利的地位计算替代路线的执行成本（从而估算需要的保险数量），他们毫无疑问地对极大地影响他们业务的需求和成本的国际争端反应敏感。[65]

自由通行权使得是否解除合约的决定取决于检验我们已鉴别的关键的经济参数。轮船所有者是较高的风险承受者，因为他更有能力估计损失的大小（轮船所有者也知道拖延的目的、货物的价值和特性）和不可预期事件发生的概率。更进一步地说，拥有几艘轮船和从事几条不同航线航运的轮船的所有者在没有购买市场保险或迫使他们的股东分散其普通股证券资产的条件下，可以分散任一特定路线的延误风险。如果它愿意的话，航运公司能购买覆盖多种航线的单一交易市场保险。当然，特定案件中的托运人——美国政府——也能充分地分散风险，但是裁决应该（这里确实）取决于托运人作为一个阶层所具有的特性，如果不适当的特定分析能够避免的话。

从表象上看装运所有者比托运人对延误到达的结果有更好的想法。但这种类型的间接损失与解约问题不相关，因为"哈德利对伯克森德尔起诉"[66]案件的裁决把这种损失（尽管缺乏明确的协议）的责任置于托运人而不是搬运人——从经济学的标准观点来看确实是这样[67]。这样解除合约责任问题是仅就搬运人在不知道托运人业务的详情的条件下能估计的损失部分而言。

"帕里斯对斯特拉顿克里普河采矿与发展公司起诉案"[68]证明了解除合约责任原则在另一运输背景下的应用。一家货车运输公司与一家采矿公司签约从科罗拉多克里普河采矿地运送金矿石到附近一家工厂。采矿公司与粉碎公司的合约给予粉碎公司有权做延缓60天执行

[65] 363 F. 2d 312（D. C. Cir. 1966），第319页。

[66] 9 Ex. 341，156 Eng. Rep. 145（1854）

[67] 参见 Richard A. Posner，上述注释②，第60—61页。

[68] 116 F. 2d 207（10th Cir. 1940）.

的事先声明。当粉碎公司关闭并宣告破产时，采矿公司认为运输合约应当被解除，法庭予以同意。采矿公司可能处于更有利的位置估计粉碎公司将要关闭的概率，但是货车运输公司更有能力确定损失的大小——合约价格与它的劳务的机会价值之间的差额——并且他能够通过缔结供给运输服务的合约把风险分散于从事其他业务的顾客身上，从而不可能受到粉碎公司关闭的影响。

2.2.2.4 制造或供给专业化设备的合约

在"西格尔对伊顿与普林斯公司的起诉案"中[69]，一公司签约为西格尔·库珀百货商店"提供和安装"一个电梯。当没有西格尔·库珀一方责任的情况下火灾烧毁了商店时，合约被解除了。此后一年裁决的类似案件"休厄特与史密斯制造公司对芝加哥爱迪生公司"[70]中，爱迪生公司同意在哥伦比亚博览会（即芝加哥世界博览会）期间为第一团操练厅大楼提供照明和供电设备，于是与休厄特公司签订了制造专用风扇和在大楼通风系统中安装它们的合约。第一团操练厅大楼毁于火灾。分包合约被解除，因而把损失的风险置于休厄特公司——专有设备的供给者。

类似于前一部分我们的第一假定的该案件，当从经济学的标准观点来评价时似乎是正确的裁决。专有设备的供给者比购买者更有能力评价设备的给定部分专业化的程度和通过其他预期购买者把它转化为可用之物的成本，没有哪一案件中购买者比供给者更有能力估价特殊意外事故发生的概率。供给者能通过在他的合约价格中折算这些偶发事件的预期价值而把风险分散于所有的购买者之中，这样就消除了为每一购买者保险的需要。如果直接支付的市场保险是合意的话，供给者就会在单一交易中给他的所有销售保险。

分析并不能局限于设备的供给者。在"古尔莱对霍尔威茨"案件中，供给者租赁了一批马，承租人将在马与目前一样好的状况下交还

---

[69] 165 Ⅲ. 550 , 46 N. E. 449（1896）.

[70] 167 Ⅲ. 223, 47 N. E. 384（1897）.

他。[71] 其中一匹马后来经鉴定患有脊髓脑膜炎并且被开枪打死——这违背了承租人的特定意愿——由预防虐待动物协会的代理人执行。归还马匹的协议被解除了。结果是把马因疾病致死的风险置于马的所有者，这似乎是正确的。马的所有者更有能力估计马得疾病的概率和损失的大小。马是消耗性资本资产，它的价值是动物特定的、依赖于马的特殊特性，而马的所有者比承租人可能更好地知道这些。更进一步地说，几匹马的所有者通过他的多种所有权的资产投资组合效应而把由于疾病导致动物死亡的风险大大地降低。

2.2.2.5 农产品供给合约

我们考虑的下一组案例涉及供给农产品的合约，它证明法庭是怎样达成经济上有效的结果然而又用表面上毫无意义的语义区别来掩饰它。案件总有相似的事实。供给者签约提供特定数量和质量的农产品；诸如洪水或极严重的干旱之类的不可预期事件阻碍了供给；购买者请求损害赔偿。[72] 在供给者是种植者的情况下，法庭通常解除合约，[73] 但是在供给者是批发商或大销售商的情况下，法庭会强制履行合约。[74] 结果是一致和有效的；它把极端的气候条件风险置于较高的风险承受者。从种植者那里购买农产品的购买者能通过他的购买在地理上的分散化来减少恶劣气候的风险；有经验证据表明在一些仅隔几

---

[71] 95 N. J. L. 277，113A. 323（1921）．

[72] 参见 Pearce – Young – Angel Co. v. Charles R. Allen，Inc. 2B S. C. 578，50 S. E. 2d 698（1948）；Squillante v. California Lands，Inc.，5 Cal. App. 2d. 89，42 P. 2d 81（1935）．

[73] 例如，参见 Matousek v. Galligan，104 Neb. 731，178 N. W. 510（1920）；Pearce – Young – Angel Co. v. Charles R. Allen，Inc.，213 S. C. 578，50 S. E. 2d 698（1948）．

[74] 例如，参见 United States Co. v. Curtis Peanut Co.，302 S. W. 2d 763（Tex. Civ. App. 1957）．

里的地理气候不同的地区就能极大地减少大量损失的风险。[75] 当卖者是批发商或大销售商时，没有理由解除合约责任，因为他能分散他的购买，从而消除恶劣气候的风险。

这里与别的地方一样，法庭没有明确地把这个问题描绘为一种识别较高风险承受者的特征。[76] 他们通常认为，当合约预期在一片特定土地上种植单一作物时，应允许解除合约责任。同样地，当且仅当合约提及种子协议中明确指定的土地上的农作物时，《统一商法典》相关部分的注释才允许解除合约责任。[77] 这个要素除作为一种区分销售者是种植者案件与销售者是批发商案件的合理的工具变量外是无意义的。然而，与我们的分析相一致，在《统一商法典》之前和以后的案例中，人们观察到一种或者通过对合约进一步设计或者通过对合约条款进行衡平法改革来调节规则机制运作的趋势。[78]

2.2.2.6 放牧合约

在"伯格与埃里克森合约"中，[79] 来自得克萨斯州的牛的所有者

---

[75] 参见 Donald N. McCloskey，The Enclosure of Open Fields：Preface to a Study of Its Impact on the Efficiency of English Agriculture in the Eigteeth Century，32 J. Econ. Hist 15（1972），也可参见他的 English Open Fields as Behavior Towards Risk，1 Res. in Econ. Hist 124（1976）。麦考斯基是一位经济史学家，他研究了中古时代的露地耕种制度。在露地耕作制度下，农民居住在直径约六英里的大环形区域的中心。每一农民拥有和耕种若干极为分散的小块土地。几代历史学家把这种表面上无效率的产权模式解释为半村落所有制或平等主义情感的产物。然而，麦考斯基证实了分散土地是农民采取的分散恶劣气候条件特别是冰雹所带来风险的一种有效率的技术。实质上，每一农民拥有分散化的资产投资组合（小块土地），从而减少他的总体风险。气候（冰雹、冰冻等）引致的农业产量的多变依然存在于现代农业之中。例如，参见 Gordon Manley，Climate and the British Scene（1952）。

[76] 司法上不能明确阐释不可能性原则的经济要素的一个例外是乔治·怀特在 Transatlantic Financing Corp. v. United States 中的见解［载于 363 F. 2d 312（D. C. Cir. 1966）］。参见原文第 104 页。

[77] U. C. C. §2－615，Comment 9.

[78] 《统一商法典》之前的案件的一个例子是 Snipes Mountain Co. v. Benz Bros. & Co.［载于 162 Wash. 334，298 P. 714（1931）］。在该案中，法庭允许修订合约的预防性诉讼以便于提及特定土地，这样就允许解除合约。也可参见 Matousek v. Galligan. 104 Neb. 731，178 N. W. 510（1920）。根据《统一商法典》裁决和认为书面之外的因素可证明当事人就特定的一块土地而签约的一个案件是 Paymaster Oit Mill Co. v. Mitchell［载于 319 So. 2d 652（1975）］。

[79] 234 F. 817（8th Cir. 1916）.

（伯格）与埃里克森签约在其堪萨斯大牧场上放他的牛。埃里克森同意"在 1913 年放牧季节期间提供充足的优质牧草、水和盐"⑧。那个夏天没有下雨，尽管牲口生存下来，但没有达到正常的重量。法庭强制执行合约，因此裁决赔偿伯格损失金。除了基于特定的分析外结果似乎是正确的。牛的所有者在总体上比土地所有者更有能力估计由于水缺乏所造成的牛的价值损失的大小和通过在不同的大牧场上放牧而减少风险，但是，这种自行保险方法可能引起大量的交易成本。而且，这位土地所有者——一个大牧场主——可能拥有关于牛的丰富知识。我们分析的另一关键参数——估计干旱概率的能力——表明置风险于大牧场主（然而，这依赖于特定牛的所有者在这一地区的先前经验），特别是因为

　　在堪萨斯干旱并不是异乎寻常的已是普通的常识。他们减少种植牧草是普通常识。在堪萨斯，人们通过检查牧草地并不能在这一年 4 月 13 日之前的春天确切地判定在整个即将来临的夏天他们是否能为 1000 头牛生产足够的草料，他（伯格）没有这方面的先前知识。伯格对他们的生产能力一无所知；埃里克森对一切了如指掌。⑧

　　像早先讨论的这样的租赁案例，伯格很难进行分析，因为两个关键参数似乎以相反的方向表示。为得到一个正确的结果，对事实进行全面的调查研究是必要的。考虑到大牧场主埃里克森拥有法庭深信的较多知识，法庭达成的结果可能是（正像我们检验的大多数案例）正确的。余下的问题是用同一方式裁决所有的放牧案件是否是更好的选择。⑧

---

⑧　234 F. 817（8th Cir. 1916），第 818 页。
⑧　同上书，第 824 页。
⑧　涉及维修和部分支付的两个另一组案件在这篇论文中第Ⅲ部分讨论。

2.2.3　《统一商法典》的方法

《统一商法典》（U. C. C）2 - 615 部分陈述了销售案件的一般不可能性原则，然而对货物销售者请求解除合约的案件是有限制性的。法典规定：

> 除就销售者而言已承担了较大责任外……（a）如果根据偶发事件的发生或不发生是合约签订的一个基本假定，而按照商定的条款履约已变得不可行，那么销售者全部或部分的供给或非供给延误不构成他对销售合约的违约……⑧

类似于《合约注释汇编》⑭ 中的这种表述，使用"不可行性"而不是"不可能性"或"商业挫折"作为支配概念。该法典使得合约当事人双方通过嵌入他们协议中的适当条款来控制风险的分配明晰可见。⑮

2 - 615 部分从表面上看对普通法原则几乎没有增加，而且的确对许多重要问题保持完全的沉默。正如上面提到的，仅仅从销售者的观点看整个部分得到了详尽阐述。在法典中没有对购买者的免责问题进行缜密的思考。⑯ 这种省略被解释为一种对法典起草人关于购买者不可能性权利主张未做明确的普通法陈述的部分所做的谨慎反应。⑰ 然而，省略的一个后果是与我们的专业化机器假定相似的案件不是该法典中任一条款所能控制的。

一般的观点是：在它实施的地方，2 - 615 部分是与非统一商法典

---

⑧　U. C. C. § 2 - 615。参见 Paul L. Joskow，上述注释②第 II 部分。§ 2 - 615 进行了更全面的经济分析。

⑭　参见 Restatement of Contracts § 454（1932），和上述注释⑨。

⑮　U. C. C. § 1 - 102.

⑯　U. C. C. 2 - 615，Comment 9，对买方要求解除合约的可能性一带而过。但这个问题从没有进行深入研究。

⑰　2 Granl Gilmore，Seeurily Interest in Personal Property § 41. 7，at 1105（1965）.

案件法一致的。⑧ 默里教授写道：

　　尽管《统一商法典》未在风险分配条款方面进行表述是有点问题的，但是毫无疑问法庭对它的解释与由偶发事件创造的风险是否应分配给要约人的现在公认的基本调查相一致。⑧

　　当据称证明解除合约合理的事件造成合约中认定的特定货物的破坏时，《统一商法典》还包含几个与根据不可能性或相关理由解除合约相关的更特定的部分。⑨《统一商法典》摒弃了根据货物名称估计破坏造成损失的风险的传统方法——一种与预防破坏的能力相关的方法，尽管并不严谨——除了人们公开承认基于风险分配概念的方法外赞同类似的机制方法。

　　《统一商法典》把货物销售合约分类为装运或目的地合约。⑪ 如果卖者并不被协议条款要求运送货物到特定位置，那么，该合约就是一个装运合约；如果运送货物到特定位置是协议所要求的，则该合约就是目的地合约。⑫

　　根据《统一商法典》的规定，就装运合约来说，来自货物意外破坏的损失风险最初由卖方承担，当货物被交付给搬运者，来自货物意外破坏的损失风险就传递给买方。但是就目的地合约来说，仅当在指定的目的地提交货物时，来自货物意外破坏的损失风险才由买方承担。在通常的案件中，这个规则把风险置于较高的风险承受者。由该规则处理的问题是运送中的损失风险问题，《统一商法典》实际上把这种损失的风险置于安排运输货物的一方。

　　总之，《统一商法典》并没有对普通法的解除合约原则产生深刻

---

　　⑧　一般参见 John Murray，Jr.，上述注释㉑，第 412 页；Paul L. Joskow，上述注释②，第 Ⅱ 部分。

　　⑧　John Murray，Jr.，上述注释㉑，第 412 页。

　　⑨　参见 U. C. C.§§2－319，2－509，2－510 和 §2－615，Comment 9，上述注释㉚。

　　⑪　U. C. C.§2－319。

　　⑫　运输合约通常包含"F. O. B. 卖方营业地"条款，而目的地合约则通常包含"F. O. B. 买方营业地"条款。U. C. C.§2－504。

的影响。

2.2.4　疑案

在许多个体的也许还有一些集团的案件中的经济分析——至少由法官和律师在合约案件中偶然性地使用——不会得出确定的答案，或者甚至是一种猜测，例如，哪一方是较高的风险承受者。加冕典礼案件提供了一个极好的例证。[93] 没有哪一方处于能预见妨碍合约履行事件（爱德华七世身患疾病）的优势位置。可以肯定，大楼所有者有更强的能力计算这种损失，这基于他运用短期预告重新出租房屋的能力和他主要根据爱德华七世的健康状况以比租赁人已付的保险金额更低成本购买单一保险单。然而，租赁人很可能是较高的自行保险者：强制履行合约将把损失分散于相对大量的租赁人而不是集中于相对少的大楼所有者。法庭根据是否应允许解除合约来分配风险并不令人惊讶。[94]

在疑难案件中把不履行作为违约还是解除合约来处理的选择类似于侵权案件中对无法避免的意外事件在有严格责任与不承担责任之间的选择。[95] 在确定的经验研究之前，我们倾向于依据合约上下文考虑更好地解决严格赔偿责任，尽管在侵权行为前后关系中选择必须考虑到以现有知识为基础的不确定性。[96]

合约的履约方通常是较高的风险承受者。一般地，尽管不是不可

---

[93]　参见上文注释⑧。

[94]　比较 Krell v. Henry, (1903) 2 K. B. 740 (C. A.), Chandler v. Webster, (1904) 1 K. B. 493 (L. R.) and Herne Bay S. S. Co. v. Hutton, (1903) 2 K. B. 683 (C. A.)；还应参看下文注释⑩。当加冕典礼案件就其特殊的事实而言在经济分析基础上能以任一方式解除合约——这可以解释法庭中的分工——在相关但更普通的案例中与解除合约相抵触的情形更为强大，例如，一位滑雪者在滑雪度假小舍预定一房间，并支付保证金，由于恶劣的滑雪条件，滑雪者要求退还保证金。与滑雪度假小舍房东相比，滑雪者面对恶劣的滑雪条件是占优势的自家保险者；滑雪者能寻找条件适宜的地方，但房东却不能分散恶劣条件的风险（除与其他滑雪地区的房舍合并外）；市场保险可能也是无效的（其他部分支付案例在下文第115—117页讨论）。

[95]　参见 Richard A. Posner, Strict Liability；A Comment. 2J. Leg. Studies 205 (1973)。

[96]　同上。

变动的，如果偶发事件不能在合理成本水平上加以预防，他也更有能力预防使得履约变得不经济的偶发事件的发生和估计它的发生概率。如果偶发事件发生，他至少具有与支付者一样的估计损失大小的能力。的确，支付者（即买方）能更好地认识不履行他的业务的后果，而"哈德利与伯克森达尔的合约"的规则恰是把任一偶发事件的间接伤害风险分配给了支付者。最终，履行者通常能够通过对他的整个合约责任风险的分散化安全以低成本实行自我保险。

履行者并不总是较高的风险承受者；否则，合约法中就没有不可能性与相关原则的位置。但是，只要履行者是通常的较高风险承受者，那么在疑难案件中把风险分配给他——即拒绝在那些案件中解除合约——就能比按相反的规则预期更为通常地产生正确结果。人们对法庭的确把解除合约作为一种豁免并不惊异，因此，除非案件符合由不可能性或一些其他豁免原则排除的责任的例外情况之一，否则不履行就是违约。

这种讨论提出了更广泛的问题：为什么严格赔偿责任的一般观念在合约法中比在侵权行为法中似乎显得更为重要？违约概念是严格赔偿责任而不是玩忽职守之一。侵权行为法与合约法之间在这方面的差异与这样的事实相关：侵权行为案件主要涉及相互作用的行为活动，而合约案件一般不涉及。例如，一次汽车偶发事件是由于两辆汽车之间或一辆汽车与一位行人之间相撞产生的，这里没有伤害人比受害人能更容易避免偶发事件的假设。但是，在典型的合约案件中，唯一相关的原告是履行者和支付者，受合同约束的生产活动是由前者完全控制和指导的。因而有一个很强的假定：他比支付者更有能力预防使得履约不经济的不幸事件。这个假定不是绝对的，但它是制定严格赔偿责任、界定违约的合理的一般规则的充分条件。

2.3　解除合约的补救后果

迄今为止我们已经一分为二地探讨了解除合约问题，好像唯一的选择介于一方面强制执行合约和给予全部合约损害赔偿的裁决与另一方面解除合约责任和裁决没有损害赔偿之间，这种二分的处理并不是不可避免的。中间解决是可能的而且似乎对许多有关不可能性原则的评论者来说颇有吸引力。

2.3.1　一般案例

在著名的文章《富勒与渺茫的希望》中把合约价格分为两个组成部分：信任权益和预期权益。[⑰] 信任权益代表履约的预期成本，预期权益代表来自履约的预期利润。如果 A 签约以 2000 美元的价格为 B 维修房屋屋顶，A 的 1500 美元的预期成本就是他的信任权益，合约价格与他的成本的差额——500 美元——就是他的预期权益。如果 B 在 A 开始履行前违约——例如，A 仅为 B 的屋顶购买了价值为 700 美元的可用材料——A 就会请求他的预期和信任权益总数（1200 美元）的损害赔偿，无论 B 何时违约，A 获得了接收 500 美元利润的权利。

如果终止履约的偶发事件被认为是造成解除合约而不是违约，那么与解除合约相关的问题是在类似事实模式下会发生什么。假定在没有任何人玩忽职守的情况下，正在修理中的房屋被火灾烧毁，修理承包人提出违约起诉。除非有分配风险于房屋所有者的一个特别合约条款，法庭坚持认为维修合约应当解除。[⑱] 当用经济学的框架来进行分析时，这个结果似乎是合情合理的。相关损失是引致费用总数（信任

　　⑰　L. L. Fuller & William R. Perdue, Jr., The Reliance Interest in Contract Damages, 46 Yale L. J. 52, 373 (1936 – 1937)。

　　⑱　例如，参见 Young v. City of Chicopee, 186 Mass. 518, 72 N. E. 63 (1904); Carroll v. Bowersock, 100 Kan. 270, 164 P. 143 (1917)，正文中的讨论请看下文注释⑩。

损失）和承包人劳务的机会价值（近似地等于预期损失）。[99] 假定承包人更能知晓损失的大小。他拥有更多关于信任损失价值（它主要取决于作为修理阶段和各种投入成本的函数的成本表）和他的劳务的机会价值的信息。尽管估计损失概率的能力在一定程度上取决于引起解除合约的特定事件，但是在典型的修理案情景中没有哪一方拥有较高的估计损失概率的能力。当然，房屋所有者知道监护，但承包人可能知道更大量的与妨碍履约有关的火灾和其他危害的信息。

至于解除合约的补救后果，承包人被给予不承担他失去预期权益的责任的权利——这就把解除合约与违约区别开来。他也不能追回他的信任损失。他会获得在恢复行动中追回授予所有者的任何实际利益的权利，但这可能很微小，主要取决于毁坏的完全程度。

许多法律评论家受到这种结局的困扰，因为它把全部损失置于承包人。他们不懂得解除合约原则的效率基础，从而导致他们把补救问题视为与免除责任相分离的，并认为按比例分配信任损失是"唯一公平"的。[100] 诸多建议中的典型如下：

> ……既然实际的信任支付的偶然事件并没有为损失的替代提供合适的指导，按照公平无私分配损失似乎是最公正的……分摊这些损失表明有必要对当前的法律做最低限度的变动，在解除沉重的合约后对损失做某种程度的系统化处理。[101]

由于错误地用强调对事后损失分配替代强调事先承担风险，结果引起在分摊信任损失的情况下对改变一方的补救结果的建议。[102] 从承

---

[99]　机会成本与预期成本之间的关系一段时间后会发生变动；当履约近乎完成时，这两个概念近似相等。参见 John H. Barton, The Economic Basis of Damages for Breach of Contract, 1 J. Leg. Studies 227 (1972)。

[100]　参见 Comment, 69 Yale L. J. 1054 (1960)；Malcolm P. Sharp，上述注释④；Comment, 18 U. Chi. L. Rev. 153 (1950)；Comment, 46 Mich. L. Rev.，上述注释④，第 401 页。

[101]　Comment, 69 Yale L. J. 1054, 1060 (1960)。

[102]　参见 Stephen S. Ashley，上述注释②。

担风险的视角来看，拒绝分摊信任损失是有充分的事实根据的；它为更有效的风险承受者采取成本合理的风险规避或风险最小化技术（多样化、市场保险或诸如此类的）创造激励。通过解除合约责任导致零损失（除进行适当赔偿的情况外）的现存规则类似于侵权行为法中的方法。在那里焦点也是集中于决定哪一方——原告或被告——是争议事件中的较低成本避免者，试图通过确定哪一方处于事后承担损失的更好位置来解决这个问题并不完全合适。

　　风险分配的事后方法事实上是兜圈子。通常事后是较高风险承受者的一方是购买包括有争议的风险在内的保险单的那一方。但如果这是度量责任的标尺，那么就会给当事人双方一种不保险的激励，因为通过不保险，他们就会增加法庭把风险分配给合约另一方的可能性。因此，没有哪一方可能去保险；或者，担心这种可能性——当事人双方都可能购买保险。没有哪一种结果是最优的。

　　批评者偏爱的对半损失均摊的方法，至少在法庭难以决定哪一方是较高的风险承受者的案件中表面上颇具吸引力。如果当事人双方都是同等好（或坏）的风险承受者，且每一个都是风险厌恶者，那么，每一个都更偏爱于减少合约预期结果变化的事先解决方案。只要每一方估计法庭分配给他的风险是同一概率，就按这种方式分担风险。[103]因为在那种案件中每一方都面临承担不履约全部成本的相同概率被每一方必然承担50%的损失所取代。当然，如果没有哪一方是风险厌恶，那么从这个规则中就没有利得。如果一方是较高的风险承受者，则全部损失应由他来承担以便鼓励处于同样境况的未来当事人双方投保或采取使不履约的经济后果最小化的其他措施。[104]

　　无论是否划出一组不确定风险分配并应用五五损失分摊的规则都

　　[103]　如果当事人双方估计的概率不相等，那么，只要当事人假定有同一效用函数，五五的损失分担方法可认定是有效率的。参见 Alan Schwartz, Sales Law and Inflations, 50 Ind. L. J. 1, 8 n. 20 (1976)。

　　[104]　这种情况中损失分割的根据与比较疏忽论相似。参见 Richard A. Posner，上述注释②第70—71页。我们附带指出：如果损失分割的规划被采用，那么，我们因信任损失而考虑限制它是没有道理的。

能按照每一案件（或一组案件）中的搜寻管理成本证明决定较高的风险承受者也许是值得怀疑的。很容易夸大那些成本。在一个诉讼案件中，裁决一项诉讼成本应该被适当地分摊到由宣布的规则控制的全部未来交易中。即使在第一案件中决定怎样分配使合约履行不经济的一些事件的风险是极为昂贵的，一旦问题被裁决并宣布了规则，那么该规则就将有利于引导缔约当事人双方的未来行为和由此减少未来的合约协商成本。规定把风险的合理分配当作一种不确定性来处理的一组案件能抑制为提高合约处理效率设计的风险分配规则的发展。

当五五损失分摊相对于把风险损失全部置于一方或另一方的法律解决方法显得是一个缺乏吸引力的选择时，在一个应用法律制度填补合约条款的成本非常低的环境里，损失分摊的弹性原则可能是超过前两种方法而更为优秀的。损失分摊是合约安排的一个共同特性：人们关心正式保险合约中的扣除条款和部分保险条款，包括收益分摊的各类合资企业。[⑩] 但是，设计一个根据它的所有变化性模拟自愿交易的法律规则很难行得通，然而在合理的成本水平上是可实施的。这里与其他地方一样，法律更偏爱于分别解决而不是连续解决，这大概是由于管理成本的缘故，这就证明了与市场资源配置相比法律的次优特征。[⑩]

由于普通法赔偿原则的误用造成解除合约补救领域中更进一步复杂化。在类似于我们的最后假定的维修案件中，法庭实际上坚持解除合约并且推翻了提出制定全部赔偿信任损害的下述请求，宣称：

> 不能仅仅要求所有者向承包人赔偿损害，因为承包人在采取有助于履约的措施中已经收取费用……它采取更多的措施促使所有者为承包人朝向履约所做的一切承担责任。所有者必须受益。他不应该在承包人受损害的情况下受益。那将是不公正的，而且

---

⑩　参见 Steven N. S. Cheung, The Theory of Share Tenancy 68 (1969)。

⑩　参见 Richard A. Posner, 上述注释②第 323—334 页。详尽一点，着重强调指出错误的法律裁决的可能性引入了风险分担的因素；当法律错误的概率上升时，法律解决实际上近似于许多评论者主张的五五损失分组规划——尽管用这种方式达成的是事先的而不是事后的损失分担。

　　在一定程度上所有者已经受益，法庭应适当地把他看作是根据赔偿责任而静候处理……法律能够根据所有者的职责提出责任的唯一基础是他通过对他有益、有利或有价值的方法所获得的报酬。[⑩]

　　这个陈述很好地证明了经济学的意义。要求一方为实际获得的利益支付赔偿的规则是与合约法的经济学原理相一致的。然而，法庭继续坚持认为"投入"房屋的材料先于火灾，尽管全部被火灾所毁灭，但它构成了对所有者的实际利益。应用这个原则，法庭允许承包人重新获得对不久后在被大火毁坏的房屋中移动地板所做的工作的赔偿。这个结果是荒谬的。获益的合理尺度是火灾剥夺了他的工作价值之前的间隔期间对房屋所有者的价值。由于赐予承包人意外之财，任何更大的奖赏都会损害他是较高风险承受者的决定。

2.3.2　部分履约

　　有关不可能性的补救问题通常产生在部分履约的案件中，正如前面小节部分所讨论的维修案件。部分履约的另一种形式是部分支付。如果在那里有先于供给的部分支付，而供给由于一些灾难而受到阻碍，那么，无论受款人是否应该被要求偿还所有的或部分的支付，问题都可能产生。在经济分析中，答案应取决于提前偿付目的是否是要补偿因承担可能妨碍他供给的风险的受款人，或者提前偿付是否是不相关的。假定在我们假设的维修案件中房屋所有者在最终完成修理之前预先给予维修承包人部分支付。如果预先支付的目的是要补偿修理人因火灾或其他偶发事件妨碍他完成修理而承担的风险，那么很显然他有资格保留这预先支付——它是他的保险费用。但是预先支付可能与这种风险完全无关。它可能是计划为承包人的供给品提供购买资本（房屋所有者也许是必需资本的最廉价来源）或保护承包人免遭房屋所有者可能破产或收取合约价格的其他困难的风险。它完全能够因税收或其他财务原因避免在建设竣工时一次大量、整批支付。假定提前

[⑩]　Carroll v. Bowersock, 100 Kan. 270, 274, 164 Pac. 143, 144 (1917).

偿付的许多貌似有理的原因与为可能妨碍履约完成的偶发事件保险的条款完全无关，那么，就不可能有这样的假定：提前偿付意在补偿执行方承担这种事件的风险。因此，在缺乏支付人是较高的风险承受者的其他证据的条件下，他的提前偿付应归还给他。这是一般占支配地位的法律规则。[108]

在部分完成履约的是合约的执行方而不是支付方的情况下，即使执行方被认为是较高的风险承受者，通常也有有效的索赔要求的请求权（例如，供给1万个装饰品的合约在供给了1000个后被终止）。但是在没有要求退回原物的基础的情况下——部分履约对于合约另一方没有价值——没有有说服力的经济学论据支持当事人双方之间重新分配损失。损失于是应完全落在较高的风险承受者身上。

法庭在这些案件中还使用与要求退回原物相关的一个概念是"可分合约"。如果引起解除合约的事件妨碍了已经开始履约的完成，履约中完成部分的支付被认为是应得权益，如果那部分被认为是可分的，则财产追索除了可能包括执行方的信任损失外还包括其预期权益的一定比例部分。例如，在一个著名的案件中，轮船公司签约按每行程一个固定比率每月支付供给给定数量的行程。当轮船毁于火灾时，合约被解除，但轮船公司被允许按协议规定的比率追回它已经供给的行程。[109] 在这样的案件中，基本的依据似乎是追索原物，表现出补偿的合理性。但是放弃可分性的假设会更为彻底，这实际上是把合约当作被解除的合约来看待，然后在引起解除合约的事件发生之前决定所补偿的是执行方给予合约另一方权益的应得额。

---

[108]   参见 Arthur Linton Corbin，上述注释⑥，at §§1972–1977。当然，在许多保证金情景中，支付人有权解除但不能追回他的保证金（例如度假预订票）是可理解的。这里并没有引起解除合约问题。

也许根据"蜡烛制造商"合约要求预先全部支付能把蜡烛制造商案件（见上述注释㉔）与那些允许解除合约的加冕案件区别开来。支付条款的异常特性可能证明法庭推论取消典礼不是当事人为解除支付人责任而蓄意制造的是合理的。用我们的话说，要求预先全部支付的任何其他表面理由的缺乏使得这种推论——目的是为收款人抵御使履约变得不经济的事件的风险提供保险——成为可能。

[109]   Pasquotank & N. R. Steamboat Co. v. Eastern Carolina Trans. Co.，166 N. C. 582. 82 S. E. 956（1914）.

2.4　结论与引申

我们认为，经济学为解除合约索赔权的分析提供了有益的框架。可以肯定，仅有一小类潜在的解除合约案件是在我们的分析范围之内。在合约条款把来自一个特殊事件或一组事件的损失风险分配给一方或另一方的情况下，那些条款就生效了。但是，认为只要我们全力专注于合约的字句，所有的风险分配问题就都会迎刃而解是错误的。解释依赖于事件的来龙去脉，当事人双方承受风险的能力可能是事件发生背景的一部分。

同样不包括在我们的分析中的案件是：请求解除合约的事件是要约人在合理成本水平上可预防的；没有证明进一步调查是合理的，合约应被强制执行。解除合约问题仅仅产生于那些合约没有分配有争议的风险、引起解约索赔的事件不是通过任何正当成本的预防所能避免的案件。当这些临界点条件已被满足，经济分析就表明损失应置于较高的（即较低成本的）风险承受者一方。决定哪一方是较高的风险承受者，有三个相关因素——损失程度的了解、事件将发生的概率的把握和自我保险或市场保险的其他成本的计算。

诚然这篇论文中使用了经验研究方法，但分析的框架仍能够被用于指导解约案件的经验分析，因为合约案件本身就是偶然的和自发原始的。它们的诉讼时效在那些相关经验要素以不同方向表示的情景中尤为重要。例如，在租赁领域，如果没有什么指导我们希望以更大深度追求未来效果的经验研究，我们就难以发现承租人或租赁人是否应该承受有损租赁价值的偶发事件的风险。对实际合约条款的研究可能在决定何时解约是有效率的方面尤其有益。例如，假定在几类案件中一个管辖区域的法庭同意解除合约，而一些其他管辖区域内的法庭则不同意解除合约。除非司法辖区间存在使不同规则发挥各自效率的经济差异——一种未必的可能性——一个司法辖区的规则是有效率的规则，而该规则在其他司法辖区则是无效率的。在存在无效率规则的司法辖区，人们期望缔约当事人双方嵌入一个修正法律规则的条款。因而，通过比较各州的合约（或者也许是跨国家的一些案件），决定哪一个规则是有效率的规则就应该是可能的。这可能是一个检测这篇论文中经验直觉和检测决定在这篇论文中使用的经验方法在没有产生一点直觉的环境中有效规则的强有力的方法。

本论文不完善的是：它提供的是一种分析框架，它把一组似乎随机的案件裁决转换成了一种大体上协调一致的结果排列。我们的分析再一次表明：普通法拥有比许多法学家认为的更强的内在经济逻辑。而且，我们制作的用以鉴别解约案件中较高风险承担者的简单分析框架能适用于澄清合约的一些其他方面，同样也适用于其他领域。风险分配是合约和合约法的一个基本目的已久为人知。[110] 但是，正如较早注意到的，由于缺乏一种决定哪一缔约方是较高的风险承受者和据此分配风险的方法，这种洞察力仍没有得到充分开发。例如，如果我们对战争是否应被作为解除特定种类运输合约的一个理由所做的分析是正确的，那么，同样的分析就应该揭示战争的风险怎样在涉及预先存在责任原则的案件中进行分配[111]，或者在涉及购买牛的案件中未预期的怀孕风险应怎样分配，[112] 抑或在合约任何其他方面的风险应当怎样分配。此外，由于无论何时偶发事件在合理成本[113]水平上是不可预防的，风险分配问题在侵权行为法中变得日益重要，因此我们的分析同样与法的体系有关。[114]

---

[110] 参见 Edwin W. Patterson，上述注释⑲。

[111] 参见 Listen v. Owners of Stamship Carpathian 的拥有者，［1915］2. K. B. 42（H. L.）. Cf. Ling v. Schuck，106 Md. 220，67A. 286（1907）（soil conditions）。

[112] 参见 Sherwood v. Walker，66 Mich. 568，33 N. W. 919（1887），在理查德·A. 波斯纳的讨论之中，上述注释②第 47—48 页。共同过失的案件是特别难以从不可能性案件中有分析地区别出来。例如，诸如 Hein v. Fox（上述注释㉛）不可预期的土壤条件案件就被看作是一个公共过失案件。

[113] 参见理查德·A. 波斯纳，上述注释㊺，第 210 页。

[114] Guido Calabresi 在 The Costs of Accidents（1970）一书中指出风险减少是意外事件法的一个目标，但没有考虑决定对意外事件哪一方是较高的风险承受者即以较低成本保险的问题。参见同上，第 46—47 页。

3 误解、披露、信息及合约法

Anthony T. Kronman

安东尼・T. 克龙曼[*]　著

杨学纲　译

"'自然法的大多数撰写人'认为，销售合约应具有的良好信誉，要求卖方如实反映所售货物，不掩饰其缺陷，售价也不应超过订立合约时该货物的价格。即使他知道价格即将下跌，他目前仍然应该以此价格出售；他没有义务将其可能掌握的价格即将下跌的信息告诉买方；除有关货物所有权转移的信息外，买方无权要求卖方通报其他信息……"

波蒂埃：《销售合约专论》

Pothier, Traité du Contract de Vente[**]

3.0 导言

本文试图解释合约法中明显存在的一个矛盾：一方面，许多合约案例（一般带有片面性，通常列在单方误解的标题之下）认为，如果立约人对重要事实有误解，且其误解又为另一方所知晓（或应知晓），则立约人可不履约或不承担赔偿损失的义务；另一方面，一些案例认为，在某些情况下一方有权隐瞒另一方尚未掌握的信息。后一类案例

---

[*] 芝加哥大学法学院助理教授。

[**] 引用自 Laidlaw V. Organ, 15 O. S. （2 Wheat.）187 – 88, note b。

的典型依据是："一方无义务向另一方披露他掌握的信息。"

虽然这两种案例采用了不同的理论方法，但本质上两者涉及同一问题：如果合约一方知道或有理由知道另一方误解了某个特定/具体事实，他是否有义务指出？他可否保持沉默并利用另一方的误解？本文拟提出一种理论以解释为何一些合约案例有此义务，而另一些则没有。

本文分为三个部分，第一部分探讨单方误解，并从经济角度对"如立约人单方误解，且为另一方知晓或应当知晓，即可解除立约人的义务"的规则作出解释。本文第二部分对两种信息（刻意获得的信息和偶然获得的信息）作了区分。"不披露"之法定特权实际是一种产权。只要专门知识或信息是精心调查的结果，那么，为了保证信息的生产能维持在社会所理想的水平上，这种产权的转让即为必要。我还想说明，有些合约案例要求"披露"而有些则不然，要解释其中的缘由，须区分刻意获得的信息与偶然获得的信息。

在第三部分即本文的结束部分，我对单方误解问题作了简要回顾，以调和上面两类案例之间存在的明显矛盾。我认为，用本文第二部分所提出的观点来看待单方误解案例，矛盾可迎刃而解。

3.1　误解与风险分配

每项合同契约均以对世界的若干事实的设想为基础。某些设想为各方当事人所共有，另一些则不然。并且总是存在产生错误设想的可能性。[①]从经济角度看，这种误解（无论是单方还是双方）的风险产

---

① 从严格的经济学意义上讲，并非所有的预测错误都是误解。某人未能对某个特定结果作出准确预测，可能仅仅因为他对周围情况的了解不完全。从经济学角度看，将这类预测错误看作真正的误解是不正确的——除非他能以合理的成本获取新信息以减少其了解情况的片面性。经济学家可能将误解定义为在没有把握的情况下发生的预测错误，但对这种没有把握的状况，误解方本人也认为能够以合理代价（通过增加对周围情况的了解）加以改善。但按普通用法，"误解"一词往往作用于更广泛的意义，指误解方如果对情况了解得更全面就不会发生的过失。我正是在这一意义上使用误解一词的。

生了成本。[2]无论对合约方还是对社会而言，这种成本是因为误解的产

---

② 传统上，学术性的论著者一向力主在决定应在什么情况下解脱立约人时，须考虑多种不同因素。以下几点特别重要：（1）误解的"性质"：Samuel Williston，《有关合约法的一个专论13》（A Treatise on the Law on Contracts）1544，1569，1570（此后称为 Williston）；Arthur Linton Corbin，《科尔宾合约论3》（Corbin on Contrasts）597（1960）[此后称为 Corbin]；赔偿重述（Restatement of Restitution），第9节，评论C，16，评论C（1937）；合约重述（Restatement of Contracts）502（1932）。（2）若承诺得到执行，则有不公正致富的可能性：James Bradley Thayer，作为取消合法交易理由的单方误解与不公正致富（Unilateral Mistake and Unjust Enrichment as a Ground for the Avoidance of Legal Transactions），哈佛法律论文集（in Harvard Legal Essays）467 – 499（1934）；George E. Palmer，误解与不公正致富（Mistake and Unjust Enrichment）8，53，96（1962）[以下称 Palmer]。（3）立约人潜在损失规模：Warren A. Seavey，重述中的问题（Problems in Restitution），70kla. L. 修订版257，267（1954）；Edward H. Rabin，关于交易中错误判断的不吉利裁决建议（A Proposed Black – Letter Rule Concerning Mistaken Assumptions in Bargaining Transactions），45Tex. L 修订版1273，1288 – 91（1967）[以下称 Rabin]。（4）对受约人因信赖诺言而可能发生的费用进行补偿之困难：Annot.，59 A. L. R. 809（1929）；Rabin 1299。（5）差错风险的分配——给这一方或那一方：Rabin 1292 – 1294；Richard A. Posner，法律的经济分析，（Economic Analysis of Law）73 – 74（第二版1977）[以下称 Posner]。

迄今通常认为，在决定何时免除误解立约人责任的时候，应对每一个这样的因素给予某种程度的考虑。见 Rabin（1275）。然而，最近处理误解时特别强调确定合约哪一方承担误解风险的重要性。例如，在与合约二次重述中误解有关的拟议篇章中，强调风险划分的重要性倾向十分明显。见合约重述（第二）（The Second Restatement of Contracts）294 – 296 及导言（Tent. Draft No. 10，1975）。

认为法律一贯起分配风险作用的说法并不新鲜，见 Edwin W. Patterson，通过法律手段分配商业风险（The Apportionment of Business Risks Through Legal Devices），24 Colum. L. 修订本335（1924）。但是，越来越多、越来越复杂的资料加深了我们对于风险概念的理解，并将其用途概括成一种分析工具。例如见 Richard A. Posner & Andrew M. Rosenfield，合约法中的不可能性与相关原则：经济分析（Impossibility and Related Doctrines in Contract Law：An Economic Analysis），6 J. Leg. Studies 83（1977）；Stephen S. Ashley，不可能性学说的经济含义（The Economic Implicalions of The Doctrine of Impossibility），26 Hastings L. J. 1251（1975）；Paul L. Joskow，商业不可能性，铀市场及 Westinghouse 案（Commercial Impossibility，The Uranium Markel and the Westinghouse case），6 J. Leg. Studies 119（1977）；Posner 73 – 74；Johnm P. Brown，产品责任：随机寿命财产案（Product Liability：The Case of an Asset with a Random Life），64 Am. Econ. Rev. 149（1974）；Alan Schwartz，销售法与通货膨胀（Sales Law and Inflations），50 S. Cal. L. Rev. 1（1976）；Kenneth J. Arrow，风险承担理论中保险、风险及资源配置（Insurance，Risk and Resource Auocation，in Theory of Risk – Bearing）（1971）。一本旧而有用的书是 Charles O. Hardy，风险与风险承担（Risk and Risk – Bearing）（1923）。

然而，至今尚无人使用风险分配思想来对误解法整个进行系统论述。不过，Posner 和 Rosenfield 却对密切相关的不可能性和落空问题进行了这样的论述。将有关这些题目的论述加以概括，即可轻松地建立起以风险分配认识为基础的误解理论。

鉴于本文所采用的观点依赖于效率原则，并受那些撰写所谓"法与经济"的学者的作品的激励，我常常认为该观点的特征是"经济"观点。当然，一般法律的经济理论和特定的合约法所包含的意义不仅仅是风险分配意识，例如，见 Posner 65 – 69 and Richard A. Posner，经济学与法律的单方承诺（Graluitous Promises in Economics and Law），6 J. Leg. Studies 411（1977）。

生总是会（潜在地）增加资源，这种资源会被在物资配置中出价最高的用户得到。

有两种基本方法可使这种成本降至最低的水平。首先，一方或双方可采取措施防止发生误解；其次，如果误解在一定程度上在所难免，当事人可对风险投保，向专业保险人购买保险或自我保险。③

下面我想专门谈谈防止误解的问题。虽然这个范围的限定看似武断，但事实证明，大多数有关误解的案例所涉及的错误均可以通过合理代价予以防止。倘不能以合理代价防止风险［如那些法律称之为"事后不可能性"（supervening impossibilities）的诸多风险］，保险则成为减少这些风险的唯一有效手段。④ 这就是为什么保险，相对于对误解的预防而言，无可厚非地更适用于对付不可能性。

信息是防止误解的良方。虽然生产信息的成本高昂，⑤ 但是有人能以低于他人的成本获得信息。合约各方如果明智，就会由信息采集能力较强（或采集成本较低）的一方承担风险，从而减少潜在误解的共同成本。如各方已就各自应承担的风险作了分配（无论这分配是明确的，或按交易习惯的，或按以往方式的），他们的分配方式应得到

---

③　Posner，注释②，74－79；Richard A. Posner & Andrew M. Rosenfield，注释②。

④　对于意外发生的许多事件，缔约一方无法以合理代价加以预防。例如，不可能预防战争爆发［Paradine 诉 Jane，82 Eng. Rep. 897（K. B.，1647），Societe Franco Tunisenned' Armement 诉 Sidermar S. P. A.，（1961）2 Q. B. 278］、一次作物歉收［Howell 诉 Coupland，（1874）9Q. B. 462，Anderson 诉 May，50 Minn. 280，52 N. W530（1892）］、某项政府条例的建立［Lloyd 诉 Murphy，25 Cal. 2d 48，153 P. 2d 47（1944）］，或一次加冕典礼游行的取消［Krell 诉 Henry，（1903）2k. B. 740（C. A.）］。在无法阻止某个事件发生的情况下，只有通过保险才能有效降其风险。这就是保险业在不可能案中所起的作用要比在误解案中重要得多的主要原因。Richard A. Posner & Andrew M. Rosenfield，注释②，91。

⑤　George J. Stigler，信息经济学（The Economics of Information），69 J. Pol. Econ. 213（1961），重印于"工业组织"（the Organization of Industry）171（1968）。

尊重。⑥ 如果他们没有对风险进行分配（且合约含有分歧⑦），注重经济效率的法庭会让信息采集能力较强的一方承担风险。这是因为，法庭重视效率，以此方式分配风险可降低缔约过程的交易成本。⑧

　　"误解法"最重要的一个理论上的分类就是区分"共同误解"与"单方误解"。对同一事实，是立约人的单方误解还是立约人和另一方同时误解。两者比较，从传统上说，使法庭解除前者义务更为困难。⑨上半个世纪以来，虽然放宽了因单方误解而解除义务的限制⑩（已放宽到一些评论家对区别"单方误解"与"共同误解"的意义开始质疑的程度，少数人甚至要求取消二者的区别），⑪ 但对误解方不利的法律依然存在，即单方误解的立约人与共同误解相比，不那么容易获得义务豁免。⑫

　　从大范围看，区分"共同误解"与"单方误解"具有经济意义，合约双方对同一事实或事件理解有误时，要判定哪一方更能有效地防

---

　　⑥　关于贸易惯例可能影响风险分配方式的论述，见 Harold J. Berman，根据国际贸易合约惯例免除履约义务（Excuse for Nonperformance in the Light of Contract Practices in International Trade），63 Colum. L. Rev. 1413（1963），以及"注释、惯例与贸易用法：其对商业交易及习惯法的应用"（Note, Custom and Trade Usages：Its Application 10 Commercial Dealings and the Common Law），55 Colum. L. Rev. 1192（1955）。

　　⑦　这种分歧是否存在，取决于双方是否具有通过司法解释过程重新订立合约的意愿。合约没有提到的个别问题，并不能明白地表示双方在那个问题上未达成一致。只有不存在上述那样的问题，才能说合约含有真正的分歧或缺陷。对识别并修补缺陷中存在的解释难题，Farnsworth 教授在其两篇文章中曾作过探讨。见 E. Allen Farnsworth，合约法中的"含义"（"Meaning" in the Law of Contracts），76 Yale L. J. 939（1967）；合约遗漏之争议（Disputes over Omissions in Contracts），68 Colum. L. Rev. 860（1968）。

　　⑧　Posner，注释②，274 - 279；Richard A. Posner & Andrew M. Rosenfield，注释②，88 - 89。

　　⑨　《合约重述（第二）》［Restatement（Second）of Contrats］295 节，《评论 A》（Tent. Draft No. 10，1975）。

　　⑩　同上。

　　⑪　Corbin，前述注释，参看 608 节；Palmer，前述注释②，参看 67，96 - 98；Rabin，前述注释②，参看 1277 - 1279。

　　⑫　尽管《合约的二次重述》放宽了单方误解的免责范围，但它仍维护单方误解与共同误解之间的原则上的基本区别，并使免责在前一种（单方误解）情况下更不易获得。在这方面，可比较《合约重述（第二）》294 - 295 节（Tent. Draft No. 10，1975）和《合约重述》502 - 503 节（1932）。

止误解，需要详细调查误解的性质以及有关各方的经济作用及处境。[13]
但当一方产生误解时，可以合理地假定他比另一方更能防止自己的错
误，正如我们将要看到的那样，尽管并非每个案例都如此，但这种假
定提供了一个有益的分析起点，帮助我们解释共同误解和单方误解的
一般差异。

"鲍泽诉汉密尔顿镜片公司案"[14] 即是一例简单的说明。基于此，
案中原告是政府项目承包人，他邀请分包人就生产"可变反射镜"和
其他产品进行报价。被告递交了一份生产 1400 个镜片，每个镜片
0.22 美元的报价。原告给被告下了正式订单，从而确认了一项有约束
力的合约。订单附有详细说明书和图纸。被告承认收到订单并生产了
镜片。当被告了解到完成的镜片与合约说明书不符后，遂通知原告
"取消"协议。原告向另一制造商购买了镜片，并向法庭起诉，要求
被告补偿其最终购价与同意付给被告的原款之间的差额。被告宣称对
生产的产品种类理解有误。法庭支持原告，理由是被告的误解不能成
为解除合约义务的正当理由，并裁定单方误解只有在对方所知的情况
下才能免责。

很明显，"鲍泽"案的结果具有经济意义。被告本来只要细读说
明书和图纸就不会出错。原告虽可通过获取专业知识、监督被告阅读
合约以及定期检查等手段使产品的生产符合合约要求，但此举成本高
昂。而将违约责任归于违约方，可使共同成本最小化，只要缔约时双
方已经意识到风险，他们就都会同意这种解决办法。从社会角度看，
这也是最佳办法。

过去常强调，排除欺诈或误导，单方误解绝不能成为解除误解方
履约或赔偿义务的正当理由。[15] 现在法律当然已无这样的规定，科尔

---

⑬ Posner 教授关于"Sherwood 诉 Waoker 案例"的讨论说明了这个问题。参看 Posner，
前述注释②。

⑭ 207F。2d 341（7th Cir. 1953）。

⑮ Corbin，前述注释②，608 节；《合约重述》503 节（1932）。

宾则认为过去也绝无此规定。[16] 有一种例外可以保护单方误解立约人，即当其错误为对方知晓或有理由知晓时。[17] 长期以来，在此情形下可获免责，尽管另一方未出现与立约人相同的误解。

例如，假设投标人标书的书写或计算有误，并且错误很明显或可因其与其他标书有异而推导出来，投标人即可获准撤回标书而无须赔偿（即使已中标并在某些情况下得到另一方的信赖）。[18] 另有一例：甲以书面形式向乙递交了一份合约建议稿，后知乙对建议稿理解有误。假如乙接受合约建议后发现了自己的错误，则乙可解除其合约项下的义务而无须向甲赔偿。[19] 另一类似情况是，报价"过于优惠而失之真实"。收到报价的一方不能"操之过急"，否则，即使报价被接受，报价人仍可将其撤回。[20]

在上述各例中，是一方误解，而另一方分明知道或有理由知道出

---

[16] Corbin，前述注释②，608 节："无论是书本上还是法庭意见里，这样的论述屡见不鲜：除非误解是'共同的'否则不予免责。如此宽泛的概述是不正确的。而且很少附加定义或分析……案子并不总是可以分为'共同误解'或'单方误解'的。即使能划分，也不会机械地按每一分类的一套单独规则而得出解决办法。在单方误解时，无论过去或将来都常常予以免责。"

[17] Corbin，前述注释②，610 节；Benedict I. Lubell，建筑合约中的单方、明显和不明显失误，16 Minn. L. Rev. 137（1932）[以后称 Lubell]；Rabin，前述注释②，1279—1281。

[18] "假设首先有这么一桩案子，案中某承包人提出以一确定的价格供应某种货物或承建某项工程，而他提出的价格中却有计算错误。业主如果在接受这个价格前就知道或有理由知道其中有大的差错，一般不大好意思接受这个价格；而如果他确实接受了这个价格，法庭可以毫不困难地予以否定。不许他'接受'这个价格并从中占到便宜。"3 Corbin，前述注释②，609 节。有关承包人在其开价被业主接受和相信后仍允许其退出投标的案例，见 Union Tank Car Co. 诉 Wheat Brothers, 15 Utah 2d 101, 387 p. 2d 1000（1964）。

从经济学观点看，允许知道（或有理由知道）误解的一方以相信为由，强制执行另一方的承诺是不合理的，这种判决会鼓励本不应鼓励的相信。

可是如果非误解方没有理由知道，其相信的程度经常作为确定其应获赔偿的一个因素。如果他极大地相信误解方的承诺，他一般来说就有权执行合约（通过起诉追回落空的期待物）。从另一方面说，如果在发现失误之前，非误解方并没有很深地相信承诺，法庭则往往允许误解方退出合约，但条件是他得赔偿非误解方的信任费用或相关费用（如重新招标）。

[19] 3 Corbin，前述注释②，607 节；Williston，注释②，1577 节。见合约重述，505 节，计述 A（1932）（论述误解方修改合约的权利）。

[20] 1 Williston，前述注释②，94 节。见 Bell 诉 Carroll, 212Ky. 231, 278 S. W. 541（1925），Germain Fruit Co. 诉 Western Union Tel Co., 137 Cal. 598, 70 p. 658（1902），United States 诉 Braunstein, 75 F. Supp. 137（5. D. N. Y 1947）。

了偏差。在每一例中，误解方均被解脱责任，无须履行任何针对知情方的合约义务。

这种裁决是合理的。上例中误解方的确最有可能首选预防误解（通过认真细致地编制标书或仔细阅读为其提供的合约）；而另一方却可以在误解发生与合约形成之间的这段时间内以较低代价纠正。误解方一度是较好的错误预防者（信息收集者）；而后来另一方则可能是最好的预防者，因为他有便利的途径获得相关信息来纠正错误。例如，若他收到其他技标书后与有误解的投标书进行比较，就可以预防错误，原因是他具有投标人所没有的信息。[21] 当然，如果错误不属于非误解方理应知晓的那一类（即他必须付高代价才能发现错误），就没有理由断定非误解方在合约签字时能较好地或较有效地防止误解。但若错误已被知晓或能够以很低的代价被发现，则采用共同责任规则能够很好地体现效率原则。共同责任规则将出错的最初责任算在误解方头上，然后又将责任算到确实知道或有理由知道此错误的另一方头上，这种共同责任规则在该法的其他领域亦为人所熟知："最后的机会"之民事侵权说即是一个例子。[22]

以另一方知道或有理由知道其错误为由，免除单方误解人的责任的案例与另一类案例似乎形成尖锐冲突，这类案例涉及有关欺诈和"披露"的问题：假设合约一方知道另一方在某些实质问题上出了错，知情方如不向他披露此错误是否构成欺诈？误解方是否能以另一方对

---

[21] 见 Lubell，前述注释[17]，147－154。

[22] 见 Richard A. Posner，过失论（A Theory of Negligence），1J. Leg. Studies 29，58（1972）；Charles O. Georgory，Harry Kalven，Jr.，& Richard A. Epstein，"关于民事侵权行为的案例和材料"（Cases and Materials on Torts），400－406（3d ed. 1977）。也许有人会说，这种共同责任判决会鼓励误解方减少其防止误解的最初投资。一定程度上这也许是对的。但是，鉴于（潜在的）误解方无法知道他可能出的错是否会被另一方知道或有理由知道，他要放松防止失误的努力，就必然冒很大的风险。这种风险越大，他放松的程度就越小。关于责任裁决在单项活动范围内影响个体行为及事故预防的方式，见 Peter A. Diamond，单项活动事故，3J. Leg. Studies 107（1974）。

其负有披露义务为由而撤销合约?㉓ 这个问题不能一概而论。法庭对有些案例判决有"披露"义务，对另一些案例则判决无"披露"义务。㉔ 后者（即无"披露"义务案例）似乎与下述判决相冲突：如果另一方知道或有理由知道单方误解，单方误解即可予以免责。

在不要求"披露"的案例中，一方误解而另一方知道或有理由知道出了错，这能否等同于坚持"单方误解加知晓或有理由知晓，即可解除误解方责任"的主张的案例呢？具体而言，这两种案例之间存在的明显分歧能否用经济原因解释呢？

本文的其他部分回答了这两个问题。简单地说，我的答复是：如果允许不"披露"（或换句话说，如知情方享有的合约权益得到执行，尽管他未披露已知错误），所涉及的信息典型意义上即是高成本调查的结果。规则允许不"披露"，是刺激人们投资生产这种信息的唯一有效办法。相反，在要求"披露"的案例中，㉕ 以及在以另一方知道或有理由知道为由解除单方误解人责任的案例中，知情方所具有的特别信息从典型意义上说，不是刻意调查的结果。虽然这种信息从社会角度来说亦有可用性，但要求"披露"不会大幅度减少这种确属制造出来的信息量。如果考虑到精心制造信息所产生的投资成本，上述案例中明显存在的两条分歧线可视为（大体上）符合效率原则，该原则要求单方误解风险由最有效率的风险预防人承担。

㉓　尽管"不披露"案例经常被与单方误解放在一起论述，可"不披露"与误解学说之间的关系仍常常让评论家们困惑不解。为此，在一经典文章中一评论家写道："如果单方误解被另一方知道，他参与了合约的制定却又未纠错，这样就有麻烦了。他在多大程度上应该'披露'其掌握的重要信息，取决于法律原则，而不取决于眼下我们所讨论的（即误解原则）；有义务'披露'而未予'披露'通常即构成欺诈。"Roland R. Foulke，缔约与履约中的误解（Mistake in the Formation and Performance of a Contract），11 Colum. L. Rev. 197, 229（1911）。见 Rabin，前述注释②，1279；Palmer，前述注释②，80-90。

㉔　Williston，前述注释②，1479-1499。见注释49-76。

㉕　虽然我在本文中通篇使用"披露义务"，但这义务并不是真正的法律义务。如果知情方未披露另一方的错误，就使误解方有理由取消他们之间订立的任何合约。然而，如果没有订立这样的合约，知情方就无明确义务披露——即"不披露"本身不会使误解方有权为赔偿而起诉于他。当然，在某些情形下（例如他们之间有信托关系时）就可能存在后一种确切的义务。如果存在这样的义务，未披露不仅可以就知情方强制执行合约义务的诉求提供抗辩理由，还可以为误解方提供索赔的独立理由。

3.2　信息生产与披露义务

3.2.1　综述

为便于讨论合约法中的欺诈和不"披露"问题，让我们先来看著名的莱德劳诉奥根案。㉖奥根是新奥尔良的一位烟草买卖代办商。1815 年 2 月 19 日清晨，他从一位叫夏伯特的先生那儿得知，美、英两国官员在根特签署了一项正式结束 1812 年战争的和平协定。有关协定的消息是夏伯特先生（其人对莱德劳诉奥根案中牵涉到的交易利润甚感兴趣）从其兄弟那儿得到的。其兄与另外的人又是从英国舰队得到这消息的（夏兄及其同伴与英国舰队是何关系未予披露）。

19 日上午 8 时左右，签订停战协定的消息通过传单公之于众。在消息公布之前（按照此案的报道是"日出后不久"），得到消息的奥根找莱德劳公司代理并达成一份购买 111 桶烟草的合约。莱德劳在同意代理出售烟草之前，"曾询问有否可能导致拟售货物价格上涨的消息"，当时奥根对此询问作何反应（如有反应的话），至今不得而知。㉗

签订和平协定预示着海军结束了对新奥尔良的封锁，消息公布后，市场烟草价格迅速上扬了 30%—50%。莱德劳遂拒绝按原承诺交货。奥根起诉，要求赔偿并阻止莱德劳以其他手段处理有争议的货物，尽管有关案情的报道至今仍不甚了然，但似乎法官作了有利于奥根的判决。此案后来上诉到联邦最高法院，最高法院根据马歇尔法官

　㉖　Laidlaw 诉 Organ，15 U. S. （2 Wheat）178。
　㉗　奥根如果否认曾得到这个消息，就构成欺诈。按照 Laidlaw 的直接讯问、甚至只要奥根保持沉默就有欺诈之嫌。William W. Story，论合约法 444 n. 2 （2d ed, 1847）。我在讨论这个案例和马歇尔在其著名的意见中所立下的通用裁定的时候，已把奥根的欺诈问题搁置一旁。见注释㊾。

的裁决，发回要求重审，联邦最高法院认为，"有关买方是否已对卖方进行欺诈的问题，本应交给陪审团"，因此，"法官的绝对指令是错误的"。马歇尔对此案发表的意见比对此案的裁决本身更为著名：

> 本案的问题在于，有关外部情况的情报（这情报可能影响商品价格并曾为买方独家拥有）是否本应该由买方通报给卖方？法院认为，他没有义务通报，在特定范围内给相反的理论下定义比较困难，因为在特定范围内，双方接触情报的机会均等，不过同时，各方一定要谨慎，不说或不做有可能欺骗另一方的事。

尽管马歇尔对莱德劳诉奥根案的意见遭到了尖锐批评，[28] 但人们仍普遍认为它是对法律的精确阐述（当被恰当地阐述时）。[29] 马歇尔批注的这项意义广泛的裁定通常被认为是合理的，理由有三：它符合交易各方的合法期望值，从而准确反映了市场的（苛刻）规范；[30] 在售货合约中，各方承担自己错估货物价值的风险；[31] 它公正地奖励拥有特殊信息（如本案中的买方）一方的智慧和勤奋。[32] 这最后一点将详述如下。

---

[28]　例如，见 Palmer，注释②，84。

[29]　12 Williston 注释②，1497；合约重述 472 节，评述 B（1932）；Rahin，注释②，1279；W. Page Keeton，欺诈——隐瞒与不披露（Fraud - Concealment and Non - Disclosure），15 Tex. L. Rev. 1，21-23（1936）[以下称 Keetonl]；Edwin W. Patterson，保险法的本质 447（1957）。

[30]　这个思想的典型论述见 William W. Story，注释㉗，442-443，及 James Kent，2 评述 484 节，485 节（12th ed. 1873）。

[31]　如果在一项正常的交易中，甲承担了与某些事实存在或不存在有关的风险，而他又误解了这些事实，但排除欺诈或强迫，那么尽管乙知道甲的误解，甲也不能取消合约 [例如莱德劳诉奥根案，15 U.S.（2 Wheat.）178（1817）]。Rabin，注释②，1279。

[32]　Keeton 教授在其精彩的论述"欺诈和不披露"的法律评论中提醒人们注意这样一个事实，即法庭在决定何时判定有披露信息义务之时，就已经受到信息获取方式的影响了。例如他说"如果买方向卖方隐瞒某条信息，买方获取该信息的方式就是一重要事实。信息的获得也许是他使尽浑身解数运用了良好知识、智慧、技能或技术判断力的结果；也许仅仅出于偶然；也许他采用某种侵权手段。" Keeton，注释㉙，25。该文的主旨在于以较严谨的方式区分不同种类的信息，以经济原因为这种区分提供合理解释，并展示其对"披露"案原则的解释能力。

根特协定的消息影响了新奥尔良的烟草价格。价格衡量商品的相对价值，有关协定的消息展示了一种新状态：烟草的价值（相对于其他商品，尤其相对于烟草替代品）发生了变化。㉝ 这种变化几乎肯定会影响社会资源的配置。例如，对供应商来说，烟草价格上扬，烟农就愿意多种烟草，烟草商亦乐意多出资在市场上倒货。这样，投入烟草生产和运输的社会（有限的）资源的比例就增大。㉞ 特定商品的相对价值随情况的变化而变化。反映这类情况变化的信息，总会对社会的资源配置产生某些（也许是无法估量的）影响（当然，除此之外，这种信息还将对分配产生影响：假设其他价格未上涨或未上涨得那么快，烟草所有人或烟草权所有人在价格上涨之后会相对富裕起来）。

从社会观点看，反映影响商品相对价值之环境变化的信息尽快到达市场是一件好事（换言之，变化本身及人们认识它并作出判断之间的时间越短越好）。㉟ 一个农民种了花生，但如果他早知道烟草行情有变化，他会选择种烟草。那么他此时选择究竟是拔掉这一种作物种另一种呢（此举可能代价太高），还是听任土地得不到最佳利用。在任一情形下，无论对农民个体还是对社会整体，都不如他从一开始就种烟草来得好。农民越早得到有关变化的信息，社会资源被浪费的可能性就越小。

㉝ 见 Jack Hirshleifer，信息的个人及社会价值与对创造性活动的奖励（The Private and Social Value of Information and the Reward to Inventive Activity），61 Am. Econ. Rev. 561（1977）[以下称 Hirshleifer]。

㉞ 在"纯交换"体制，即只交换物资而不生产物资（交换的物资总量保持不变）的体制下，不会是这种情况。然而，在"交换和生产同时存在的较为现实的体制"下，莱德劳诉奥根案所涉及的那种信息将具有配置作用。Hirshleifer，注释㉝，566－567。

㉟ 通过通讯运输工具获得更好信息从而占有优势，有时近乎被视为不诚实，尽管对于社会利用这种机会就像利用最新的科学发现一样重要。这种偏见在相当程度上影响了人们对贸易的一般态度，这与人们对生产的态度形成了对照。甚至那些自认为绝不会犯以往的实利主义错误的经济学家们，在对待为获得信息所进行的活动问题上也犯下了同样的错误——显然，在他们看来，这种信息应视为"自给"。现在，一般的观点似乎是：此类信息理所当然是人人都能得到的。而针对现行经济秩序不合理性的批评常常建立在这样的事实上，即信息不是白得的。这种观点无视下列事实：将这些信息尽量广为传播的方法正是我们所要研究的问题。F. A. Hayek，社会上的信息应用（The Use of Knowledge in Society）35A。Econ . Rev. 519 , 522（1945）。

　　为了说明同一观点，再来看一个或许现实一些的例子。A 是一位在新奥尔良与其他众多港口之间从事货物运输的船主，由于海军封锁，不能进入新奥尔良港。在和平协定签署但尚未公布的这段时间里，A 签了一个从萨凡纳（美国佐治亚州东部港市）船运棉花到纽约的合同。签署和平协定的消息传到新奥尔良后，该市一烟草商提出，如果 A 同意将一船烟草运往巴尔的摩（美国马里兰州中北部的港市），就支付他一笔"奖金"。假设烟草商的"奖金"足以诱使 A 撤销第一份合约并支付赔偿金，[36] 虽然他的船将为出价最高的用户运货，但此时运货的成本还是要比 A 在签约前就得知停战消息所需的运货成本要高。A 解除第一个合约要耗掉许多财力。从社会角度看，这纯粹是浪费。

　　尽快掌握市场情况的变化能提高分配效率。当然信息不是自然而然得来的。像所有其他事物一样，信息来自个体（通过公开途径直接得到或从某个体的市场行为中间接得到）。

　　有时，提供信息的个体通过刻意搜集才能获得信息；有时，信息的获得却十分偶然。[37] 例如，证券分析家要专门搜集某公司的经济现象才能获得该公司的信息。与此相反，某商人有可能无意中在公共汽车上听到他人谈话而获得宝贵信息。[38]

　　这里使用的"刻意搜集所得信息"一语，概指须付出代价的信息，正因为存在实际生产该信息的可能性（无论这可能性有多大），否则就不会付出这种代价。这种代价当然不仅包括直接用于搜集资料（审查公司年度账务）的费用，还包括最初的专业技能培训费用（如

---

　　[36]　如果新合同的利润大于原合同利润与 A 因撕毁为 B 运棉到纽约的合同所付的赔偿的总和，情况的确会是这样。参见 John H. Barton 所著《毁约赔偿的经济根据》（The Economic Basis of Damages for Breach of Contract）1J. Leg. Studies 277（1972）；Posner，前述注释②，88 - 93。

　　[37]　比较"职业的"和"利他主义的"援救者之间的区别。William M. Landes & Richard A. Posner 在下列文章中对此作了区分：《法与利他主义的经济分析》（An Economic Study of Law and Altruism）7J. Leg. Studies 83（1978）。下文分析了搜集信息的费用：Stigler，《工业组织中信息的经济价值》（The Economics of Information in the Organization of Industry）（1968）。

　　[38]　当然，除非他专门为此乘坐汽车。在这种实际上不可能出现的情况下，他才是刻意搜集信息。

就读商学院的学费）。若获得信息的费用（如第二例中的车票费）是本来就有的支出，即有无信息都要花销，此类信息可谓偶然所获。对刻意搜集和偶然获得的信息加以区分是表示这种经济差异的简洁方式。尽管实际上要确定某项信息的获取方式究竟是这一种还是那一种尚有困难，但如我所希望的，区别这两种信息具有相当的分析价值。

若信息须刻意搜集方能到手（如上定义），而信息占有人却被剥夺拥有和使用信息的权益，则信息占有人今后势必减少（或完全削减）这类信息的生产。实际上这仅是根据我所定义的"刻意搜集所得信息"的一种逻辑推论，这是因为获得此类信息的人必定付出了代价，而当初若非为寻求他现在被剥夺的这种利益，他原本是不会付出这代价的。而偶然获得信息者即使被剥夺了同样的利益，由于自身的原因，他仍要去做本来要做的事情。

不妨这样说，无论何时，占有信息的利益或增或减，人们都希望生产此类信息的投资水平有某种全面调整。如果获取信息没有带来好处，那位乘车人今后坐车也不会再留心周围的谈话（虽然他不至于连车也不坐了）。调整（加大或减少）信息带来的好处会产生某种激励效应，但效应的量可能会变化——利益可能增多，亦可能减少。严格地说，偶然获得的信息代表一个连续系列的理想极限——即因取消占有信息的某种利益所引起的刺激效应量变为零。实际上，连续系列的某个环节会产生激励效应。信息占有人被剥夺信息权益，从而导致信息减少，若减幅不大，有可能被由于避免误解而产生的社会效益大大抵消。在下面的论述中，我所使用的"偶然所获信息"一词的意义，要比我在上面使用此词时的意义相对宽泛。

要确保个人从信息（或其他类似的东西）的占有中获利，一个有效的办法是赋予其信息本身以产权，以促使强制性的国家机器排斥他人使用或享用该信息。[39] 只有当国家授予他这种或那种在法律上可强制实施的产权，从而把信息占有人转变为信息所有人的时候，占有权

---

[39] 参见 Harold Demsetz 所著《产权论探讨》，57 Am. Econ. Rev. 347（文件与诉讼 1967）。

益方得到落实。授予信息产权在我们的法制社会中并不鲜见。对专利发明和某些商业秘密提供法律保护便是两个明显的例子。[40]

法制确立信息产权的（往往被忽略的）手段，是允许掌握信息的一方订立（并实施）其信息表明有利可图的合约，而无须将该信息披露给另一方。[41] 将"披露"义务强加给掌握信息的一方就剥夺了信息所可能赋予他的某种秘密优势。有义务"披露"，等于要求共享信息权益，这与产权观对立。产权（无论它可能有什么其他要求）历来要求对私人占有提供法律保护。[42]

当然，不同的产权可能适用于为不同类别的信息利益提供保护。[43]例如，莱德劳诉奥根案中所涉及的信息就不大可能得到专利法的有效保护。[44] 对瞬息万变的市场信息的产权进行分配的唯一可行方式，是允许那些知道有关信息的人在不公开信息的情况下自由订立合约。

从莱德劳诉奥根案的报告中我们难以分清买方的信息属偶然获得，还是刻意搜集而得（如建立有价值的商业"友情"网络），若假设买方偶然获得了有关停战协议的消息，那么，要求他把消息通报给

---

[40] 参见 Amold Plant 所著《有关发明专利的经济原理》，选自《经济论文与讲演选集》35（1974）。

[41] Hirshleifer 提出但并未深入研究过这个观点。Eli Whitney 曾斥巨资试图保护他的专利和起诉侵权（未果），在谈到此人的命运时，Hirshleifer 说了下面的话：

"Whitney 还有其他路子获利，这一点似乎被忽略了。轧棉机从投机意义上影响到棉花价格、奴隶及棉田的价值、从事棉花贮藏及运输的企业的业务前景，以及运输网络中关键点的地点价值。还对竞争性工业（毛纺业）和补充性工业（纺织、机械）产生可预测影响。很可能一些深谋远虑的个人已从中投机获利，尽管 Whitney 本人没有。然而，他仍是第一知情人，占有获取投机利润的无与伦比的机会。另外 Whitney 本来当然可以对向他购买信息的人以外的所有人保守秘密。"

Hirshleifer，注释[33]，571。

[42] 若合约一方负有"披露"的义务，那么无论合约中的另一方是否向他打听情况，他都必须把真实情况说出来。但是，知情一方不负"披露"义务，并不意味着被问到此类问题时他可以说谎。他此时说谎就构成欺诈。不过知情一方若不负"披露"义务，却可以拒绝答复另一方的提问，让另一方去冒险决定是否继续履行合约（当然，知情一方如果愿意，可以把他的信息卖给另一方）。

[43] 关于建立信息产权的综合成本问题，请见 Harold Demsetz，信息与效率；另外一种观点，12 J. Law & Econ. 1, 10 - 11（1969）。

[44] 见 Arnold Planfi，注释[40]，讨论专利体系成本与其他转让信息产权的法律手段之比较。

卖方（即剥夺其信息产权）将不会严重影响卖方的未来行为，鉴于偶然获得信息者未作任何投资，要求他披露信息也就不会减少他生产有益于社会的信息量。当然，若有关莱德劳诉奥根案例停战协议的信息是买方高价投入刻意搜集的结果，要求他披露这个信息便剥夺了他本来可以从中得到的个人利益，他今后在这方面的投资热情将受挫。

此外，这种做法由于使卖方不花分文而分享买方信息，从而减少其被消息灵通一方诱签将招致损失的合约的危险，所以也会降低卖方搜集信息的主动性。剥夺买方对于"刻意搜集所得信息"的产权，会挫伤买卖双方对提高业务水平和搜集信息投资的积极性。而肯定信息产权，不仅保护拥有特定信息一方的信息投资，同时也迫使另一方为把握机会付出代价，促使他亲自去搜集信息。

假定法庭能够轻易区分偶然获得与刻意获得的信息。那么，出于貌似正确的经济方面的考虑，似有理由视具体案情作"披露"要求（属偶然所得信息，令其披露；属刻意搜集的信息，则不作此要求）。交易中，虽然双方最初获得信息的机会均等，但偶然获得信息的一方，较之有误解的贸易伙伴，似更具预防误解的能力（付出较低的代价）。已刻意获得信息的一方也能够防止对方的误解。但在确定知情一方为防止误解（通过披露信息）将付出多大代价时，要把他当初为获得信息所作的所有投资都考虑进去。如果另一方以知情方应向其披露信息为由拒不执行合约，对知情方来说，信息投资即为损失。

鉴于收集信息会有代价，因而不能肯定地说知情方在刻意搜集到信息后仍能以较低代价预防误解。实际上似应得出相反的结论。在此情形下，如果他们双方当初签约时就已商定了明确的风险分配办法，则判决允许不"披露"（其效果是迫使误解方承担误解风险）就与交易双方本来可能作出的安排相吻合。签约双方可以在合约条款中附上适当的不承担责任的声明来任意分配风险。如果他们未能这样做，合约法的目的应当是（像在其他情况下一样）提出一项法规，尽量接近签约双方本来可能作出的安排（如果他们本来就考虑了这个问题的话），以降低交易成本。[45] 这种考虑以及迫使他披露信息会引起的有益社会的信息生产的减少，意味着允许刻意搜集到信息的一方在不披露其已知信息的情况下签订并执行有利的交易合约，是有效分配风险的最佳途径。[46]

但是根据个案具体情况确定是否要求"披露"的判决牵涉一些难以弄清（代价高昂）的实情，莱德劳诉奥根案充分说明了这一点。就我们掌握的案件看，难以确定买方是否通过专门搜集才得到停战协定的消息，根据个案具体情况决定是否要求"披露"往往成本较高。[47]

不妨采取另一做法，对涉及相同信息（如市场行情或待售财产缺陷）的同类案子实行统一（披露或不披露）原则。在确定某类案子的适当的统一原则时，首先要确定所涉及信息（总体上）属偶然获得或刻意搜集所得。后者可能性越大，不"披露"原则的获益超过其代价的把握也就越大。

例如，在莱德劳案中，信息与不断变化的市场状况有关。可以认为案子结果（从总体角度上）合理，理由是，有关市场状态的信息是

---

⑤　Posner，注释②，65 – 69；Richard A. Posner & Andrew M. Rosenfield，注释②，88 – 89。

⑥　近年来，经济学家们对于什么是信息生产中的最佳私人投资规模有相当大的分歧。此问题在下列文中有论述：Kenneth J. Arrow 的 "作为过滤层的高等教育" 2 J. Pub. Econ. 193（1973）、Harold Demelz 的 "信息与效率：另外一种观点" 12 J. Law & Econ. 1, 10 – 11（1969）、John M. Marshall 的 "私人积极性与公共信息" 64 Am. Econ. Rev. 373（1974）、Eugene F. Fama & Arthur B. Laffer 的 "信息与资本市场"，44 J. Bus. 289（1971）、Hirshleifer 注释㉝，以及 Yoram Barzel 的 "信息成本解释谬误" 20 J. Law & Econ. 291（1977）。
讨论过这个问题的经济学家们认为，在一个不承认信息产权的法律制度下，很少有信息能得到生产。不过，有几位经济学家担心，信息产权制在某些条件下，有可能导致对信息生产的过度投资。例如见 Hirshleifer，注释㉝，573。假设在确定是否允许不披露某些信息（即授予信息产权）方面，我们的法律规则已经精细得不能再精细，那么我们可能被迫在过度投资和投资不足（两个均非最佳选择）之间进行实实在在的选择。然而，由于取消产权肯定会导致生产不足，而承认这样的产权仅有导致生产过多之虞，故存在承认信息产权的强烈的（非结论性）经济动因，至少当信息是刻意获得的时候是如此。从经济角度看，这也许不是最佳解决办法，但总比其他（实际的）办法要吸引人。

⑦　有关制定法律规则时特性的成本（和益处）的一般论述，见 Isaac Ehrlich & Richard A. Posner，对制定法律规则的经济分析，3 J. Leg. Studies 257（1974）。具体案例具体分析的方式的缺点在于，它可能会鼓励寻求信息的人们仅仅为了"押赌"其企业要求所有权主张索赔，而作过多的投入。有关水权问题的论述，见 Jack Hirshleifer, James C. Dehaven, & Jerome W. Milliman，供水、经济学、技术及政策（Economics, Technology and Policy）59 – 66（1960）。

典型的刻意搜集研究的产物（尽管并非每案如此）。许多人在实际从事此类信息生产便证明了这一点。㊽

3.2.2 案例法

区分"刻意所得信息"和"偶然所获信息"，有助于我们理解某一方坚持"披露"义务的案例所展现的格局。大体上说，要求"披露"的案例涉及的信息（从上面定义的意义上来说）往往属偶然所获。而允许"不披露"的案例涉及的信息，从整体上说，则往往是刻意生产所得。作为一组来看，"披露"案只给予作为有意投资（专门知识的开发或实际调研）结果的信息以产权，这至少看上去是提高了分配效率。㊾

㊽　在 1976 年 6 月 30 日结束的第 42 个财政年度报告里，债券与交易委员会说明：到 1976 财政年度年底登记的经纪人总数达 5038 人，投资顾问总数达 3857 人；42 S. E. C. Ann. Rep. 182（1976）。实际从事信息搜集与传播的人数当然远大于这些数字，因为一个经纪人或投资顾问很可能是一个有众多雇员的大公司。

㊾　在讨论信息披露案例本身之前，我要指出许多案例提出了本文未论及的两个问题。第一个问题是有关合同双方之间存在或不存在的信任或信托关系。在这种关系存在的情况下，法庭更有可能要求"披露"。如果双方之间有信托关系，如代理与客户，监护与被监护人，受托与信托人（cestui que trust），遗产执行人和继承人，委托人与代理，合伙人与其他伙伴，合资企业与合资伙伴之间，有披露实质性事实的绝对义务；不履行此义务则构成欺诈。如前所述，保险经纪人或房地产代理都有这种义务。

同样，一项交易的性质或双方当事人之间的关系达到某种程度，致使信托义务在一特定交易中被强加在一方或另一方身上，那么，这种关系须有"披露"的义务。Williston，前述注释②，1499，参见 William W. Kerr，Kerr《论欺骗法与误解法》（the Law of Fraud and Mistake）185 – 186（第七版，1952 年）；George Spenser Bowe：《可提起诉讼的不"披露"》（Actionable Non – Disclosure）273 – 274（1915）。

第二个问题是有关不"披露"和欺骗、有意误传之间的界限。即使合约一方无"披露"义务，另一方的欺骗或误述几乎总能为其提供避开合约的法律基础。12 Willison，前述注释②，1487 节，1488 节；Keeton，前述注释㉙，1–6（请注意"不披露"与"积极隐瞒"之间的差别）。

从经济学观点看，这两个总的规定或原则都是有意义的：可将信托关系视为一种刻意形成的风险分配形式（实际受益人购买了另一方的信息），欺骗从经济上看是不可取的，因为它无疑增加了市场上错误信息的总量。从而可能降低市场作为配置资源机制的效率。见 Michael R. Darby 与 Edi Karni 所著《市场竞争与最适量的欺骗》（Free Competition and the Optimal Amount of Fraud），16 J. Law & Econ. 67（1973）。

我有意不讨论这两个问题，因为存在许多划分事实的困难（什么情况下存在信托关系？如何区分"不披露"与欺骗？），很难进行概括使其具有理论意义。我们之所以在这里讨论这些案例，部分原因是因为它们不会引起这些问题。

有几个涉及不动产买卖的案例很好地说明了允许"不披露"所包含的经济原理，案例中买方自认为地下含有不为卖方所知的石油或矿藏。[50] 例如在内尔诉沙姆伯格案中，[51] 当事各方均为一块 200 英亩土地上石油租赁的共同租佃人。[52] 买方（沙姆伯格）以 550 美元买下了他在这块地内的租赁权（附一条规定：如果发现一口日产 6 桶以上石油的井，则额外付 100 美元）。成交时，沙姆伯格正在相邻的一块地上经营着几口油井。其中一口井很有价值。沙姆伯格"指示其雇员不得披露此事"，并在洽购 200 英亩土地的租赁权时对出租人只字未提。法庭认为，沙姆伯格对内尔没有"披露"义务，为此法庭拒绝驳回她在此石油租赁中一半利益的出售。法庭判决的论据是：

> 虽然原告（卖方）在 50 英亩租赁中没有利益，但我们可退一步承认：当她把自己在其他租赁中占有的部分出售给她的共同租赁人的时候，她有权知道与其生产有关的、可能对其他价值产生影响的事实（这句话的意思按照下面的话来看不大清楚），但是，除非有例外的情况使他承担"挑明"的义务，否则每个人都有权保守私人秘密。在这一点上沙姆伯格可能疑心过重，但他的生意性质及处境要求他谨慎从事。佛帼证实只有沙姆伯格一人在附近那块地上经营，而詹姆斯说，沙姆伯格曾跟他说，为了开发那块地他已花了将近 15 万美元，"而现在这些家伙都在急于打探我的生意"。在这种情况下，我们认为沙姆伯格保守其成功的秘密，其行为所具有的完全是一种积极的意义，一种收获其事业成果的努力，仅此而已。我们同意主人的说法，"这远未构成欺诈"。[53]

---

[50] Fox 诉 Mackreth 案，2 Bro. Ch. 4000，420，30 Eng. Rep. 148（1788）（法官意见）；Smith 诉 Beatty 案，2 Ired. Eq. 456（N. C. 1843）；Holly Hill Lumber Co. 诉 McCoy 案，201 S. C. 427，23 S. E. 2d 372（1942）；William W. Story，前述注释[27]，第 442 页；12 Williston，前述注释[2]，1498 节。

[51] Neill 诉 Shamhurg 案，158 Pa. 263，27 Atl. 992（1893）。

[52] 法庭特别强调，他们的共同租赁没有形成双方间的信托关系。

[53] Neill 诉 Shamburg 案，27 A 通例 993（1893）。加有斜体字。

最近，有一更富戏剧性的案子。该案与得克萨斯海湾硫黄公司在安大略的提闽附近发现异常丰富的基德·克里克矿有关。[54] 该公司通过广泛航测发现不规则地质构造，这意味着富硫矿藏的存在。该公司随后从地质构造不规则的相邻几块地的主人手里买下了包括矿产和地表权在内的若干选择权，其中一项选择权包括默里·亨德里房地产公司拥有的一块地，亨德里的选择权（售价500美元）规定，选择权成交后两年内的任何时候，得克萨斯海湾硫黄公司只需支付1.8万美元便可获得采矿权。[55] 选择权还规定，如果发现具有商业价值的矿藏，亨德里不动产公司还将得到10%的利润。当有矿的消息传开后，亨德里不动产公司的代表抗议说，得克萨斯海湾硫黄公司没有通报他所掌握的"亨德里地产内具有异乎寻常的开采价值的经济成矿的迹象"，因而属故意误导卖方。其代表提起的诉讼后来庭外了结了。[56]

沙姆伯格和得克萨斯海湾硫黄公司都有理由认为，他们买下的土地的价值比起原土地比所有人所想象的要高得多。个案中，买方有关地产价值的信息均是刻意调查的结果，买方为此投入了大量资金（在发现基德·克里克矿藏的前4年中，得克萨斯海湾硫黄公司投入了近

[54] 有关这一发现与随后事件的记述，见 Morton Shulman 所著《十亿元意外之财》（*The Billion Dollar Windfall*）（1969）。

[55] 同上书，第82页。

[56] 作为部分的解决办法，得克萨斯海湾硫黄公司同意购买 Hendrie 矿藏收益的10%的份额。Hendrie 的份额价值估算为1亿美元。这一事实当然大大削弱了他的有关虚假陈述的说法；此外，10%的条款可视为一种刻意分配风险的手段。

有趣的是，在一个相关贸易引起的诉讼案中，安大略高级法院评论道：得克萨斯海湾硫黄公司在购买财产时，"未使未来卖主怀疑已有发现，"这不过是做了任何一个审慎的矿藏公司为获得已知蕴藏异常重要矿物的财产时都会做的事情。Leitch 金矿有限公司诉得克萨斯海湾硫黄公司，安大略报告之一（1 Ontario Reports），第469、492—493页（1969）。

300 万美元勘探其他不规则地质构造——均落空了）。[57] 在这两个案例中，信息揭示了财产的特性，这种特性提高了财产效用的有效率，因而亦提高了财产对于社会整体的价值。

关于可能存在地下石油或矿藏的信息常常是在实际勘探或地质技术开发方面精心投资的结果。为了鼓励这种信息的生产，我们的法律制度一般允许其占有人在做交易时无须"披露"，可利用他人的无知获利。

当信息关系到某种将使财产增值的开发计划时，通常产生类似结果。[58] 例如，在"担保安全抵押及信托公司诉利博尔德"一案中[59]，信托公司购买了利博尔德的一项财产选择权。它后来行使选择权，以 1.5 万美元买下这项财产。利博尔德试图取消这笔交易，理由是："在选择权成交之际，一家称作'标准钢铁车辆公司'的公司正在考虑来巴特勒（Pa.）开办一大型制造厂；赖贝尔先生（信托公司代理）知道这事，当被告听说某家公司打算来时，他的消息还是不清楚不确切的，但当原告得到那家公司肯定要来的消息后，原告没有向被告披露"。审判法庭认为，双方都知道有"传闻"说巴特勒要建一家制造厂，而且他们为此还相应地调整了选择权的价格。宾夕法尼亚州高等法院在维持有利于信托公司的判决时说：

假设赖贝尔确切知道工厂要建在巴特勒，而利博尔德不知

---

[57]　Morton Shulman，前述注释[54]，第 7 页。除了购买蕴含异常矿藏的财产外，得克萨斯海湾硫黄公司不可能以其他方式从它的信息中获益。如果得克萨斯海湾硫黄公司试图将信息出卖给土地所有者，将会遇到两个困难。首先，得在不挑明事实的情况下，使土地所有者相信信息的价值。其次，得说服所有有关的土地所有者联合购买信息——因为，完全有这种可能性，没有任何一个所有者个人能够出得起这样高的价钱，足以补偿公司为获得信息所付出的代价。这种多方交易会产生明显的"搭便车"的问题，并且，由于向一方披露了信息便无法向其他各方保密，使得交易尤其困难。如果，一个所有者获得了信息并开始开发矿藏，这就会给其他人以提示，他们就没有理由再购买信息。既然有理由假设得克萨斯海湾硫黄公司获益于信息的唯一办法就是购买土地所有权，那么披露信息的规定就会使其收回信息费用的希望落空。

[58]　例如，参见 Burt 诉 Mason 案，97 Mich. 127，56 N. W. 356（1893），与 Furman 诉 Brown 案；227 Mich. 629，199 N. W. 703（1924）。另参见前述注释②，1498 节；注释⑥。

[59]　矿藏安全保障与信托财产公司诉 Liebold 案，207 Pa. 399，56A. 951（1904）。

道，那么前者是否有义务将此消息披露给后者？情况是否会这样：他与利博尔德的合约从衡平法上说不可能执行？在此商业时代，选择权每天都被那些占有可以获利的信息的人买去，原因就是那些出售选择权的人对这样的信息一无所知。如卖方似买方那样消息灵通多，购买选择权（如果还有的话）就很难得手，上诉方的辩护人想促使我们作出的判决有可能实际上将它废除。[60]

法庭经常声明，在买卖双方之间没有信任或信托关系的情形下，"（不动产的）买方尽管对价值有准确判断，但不能仅因他购买时未披露其对价值的认识，就判定他有欺诈行为"。[61] 如果买方的判断是根据其对财产的各种未来用途的可能性作出的，这样的判决就具有经济意义。虽然买方"对价值的认知"并非总是基于刻意获取的信息，但频繁地参与专业的房地产投机活动让人无法确定这样的信息是否是常常（如果并非典型）出自刻意获得（房地产投机者们通过买卖双方的匹配使不动产能最有效率地转让。因此，这种基于他们对未来预测的信息应该被看作一种社会财产）。

第三类案例允许不"披露"，起初看起来，似乎与前面的观点联系不大。这些案例包括对那些在某些方面有明显缺陷的财产的售卖；法庭通常认为这种财产的卖方没有告知买方这种缺陷的义务。[62]

例如，在古特留斯诉赛瑟摩的案例[63]中，原告买了一座房子，然后发现聚集在地板之下的雨水使这座房子"充满有害和令人作呕的气味"。买方声称雨水的流向是一个潜在的缺陷，被告（即卖方）有义务告诉他这个缺陷的存在。法庭作出支持被告的判决：原告应该熟悉对地基的检查（事实上原告已经做了），在这种情况下，原告应该对这些积水负责（被引用的情形还包括通风口的放置、房屋周围地面的

---

[60] 矿藏安全保障与信托财产公司诉 Liebold 案，207Pa. 399，56A. 951（1904），第405页，56A.，第953页。

[61] Pratt Land & Improvement 公司诉 McClain 案，135Ala. 452，33 So. 185（1902）。

[62] 参见 37Am. Jur. 2d 157 节和此处列举的案例。

[63] Gutelius 诉 Sisemore，365 P. 2d 732（Okla. 1961）。

倾斜度和院子土壤的成分）。法庭总结道："当获取信息的方法很容易或对双方来说是平等可获得的，而且这个买卖活动是可以自由检查的，如果买方没有利用这些方法或机会，那他就不应该说他被卖主欺诈了。"

如果我们假设在古特留斯的案例中的卖方知道或有理由知道买方没有发现缺陷（尽管买方已经检查过地基了），则他就很像在可发现误解的投标案例中的招标者一样，而且如果他知道买方的误解信息不是刻意搜索的结果，那么，我们可以合理地设想买方是成本较低的误解预防者——至少在签订合同的时候是。我们立刻会觉得有点难以置信的是，卖方对于他自己的财产的缺陷的信息一般都是刻意研究的结果，如果他知道必须披露这些信息，那么他就不会花钱去研究了。事实上，基于在古特留斯案例中的卖方有理由知道买方的误解的假定，从经济意义上说，卖方应该告诉买方缺陷所在以防止误解。就是这样，即便事实上双方开始拥有平等的机会去发现缺陷——正如让有理由知道误解的一方来承担误解的风险，即使事实上投标人更能防止误解的发生。

但是，如果卖方没理由知道买方误解了，则告诉买方明显的缺陷是不经济的，因为十有八九他会只告诉买方那些买方已经知道的信息。这种信息的传达不必要地增加了交易成本。因此，像古特留斯这样的案例中，关键问题不是关于缺陷的信息在先前对于双方是否是可以平等获得的，而是卖方在合约签订时是否知道或有理由知道买方误解了。关于不动产的卖方没有义务披露明显的缺陷的规则是有经济意义的，因为（常常如此）卖方没有理由知道买方误解了。这些案例（古特留斯就是其中一例）看起来与这种解释相冲突，仅仅是因为没有明白地讨论这个关键因素，而是关注双方起初对缺陷信息的获得的平等权。

关于潜在的缺陷，古老的说法是模棱两可的。有些案例认为知道商品有缺陷的卖方必须告诉买方或扔掉这个便宜货。[64] 其他的案例则认为如果卖方愿意，他有权保持沉默。[65] 然而，25 年前，对于披露潜在缺陷的呼声越来越大。[66] 一个特别生动的例子是关于闹白蚁的房子的销售。1942 年一个在曼彻斯特的房屋卖方认为他没有法定义务披露买方并不知情的"闹白蚁"的情况。[67] 曼彻斯特最高法院认为，如果强加上这种义务，则每个销售商（没有披露不明显的缺陷，而这些缺陷会降低他的商品的价值并且不为买方知道）都将受到法律制裁；同样地，如果买方没有披露任何关于该商品的不明显的优点，而这些优点将增加商品的价值并且不为卖方知道，那么买方也有罪吗？

18 年过去了，在奥伯德诉施勒梅尔的案例中[68]，一个处于同样情况下的华盛顿销售商被加上披露的义务。华盛顿法院认为卖方有义务披露，"即便'买方'没有提出关于白蚁的任何问题"，因为情况是"很明显，缺陷是潜在的——并非通过合理的观察就容易发现的"。法院大幅引述了来自基顿教授一篇文章的部分内容来支持它的论点：

> 很明显，"货物出门概不退换"的说法（其更广泛的意思是交易双方需要共担风险）本身有着极大的局限性。当凯恩斯勋爵在匹克诉戈尼的案例中认为无论在精神上多责备知情不报，当事人双方也没有披露事实的义务时，他是在陈述基于个人主义建立起来的法律，崇尚合同自由。这与道德标准并无多大关系。在现

---

[64]　参见 William W. Story，前述注释[27]，444 – 445；James Kent，评论之二 482 节 n. 1（12th ed. 1873）。

[65]　Swinton 诉 Whitinsville Sav. 银行案，311 Mass. 677，42 N. E. 2d 808（1942）。另参见 Perin 诉 Mardine Realty 公司案，5 App. Div 2d 685，168 N. Y. S. 2d. 647（1957）。

[66]　William B. Goldfarb：《买卖关系中的欺骗与不披露》，8 W. Res. L. Rev. 5（1956）；Leo Bearman，Jr.：《房地产销售中的已售商品不退换原则——近来对这项原则的攻击》，14 Vand. L. Rev. 541（1961）。还有两个说明性的案例：Kaze 诉 Compton 案，283 S. W. 2d 204（ky. 1955）和 Cohen 诉 Vivian 案，141 Colo. 443，349 P. 2d. 366（1960）。

[67]　Swinton 诉 Whitinsville Sav. 银行案，311 Mass. 677，42 N. E. 2d. 808（1942）。另参见 Perin 诉 Mardine 不动产公司案，5 App. Div. 2d 685，168 N. Y. S. 2d 647（1957）。

[68]　Obde 诉 Schlemeyer 案，56 Wash. 2d 449. 353 P. 2d 672（1960）。另参见 Williams 诉 Benson 案，3 Mich. App. 9. 141 N. W. 2d 650（1966）；Cohen 诉 Blessing 案，259 S. C. 400，192 S. E. 2d 204（1972），Annot，22 A. L. R. 3d. 972。

行法律体系下，法律决定似乎正在远离这种观念，而且这可以看作是许多法院尽可能接近事实的一种尝试，但是法律仍旧需要保持一定的确定性。通常的观点是，如果合约的当事人隐瞒其确有义务披露的重要事实，其沉默即构成欺诈。

法庭对"不披露"的态度正在变化，并且与凯恩斯勋爵的名言相反，在这些案子中，法律的目的似乎在于，只要公正公平交易需要，就要使交易各方承担"挑明"的义务。[69]

然而有一种对基顿教授的道德主张所持的看法，从我们这较窄的角度看更好，就是要求说明潜在缺陷。首先，由卖方来发现缺陷可能代价较高，要找出潜在缺陷往往要作超乎寻常的调查。即使在双方都不知道有缺陷的情况下，较为有效的办法是将误认为无缺陷的风险加在卖方头上，因为两者之中卖方有可能以较低代价预防误解。[70]

而在缺陷分明为卖方所知而买方蒙在鼓里的情况下，卖方显然能以最低代价防止买方的误解——除非卖方曾下功夫了解情况，而他若知道得把自己了解的缺陷披露给买方，他就不会作此努力。当然，卖方有可能下大本钱了解某种缺陷，如雇灭虫专家检查是否有白蚁。即便如此，他的主要目的也不可能是为了与潜在买主在信息占有量上比高低。一般来说，房主进行类似调查是为了保护自己的投资。在大多数情况下，房主有足够的积极性去检查白蚁，即使法律规定必须披露其掌握的情况[71]；并且大多闹白蚁的事实是只要居住在那里就能发现的——因为无论如何房主总是要住在自己的房子里。要求"披露"不会过分影响房主投资寻查白蚁：关键不在于有关白蚁的信息无须代价（实际上须付代价），而在于要求"披露"不会减少此类信息。这是欧伯德一类的案例与莱德劳、沙姆伯格及担保安全信托公司一类案例的重要区别。

---

⑥⑨ Keeton，前述注释㉙，第 31 页。
⑦⓪ 原因是他掌握了了解有关信息的最佳渠道。见 Sosner 的前述注释②，第 74—75 页。
⑦① 并非每个案例都是这种情况。例如，如果房屋所有者计划近期出售房子，就不一定是这种情况。

卖方可能会分辩说，裁决要他披露潜在缺陷的规则，会挫伤他的积极性，使他不再努力提高与其所售商品质量或性能有关的（有益于社会的）专业技能：如果不能靠不“披露”来享受销售收益，他怎会有提高技能的积极性呢？这种论点缺乏说服力。销售者了解商品的各种特性可多方受益。例如，专业技能可使其有效地购买材料，减少因不了解商品特殊优势而售价过低的可能性。他获得的益处多种多样，仅仅要求披露潜在缺陷不可能严重损伤其努力了解商品特性的积极性。

相比之下，要市场信息占有人承担“披露”义务，会大大降低市场信息（区别于有关待售货物特性的信息）的实用性。市场信息的益处（如未被要求“披露”抵消的话）是否足以证明值得对信息刻意投资，尚令人怀疑。所以即使我们从社会角度出发，将这两种信息（市场信息和产品信息）的作用视为同等重要，要求“披露”的法律规则可能对这两种不同信息的生产造成不同的影响。据前所述，占有信息者为买方或卖方，准予不披露市场信息的规则对此甚为敏感。(72) 因而，假设莱德劳案的卖方知道协定将抑制棉花价格，同时又不动声色地卖给了买方，那么利于执行合约的经济报酬将与买方获得特别信息时相同。虽然经济报酬似乎支持同等对待占有市场信息的买卖双方，但涉及产品信息时，同样的报酬可以证明给予不相同待遇是合理的。显然，依我之见，要求卖方披露潜在缺陷而不要求买方披露潜在优势并不矛盾。

潜在缺陷案与保险业具有十分有趣的相似之处。人寿保险申请人

(72)　这一点早就得到了承认。参见 William W. Story 的前述注释㉗，第 444—445 页。另见 Marcus Tullius Cicero 的第三册中关于这一问题的经典性讨论，De Officiis（Loeb 经典书馆 1975）。

通常有义务披露自身存在的已知"缺陷"。[73] 例如，申请人有心脏病史，而保险公司安排的体检未能查出，申请人自己亦未予披露，这样通常可以允许保险公司取消保险合约。[74] 当然，在很多情况下申请人不披露实情即构成欺诈（例如，申请表问有否心脏病史，答：无。即构成欺诈）。[75] 即使没有欺诈，通常也认为申请人对于未提出的某些问题也负有说明事实的义务。[76] 在这一点上，对保险单购买人和有潜在缺陷（如闹白蚁）的房屋卖主所作的披露要求是相同的，从经济观点看，这两种情况很相似，因此，对两者均要求"披露"是可理解的。鉴于保险申请人较为熟悉自己的医疗史和病症，在防止保险公司就其体质上存在潜在缺陷方面出差错这一点上，他当然可以比保险公司本身做得更好。更重要的是，无论我们是否强制申请人"披露"，申请人都将大大受到激励去获取有关自身健康的信息。[77] 从这个意义上说，他颇似住宅的主人，后者受到激励去保护住宅不受白蚁的破坏，无论我们是否要求他披露闹白蚁的事实。住宅主人和保险申请人均有各自

---

[73] 有关保险合约中"披露义务"的详尽论述，参见 Edwin W. Patterson，《保险法的实质》444—473 （1975）。Patterson 教授在其论述中提出了一个与本文论点相似的"经济"论点："与保险合约有关的隐瞒说现在是，而且长期以来也一直是一个例外规则。在商业合约中以及在正常交易的人们之间订立的所有其他合约中，不要求甲在合约谈判期间就自愿向乙披露甲所了解的事实 X，尽管他知道乙还不知道这个事实，他还知道这个事实对乙谈判合约至关重要。例如，如果甲提出向乙出售大批咖啡豆，同时知道（而乙不知道）有关巴西咖啡作物要歉收的报道不准确，不知此情而签约购买的乙不能以甲沉默为由取消合约。[见莱德劳诉奥根案] 支持这个判决的政策基于市场的'经济功能'，根据这个功能，信息灵通的商人为以最佳价格买卖财产提供了一种手段，并为此公共服务而受到奖励，即允许他们凭其专门的知识赚钱。如果每一交易人都得把他开价或要价的理由一条一条告诉对方，'自由市场'上的交易过程就不免冗长乏味、动荡不安。"

同上注，第446—447页。

[74] 参见美国公平人寿保险公司诉 McElroy 案，83 Fed. 631 （8th Cir. 1897） （未披露在签署保险申请书与完成合约之间做过阑尾手术）；Stipcich 诉市人寿保险公司案，277 US 311 （9th Cir. 1928） （法官意见）。

[75] Edwin W. Patterson，保险法的本质 458 （1975）。

[76] 认为他有理由相信，未予披露的事实与承保人所承担的风险有重要联系。同上注，第456页。

[77] 并非每个案例都如此。如果有不适症状的申请人认识到必须披露发现的任何情况，他有可能因怕检查出什么毛病而放弃体检（正如要求"披露"在某些情况下会挫伤售房者查白蚁的积极性一样）。

的理由生产这种信息。多数情形下，这种信息的价值对于他们来说不受要求"披露"的影响。

3.2.3 "披露"义务与法律重述

除制定充实的判例法外，三个不同的法律重述的起草人也在研究交易过程中的"披露"问题。比较他们有关"披露"的重述很有启发意义。据本文分析，这些不同的重述人对"披露"的看法实际上比一般看上去更为接近。

合约法重述第 472 节 1 款 B 项规定："当一方知道另一方对未披露的主要事实理解有误时，他并没有'披露'的义务，而误解若是双方的，将使基于错误理解的合约无效……"像许多法律重述的普遍接受的原则一样，这一原则是无定形的，只有举例说明才有实际内容。第 472 节附了 5 个例子，其中两例的内容似属第 492 节 1 款 B 项的范畴，以下举此两例。

A 拥有两块土地，黑地与白地，B 愿出 1 万美元购买黑地。A 知道 B 弄错了两块地的名称，B 意欲购买的实际上是价值较高的白地，A 接受了 B 的报价但未挑明其失误，尽管 B 的错误不是由 A 造成的，但此不"披露"已构成欺诈。

A 获悉 C 公司生意遭受重大损失，他知道 B 对此一无所知，于是在不披露损失消息的情况下将其拥有的该公司的股份卖给 B，A 与 B 之间不存在信托关系。A 的不"披露"不属于欺诈，即便失误是双方的也不会使合约无效。[78]

两例均为一方知道另一方的误解，且知情者均为卖方。两案的区别在于所掌握情况的类型不同。仅第二例的信息（属市场信息一类）有可能是掌握情况的一方作了专门投入的结果。而第一例中卖方掌握的情况纯属偶然所获，要求他挑明另一方的错误丝毫不会对他本来就

---

[78] 《合约重述》472 节，说明 2、4（1932）。

不打算做的事情产生消极影响；而对第二例中的卖方提出类似的要求则很可能产生消极影响。第二例的结果虽然今天无疑会受复杂的证券法影响，但它却表明，在制定恰当的"披露"规定时，第一合同法重述的起草者们直觉地意识到了区分两类不同情况或信息的极端重要性。

第二侵权法重述对"披露"的论述与我们在这里的分析一致。第551 节 2 款 1 项阐明："在合约签订之前，如一方知道另一方对交易的基本事实理解有误，即有义务向其通报交易的基本事实；而另一方则由于他们之间的关系、贸易习惯或其他客观因素，有理由指望对方披露这些事实。"⑦ 在 551 节附加注释中，起草人指出：

> 得到社会习俗与道德规范的充分认可的信息优势与敏锐的商业判断力，在很大程度上属合法优势，不会导致承担义务。被告有理由期待原告自己进行调查、作出结论并自我保护；如果原告懒惰无知、经验不足、判断失误或无信息渠道，则被告无义务弥补其缺陷。在土地或动产的买主知情而不披露的情况下，事情通常如此；这也许发生在卖主身上，但较少见。⑧

下例对第 511 节 2 款 1 项加以说明。

> A 是一位小提琴专家。一次偶尔光顾卖二手乐器的 B 的商店，看到一把小提琴，凭经验和专业知识，他立刻认出这是斯特拉季瓦里乌斯制作的真品，完好无损，至少值 5 万美元，小提琴售价为 100 美元。A 没有披露这一信息和自己的身份，以 100 美元从 B 处买下了小提琴。A 不对 B 负法律责任。⑨

---

⑦　侵权（二次）重述［Restatement（second）of Torts］551 节（2）（e）（Tent. Draft No. 11，1965）。

⑧　同上。

⑨　同上。

尽管说 A 是"偶尔"光顾 B 的商店，可 A 为积累乐器知识必定已付出代价，并且他预期的获益或许就包括发现价值被低估的杰作（这一点是否属实在一定程度上取决于"小提琴专家"的含义。"小提琴专家"是指乐器演奏专家，还是收藏专家？若为后者，那么发现不为人知的斯特拉季瓦里乌斯的作品更有可能是这位专家希望以其专业知识获得的一个重要收益）。无论 A 成为专家的具体动机如何，可以合理地认为，许多类似发现都是刻意搜寻的结果。

乐器珍品被主人鉴定错了，发现后有益于社会：斯特拉季瓦里乌斯的琴一经发现，无疑会转手给出价更高的人（如某首席小提琴手或收藏乐器珍品的大学）。斯特拉季瓦里乌斯的这把琴如未被发现，必定享受不到应有的待遇。一位精明的乐器收藏家使其重见天日，能提高社会对稀有资源的分配效率。如果他为此付出代价（专业技能培训便是——或许是最重要的——一种代价），却得不到其所获信息的产权（体现为不"披露"的交易特权），他今后就不会再去积极搜寻。

由于同样的原因，鉴于要求"披露"使物主能（无代价地）得益于另一方的特别信息，并且排除了低价杰作误卖后无法追回的风险，物主亦不用再去积极调查（即正确鉴别自有财产的特性），由于要求"披露"降低了物主和收藏家两者刻意调查的积极性，故增大了乐器遭埋没被误用的可能性。第二侵权法重述的起草人提供了 4 个例子，阐述原文 551（2）节关于要求信息占有者披露其所掌握信息的情形。第一例，一卖主出售房子时，"未披露屋下的排水管道定期造成屋下积水"；第二例，一企业主出售其企业时，未披露美国政府已令其停止主要经营活动；第三例，一游乐中心老板出售其游乐中心时，未披露该中心刚被警方搜查，且（该老板）因在该中心容纳卖淫及销售大麻正被起诉；最后一例，一方向另一方出售一避暑地时，未披露该地的一大部分挤占了公路。此四例所涉特殊认知，不大可能是知情方做了本不会做的投资而精心调查后的预期产物。在这点上，它们区别于提琴假说。第二侵权法重述的起草人对"有义务披露"与"有权保持沉默"的划分正与本文分析不谋而合。

返还请求权重述在第 12 节中谈到"披露"问题时说："某人给予

对方某种好处，表明他的某种开价被对方接受，或者他接受对方的某种开价。此人无权以对方未犯同一错误及对错误浑然不知为由提出要求返还请求诉讼。"在第 12 节评论 C 中，起草人陈述道："若受让人知道或怀疑让与人有失误，只要（仅仅只要）是在交易基础上的失误，即可允许要求返还请求权诉讼，但双方间有特殊关系者除外。"有两个例子阐释了评论 C。

　　某甲在一兼售廉价与昂贵珠宝的店里浏览廉价珠宝，他发现有一价值不低于 100 美元的昂贵珠宝无疑放错了位置。他向售货员要下这件珠宝，并付上 10 美元，售货员把 10 美元放进装钱的抽屉，将珠宝递给了甲。店主有权提出申请返还请求权的诉讼，因为店主除廉价品外，无意廉价出售其他珠宝，而甲分明知道这一点。

　　甲来到一旧书店，在标价每本 1 美元的旧书堆中发现了一个珍本。甲知道此书市场价值不低于 50 美元。他将这本书连同 1 美元递给店主。店主看了看书名和价格标签，收下 1 美元，将书递给了甲。店主无权提出申请返还请求权诉讼，因为书并未错拿，且基于各自对书的估价能力，双方都有意以廉价成交。[82]

　　第二个例子同第二侵权法重述中的提琴假说非常相似，且因同样的原因具有经济意义。第一个例子让人较难理解。一例与二例之间一个重要的实际差异是，后者涉及旧货店，前者涉及除出售低档货外还出售全新优质货的商店。为什么同为知情一方，"披露"义务却不同呢？重述者按当事方的交易意图区分这两种情况。但这种解释难以令人信服，未能说明他们的意图在这两个例子中为什么会不一样。以下论述或可作为某种选择手段来调和这两个明显矛盾的例子。

　　人们可以很容易地设想，一位（提琴或藏书）专家徜徉于旧货店寻找廉价杰作。可是，说一个专买便宜货的人花时间到一家兼售低档珠宝的高档珠宝店搜看样品，以图找到定级不当的宝石，却似乎不大

---

　　[82]　返还请求权法重述 12 节，评述 C，说明 8，9 节（1936）。

可能。

高档珠宝店的主人几乎肯定是辨别真假珠宝的行家里手，既为行家，且对自己的货色分类极为谨慎，他在分类定级上失误的可能性就不大。如果说旧货店里类似的差错发生得更多些（因店主一般缺乏专门知识，或分类时粗心大意），专买便宜货的老手在旧货店发现价格低于价值的商品的可能性比在一家优劣兼售的珠宝店里要大。若这种说法成立，人们就会发现，两案中一案的刻意调查多于另一案。由此而来的是，要求"披露"在珠宝店的背景下较为适宜，而在旧货店情形下则不然。

应当承认，这种解释非常微妙，它基于一种无法论证的假设，而此假设又与两案中的分类差错率有关。若这种解释不能令人满意，这本身也许就成为拒绝重述者观点的理由，或成为相信该观点不能准确重述法律的理由。

3.3　单方误解与"披露"义务

单方误解的立约人，如其误解为另一方知晓或理应知晓，应予免责。以下裁决典型地反映在误解投标案及误解方之错源于误读文件（通常是合约稿本身）那样的案子中。在两种情形下，非误解方的特殊认知（他对另一方错误的认知）未必是刻意调查的结果。换言之，要求他"披露"信息的规则对于他的行为变化所产生的影响，不至于达到减少信息生产的程度。

例如，某承包人接到一份有误解的标书后，通过与其他标书比较，或者注意到标书上某个明显差错，通常就会觉察出其中的错误（如果他具备觉察能力的话）。在任一情形下，他对差错的认知产生于对标书的常规检查过程，而常规检查，他无论如何都是要做的。接收标书的一方对递交的每一份标书，都有仔细审阅的自发积极性：他自己企业的利益要求他这么做。当然，收件人的专门知识可以使他比较容易地发现标书中的某些错误。但是，查出计算笔误不见得是他成为行家的一个主要原因。要求对此类差错予以披露的规则，几乎肯定不会妨碍投资开发有利于查找此类错误的一般技能。

在本文第一部分我曾说过，当单方误解为另一方知晓或有理由知晓时，要求"披露"具有经济意义，原因在于知情方（在合约签字生效之际）是代价较低的误解预防者。若信息占有者已投资生产某种信息——若此信息对社会有益（则我们首先将其制造视为必需）——那么，在确定他是否为代价较低的误解预防者时，必须考虑其调查的费用。有一种主张，认为单方误解可予免责，假如它能为另一方所知晓或有理由知晓（例如错标及误解文件案）。在常引来支持这个主张的案例中，相关的信息不会是刻意投资的产物。若如此，本文第一部分所下的结论就得到了确认。

单方误解案例与本文第二部分所讨论的其他案例原则上难以区分，后者要求"披露"。下述事实使这些案例自成一类：其中各个案例均以将单方误解风险划给知情方（鉴于这不会妨碍他投资于有益于社会的信息），使社会对于效率的要求得到最大满足。在允许"不披露"的案例中，对风险进行类似的分配（如我曾试图说明的那样）将打击个人生产这种信息的积极性，而对社会整体不利。从这个角度看，要求"披露"案（包括单方误解案）和允许"不披露"案，似乎都符合（至少是顺应）效率原则。

3.4　结论

本文重点论述了合约法的一门分支——为提高效率、鼓励刻意搜集有益于社会的信息的方法。我认为，做到这一点，是靠允许信息占有人享有与他人交易时可不披露所知信息的权利。这种权利实质上就是产权。我还试图说明，如果信息源于刻意的高代价调查，法律倾向于承认这种权利，如信息属偶然获得，法律则不予承认。两种信息间的这种基本差别（和建立在此基础上的产权理论）使不"披露"案有章可循，消除了那些允许不"披露"案与一条已确立的规定之间的明显矛盾。这条规定是：如果单方误解立约人所犯的错误已为或有理由为对方知晓，则应予以免责。

尽管我将讨论限于合约法（事实上仅是其中一小部分），但本文第二部分形成的理论方法可能在分析此法其他范畴的相关问题时发挥作用。例如，在多大程度上我们能够说，旨在阻止内幕交易的证券法信赖于（并受制于）这样的观念，即内部信息往往是偶然发现的结果，而非刻意调查的产物？[83] 假如这实际上是支持证券法所规定的各种披露义务的主要设想之一，那么关于这些义务的恰当范围我们能得出什么结论（如果有的话）呢？例如，一位投标人应在多大程度上公开披露他为想得到的公司所作的计划？本文所做的分析对理解专利法中的"创造性非显著性"要求是否有所帮助？[84]（这是否算得上一个区分刻意搜集的信息与非刻意搜集信息的法律手段？）这里提出的区别是否有助于我们理解要求"披露"在消费品领域的延伸，并对其合理性作出更为审慎的判断？如有一项法律理论能提供一个共同的框架来分析凡此种种的问题，将颇具吸引力。

（肖滔校）

---

[83]　有关证券领域内要求"披露"经济学的有用论述，见 Henry G. Manne，知情人交易与股票市场（Insider Trading and the Stock Market）（1966），Eugene F. Fama & Arthur B. Laffer，信息与资本市场（Information and Capital Markets），44 J. Bus. 289，297 - 298（1971）。

[84]　参见 Edmund W. Kitch，Graham 诉 John Deere Co. 案：新的专利权标准（New Standards for Patents），1966 Sup. Ct. Rev. 293。

4 非强制履行的合约：惩罚条款与特定履行令

Paul H. Rubin[*]

保罗·H. 鲁宾[*] 著

苟文均 译

4.0 导言

普通法的许多方面可根据经济效率来解释，而经济效率被定义为财富最大化，它被波斯纳[①]和其他人很有说服力地证明为一种定理。我和其他人一道提供了可以部分解释这一定理正确性的论据。[②]因而，当有一些法律规则不能被这样解释时，就确实令人感到迷惑。迄今为止，在普通法的经济学解释中，主要的一种反常情况是与合约中惩罚条款相对立的规则。如果当事双方签订了合约明确规定违约时支付，且如果法庭裁定损害比违约的实际成本大，那么，损害是不被容许的。尽管在文献中有一些对这种行为的经济学解释[③]，但这些解释尚不

---

   [*] 佐治亚大学经济学教授。

   [①] 理查德·A. 波斯纳：《法的经济分析》（第二版），1977 Little, Brown and Company。

   [②] 保罗·H. 鲁宾：《为什么普通法是有效率的？》，《法律研究》第 6 卷，第 51 页（1977 年）。

   [③] 肯尼思·W. 克拉克森、罗杰·勒鲁瓦·米勒、蒂莫西·J. 缪里斯：《预定违约金与惩罚：合理还是荒谬?》，《威斯康星法律评论》，第 351 页（1978 年）。

能令人十分信服。④ 经济分析令人不很满意的另一个领域是特定履行令领域。克龙曼（Kronman）虽然能够解释法庭为什么不愿意在合约案件下下达特定履行令，但是仍然留下了一些悬而未决的难题。⑤

在这篇论文中，我对法庭拒绝强制执行合约的两个方面作了解释。论点是基于特尔瑟（Telser）最近对"自我强制合约"理论的讨论。⑥ 如果合约是自我强制实施的，那么合约当事人不必利用法庭强制执行协议条款，除非一些不可预期的事件发生。如果合约不是自我强制实施的，当事人就要依赖其他的强制执行机制。一个这样的机制就是法庭。合约争论者不支付全部的起诉成本；社会对法庭的耗费予以补贴。因此，在预期可利用法庭解决产生的合同争端的情况下，当事人可能会签订非自我强制实施的合约。既然当事人不支付他们利用法庭方式的全部成本，从而不把所有的合约成本内部化，这样的协议甚至在强制执行的总成本大于收益时也可能签订。这里我将在下面证明合约条款的两个类型——惩罚条款和特定履行令——在特尔瑟的含义上不是自我强制实施的，因而由司法机关强制执行这样的合约可能导致资源的浪费。

与此相关的是方法论。法的经济学方法也许要么是实证的，要么是规范的。⑦ 即论点可能是——要么经济效率能解释法律是什么，要么法律应当寻求经济效率。保持这些论点的独立是重要的。但是，当实证的论点不能应用时，规范的论点常常被引入。例如，如果我们不能对惩罚条款的法律处理做出经济学的解释，那么实际上就歪曲了实证经济理论。但是与歪曲了惩罚条款的案件不同，我们反而开始利用规范论点并要求法庭应开始强制执行惩罚条款。解释这个规则为什么

---

④ 安东尼·T. 克龙曼、理查德·A. 波斯纳编著：《合约法的经济学》，第 224 页（1979 年）。

⑤ 安东尼·T. 克龙曼：《特定履行令》，《芝加哥大学法律评论》第 45 卷，第 351 页（1978 年）。

⑥ L. G. 特尔瑟：《自我强制实施协议理论》，《商业杂志》第 53 卷，第 27 页（1980 年）。

⑦ 理查德·A. 波斯纳：《法律中经济学的一些应用与滥用》，《芝加哥大学法律评论》第 46 卷，第 281 页（1979 年）。

存在而不是把它当作无效率规则加以诋毁将会更理想。

　　还有，这里也存在一些危险。如果法庭开始承认经济论据，那么在被视为增加效率的原则指导下法律可能被修改。而此时如果经济方法论的学者在他们的分析中犯错误，则把事实上有效率的某些法律规则认为是无效率的，并且如果法庭接受经济推理成本将被强加在社会上。在其他方面，决策者常常接受经济学家提出的、后来被证明是错误的并由此减少福利的原则。有关宏观经济政策的例子并不难找到；也有反托拉斯法和管制的实例。这样，我们应当十分确信法律原则事实上是无效率的才能提出要修改的要求。

　　这篇论文的结构如下：在第二部分，我讨论自我强制实施合约的理论。在第三和第四部分，我分别应用这种理论于惩罚条款和特定履行令；惩罚条款将会得到最广泛的关注，因为这是令经济学者最困惑的法律领域。最后部分是总结。

4.1　自我强制实施合约的理论

　　根据特尔瑟的表述，自我强制实施协议是一个只要它保护协议当事人双方利益就保持有效性不变的协议。任何一方都不得按自己的意愿终止协议。如果一方违反了该协议，那么他方除了终止协议外没有惩罚和追索权。没有第三方参与解决产生的争端。强制实施这样的协议绝不会求助于法律体制。这样，社会支付补贴于法庭的事实与这样的协议不相关；只有协议价值大于它的所有成本时，当事人才会加入协议。

　　严格地说，根据特尔瑟的主张，没有合约协议是自我强制实施的；合约的存在总是隐含着诉讼成本，并且因此处于强制执行之外。然而，一个可能的做法是，对特尔瑟的论点略作修改就能允许合约达成一致。当事人预计可能违反协议；或只有在协议条件可能发生不可预期的变动的情况下才会违约时，才不加入自我强制实施的协议。于是，我们可把协议看作"期望自我强制实施"，但附上发生没有预料到的变化时的外部执行条款。如果不可预期的变动发生了，那么法庭才会介入，他们的作用随之将是判决变动结果的责任。合约法的标准经济理论认为：如果不可预见的事件事实上被预期到了，那么，这种法律的作用就是要判决当事人企图获取什么。⑧ 这样，就这种预期自我强制实施协议的案件而言，如果不可预期的变动发生，当事人会加入预期是自我实施的协议，但必须确认外在强制实施的可能性。

如果这种变化发生并且当事人依赖法庭来强制执行，那么，就会涉及补贴，因为争执者不支付法庭的全部成本。这样，这种协议将对社会强加一个外在成本。然而，也会有外在收益。法庭不仅解决争端，而且基于争端传播了规则。如果一些不可预期的事件一旦发生，争端又会发生。当法庭解决基于不可预期的偶发事件的两个当事人之间的争端时，其他获悉法庭判决的当事人就得到事先警告并且能够在他们自己的交易中对这种偶发事件做出承诺。他们或者通过依赖（现在已修改的）合约法来行事，或者根据合约中包括偶发事件的条款、围绕法律、通过协商来解决争端。然而，在每一情况下法庭都会为第三方提供一个外在收益，这样就解释了社会为争端解决过程提供部分补贴的意愿。

现在考虑第三类争端——那些并不期望自我强制实施的协议。加入该协议的当事人完全预期到，即使在缺乏不可预期的变动的情况下都要依靠第三方来解决协议争端。既然期望外界解决，当事人就不会加入协议，除非对于他们预期收益大于他们的包括预期诉讼成本在内的预期成本。然而，既然社会对法庭方式提供补贴，当事人不支付诉讼的全部成本，那么，即使当他们的总成本大于他们的总收益时，该协议也可能被遵守。

还有，解决非预期自我强制实施的协议不可能给社会带来外在利益。在某种条件下，不可预期的变动的结果不会产生争端，但争端条款是协议的完整组成部分。因此，解决争端的条款对处于类似

⑧ 波斯纳，上述注释①，第4章。

情景中的其他当事人来说提供的是无用信息；其他当事人依然有动机签订依靠法庭来强制执行的合约，即使知道法庭会强加条款，也会如此。

法庭有时解决没有先例价值的争端。大多数侵权案件可能属于这类，它们缺少改变有效责任分配的重要的技术变动。然而，这里似乎没有任何供当事人避免利用法庭的方法，因为似乎没有争端解决可供选择的方法［例如，兰德斯（Landes）和波斯纳指出，利用仲裁人的合约协议在当事人相互间没有事前约定的侵权案件中是不可行的⑨］。而且，技术进步可能引致先前的有效率规则的变化，若没有法庭来解决，就没有什么方式把这种变动传递给有利害关系的当事人。⑩ 但是如果带有法律强制预期而加入的合约被强制执行，当事人会自愿把他们自己置于诉讼很可能发生的情境中，而法庭不鼓励这种行为并不令人惊讶。

带着诉讼预期加入协议有时可能对当事人有利；来自这种协议的收益可能超过成本。确信这种价值的唯一途径是使当事人自己同意支付解决争端的所有成本。这能够在争执者支付全部成本的仲裁协议中被实施。因此，如果签订的不是预期的自我强制实施的合约，并且合约包括万一发生争端要求商业仲裁的条款，我们可以推断这种合约是有效率的。

总之，既然由两个当事人签订的所有合约必须是相对于那些当事人价值最大化，那么，对法庭拒绝强制实施这种协议的一个有效解释一定是根据合约对第三方的影响。这里的论点是：这种合约把重负加于法庭，导致当事人签订的协议可能不是价值最大化；而且，从这些合约强制实施中产生的诉讼没有对其他潜在争执者提供有益的信息。现在，我将证明这个论点可以应用于法庭拒绝强制执行合约的特殊案件中。

---

⑨ 威廉・M. 兰德斯、理查德・A. 波斯纳：《作为私人物品的裁决》，《法律评论杂志》第 8 卷，第 235 页（1979 年）。

⑩ 就汽车偶发事故来说，交通法的主要目的也许在于减少偶发事故的数目，从而减少对驾驶汽车诉讼的补贴量。参见唐纳德・威特曼《优先规则与事后责任：投入与产出监管之间的选择》，《法律研究杂志》第 6 卷，第 193 页（1977 年）。

4.2 惩罚条款

合约可能包括一个具体规定，万一发生违约，执行方应支付违约金的条款。然而，该支付额不能超过支付方的违约成本。如果规定的支付额大于这种成本，法庭一般会认定支付款是一种惩罚并且不必强制执行协议。

法庭实施惩罚条例的失败显而易见使经济学家感到困惑。经济学家通常认为：两个当事人之间的任何自愿合约是有效的，因为当事人不会加入对他们不利的协议。解释当事人愿意加入带有惩罚条款的协议的原因林林总总。戈茨（Goetz）和斯科特（Scott）指出：惩罚对有特殊需求的买方是有效的，惩罚也可能是保险的有效形式。⑪波斯纳认为：卖方（尤其是新建公司）可能想证明他们是可信赖的，从而签约支付不履约惩罚性违约金。⑫为什么当事人明确规定罚款也许有其他原因；一般的观点是：如果当事人自愿同意这一惩罚条款，那么它一定是关于当事人价值最大化的。

设计一个解释非强制的自愿合约可能是有效的经济学论点的困难，由克拉克森（Clarkson）、米勒（Miller）和缪里斯（Muris）说明。⑬他们认为，如果有惩罚条款，那么，支付方将通过从履约方不履约中获益。这样，支付方就有去扰乱履行方的动力并造成履约的困难。这种干扰会（无效率地）浪费资源；而且，履行方被迫使用资源去监管支付方以停止这种干扰行为。因此，惩罚条款将导致当事人双方浪费性使用资源和无效率。

---

⑪ 查尔斯·J. 乔茨、罗伯特·E. 斯科特：《预定违约金、罚款与公正补偿原则：对强制执行模型和有效违约理论的一些诠释》，《哥伦比亚法律评论》第 77 卷，第 554 页（1977年）。

⑫ 波斯纳，上述注释①，第 93 页。

⑬ 克拉克森、米勒、缪里斯，上述注释③。

正如克龙曼和波斯纳指出的，有关非强制的论点基本上是：法庭是家长式的作风和保护签订条款的履行方，但不是按履行方的最优利益。[14] 由克拉克森及其他人明确的结果纯粹是当事人签订合约和考虑协商价格之前能预见的两方的结果。这可能意味着，当事人不愿意签订这样的合约，除非从惩罚条款中能获取大量的利益；它并不意味着一旦他们签约，法庭就不应强制合约实施。

这个论点是难以抗辩的。合约法强制实施的一般原则是几乎当事人达成的任何协议都要强制执行。作为极不公平的合约是不能强制执行的，但是，（至少直到最近）极不公平才在极为狭隘的框架中得以解释。而且，如果法庭想介入保护当事人免遭他们自己的失误行为的损害（家长式统治的核心），一个更明显的介入之处似乎是在合约的数量方面。但是，事实上，法庭在强制执行合约前会要求审议，这是一个陈旧而又没有争议的原则，他们是不会质疑审议的次数的。如果家长式统治是合约法的一个部分，人们会期望它在这里发生而不是在惩罚条款的非强制中发生。

如果经济上是无效率的，惩罚条款的非强制执行令人惊异还有另一个原因。这个规则是合约法的一个古老原则。[15] 法律效率进化模型认为，即使无效率的规则被传播，在它们被废除之前也会产生很大的争议。当对这些模型有某些怀疑时[16]，人们也许期望把它们应用于当事人双方在这类争端案件中有对称的和持续的利益关系的情境中。这样，这些模型就能一般地解释商业法中的效率，尤其能解释合约法。这些模型中的假设机制似乎可以应用于有惩罚条款的案件中。要求法庭裁决预定违约金条款是不是一种罚款的案件是普通法律范围内的事件；如果惩罚条款的非强制是无效率的，那么，我们期望作为私人诉

---

⑭　《合约法的经济学》，上述注释④，第224页。然而，缪里斯最近认为，法庭强制实施惩罚条款的失败不应归因于家长式的作风；他认为，当一方机会主义地行动时，法律协议的当事人双方自身有时会选择不要法庭强制实施惩罚条款。参见蒂莫西·J.缪里斯《机会主义行为与合约法》，载《明尼苏达法律评论》。

⑮　克拉克森、米勒、缪里斯，上述注释③，指出该原则至少可以追溯到17世纪。

⑯　罗伯特、库特尔、刘易斯·科恩豪泽：《没有法官的帮助诉讼能改进法律吗?》，《法律研究杂志》第9卷，第139页（1980年）。

讼结果的原则被废除。这种条款的长期持续存留和合约法其他领域的家长式作风的缺乏，至少会创造一个对法庭行为有某种经济效率依据的有希望立案的案件。

于是情景如此：有一个强有力的假设，商业和合约法原则——尤其是历史悠久的原则——在经济上是有效率的。以惩罚条款为依据的规则就是这样确立的一个规则；因而假定惩罚条款一定是有经济效率的。但是，两个当事人之间任何自愿协议都能被假定为就两个当事人而言是有效率的。在这两难困境之外还有其他途径吗？

为调和这个悖论，它可能被认为：当惩罚条款相对于涉及的当事人是有效率的时候，它们对第三方的影响会促使它们变得最终无效率。特别是，带有惩罚条款的合约并不通常是完全期望中自我强制实施的，第二部分就是在该意义上界定的。当合约有这样的条款时，即使情况没有发生变化，当事人也可能预料会发生企图违约和间接诉讼。这个论点有一部分依据于克拉克森及其他人的深刻见解：在许多案件中，支付方在履行他的合约责任中有阻滞履行方的动力和能力，尽管支付方的这种行为会导致承受比损失更大的支付金额。履行方会预期到这种行为并相应起诉。我认为法律方式在反对这些合约避免这些成本方面是不正确的，克拉克森及其他人也持这种看法。我的观点确切地说就是：这种行为会导致争端并由此无效率地使用资源。

现在让我们考察有预定违约金条款但没有惩罚条款的当事人之间的协议。假定 A 已许诺供给 B 1000 件小器具。如果 A 没有供给这些小器具，B 将损失 5000 美元，合约把 5000 美元作为预定违约金额写入协议中。如果 A 供给，B 将接受供给，这就不会有争端。除非情况有一些不可预期的变动，A 将可能供给。如果 A 不供给，被起诉的可能性将迫使 A 支付 5000 美元；该合约是期望自我强制实施的。

考察带有惩罚条款的同一合约——如果 A 不供给，他必须支付 10000 美元。A 现在供给小器具。B 面临什么刺激？合约条款总体上是相当复杂的；A 会许诺根据特定日期和特定条件下供给一定类型和等级的小器具。B 断言 A 违反合约条款总是可能的。而且，做出这种断言是根据 B 的利益；如果他能够证明 A 没有遵守合约条款，那么，他获得 5000 美元比 A 是否履行他的合约责任都更好。这样，该合约在合约没有惩罚条款的意义上不是自我强制实施的。即使当事人双方充分履行了他们的合约责任，总有一方有试图逃避合约责任或者断言他方违反合约的动机。特尔瑟在一定程度上讨论了当合约不是自我强制实施时错误断言的可能性。[17] 据推测，当签约和支付一个较高价格作为补偿时，A 考虑到这种可能性。然而，额外司法资源用于解决这种争端仍然是一种社会成本，因此，协议可能是无效率的。

　　再有，产生于争端的诉讼不会是公众应该补贴的那类诉讼。正如上面讨论的，诉讼具有两个独立的功能——解决争端和创造规则。诉讼的公共补贴归因于诉讼的规则创造功能。在关于惩罚条款的诉讼中，没有规则传播。在上面的实例中，A 宣称是按规定供给小器具，B 断言它们是不够标准的。这里没有政策问题；法庭仅仅是检查小器具的正常标准和决定这种特殊器械是否符合那些标准。这种处理结果几乎没有作为先例的未来价值，因为带有惩罚条款合约的买方总是有断言供给了不合格小器具的动机。这样，争端是绝对真实的并且对第三方没有任何价值。当然，大多数这种争端将被解决而不是争执不休；但是实质上这类交易仍然会导致更多的潜在争端，并由此引起潜在诉讼而导致标准合约。

　　事实上，涉及惩罚条款的许多争端是对迟延履行的惩罚。A 许诺在特定日期履行某种行为并且对在没有完成他许诺行为的这个日期之后的每一天给予某种数额的支付。然而，这并没有改变论点的基本形式。B 有断言 A 事实上没有按时完成该项行为的动机，即使该项行动已按时完成。再者，当我们认为许多交易是复杂的时候，给履行某行为的标准日期留有争议的空间似乎是有理的。A 为 B 修建一幢房屋并且在许诺的日期准备就绪，除非草坪还没有被移植。这是协议要求的一部分吗？这里 A 的争端（或其他转租人问题）总会产生，而且惩罚条款会给这种争端提供激励。

---

　　[17]　特尔瑟，上述注释⑥，第 43 页。

4.3　特定履行

在违约案件中，法庭一般不要求特定履行，而是命令用货币补偿损害。特定货物案件似乎是个例外。在克龙曼使用的例子中[18]，如果"我"企图违反卖给"你"霍布斯（Hobbes）《利维坦》原始手稿的承诺，那么"我"将被迫完全遵守合约条款。但是如果"我"不能供给一批钢球，那么法庭仅仅下令赔偿损害。在劳务合约中，如修建一座房舍的承诺，并不要求特定履行令。

尽管克龙曼有时能证明这种合约的法律处理是合理的，但他最终总结道：在一些现在不允许特定履行令的情境中应该使用特定履行令。但是，这里提出的理论与克罗曼总结的判例法完全一致。法庭似乎愿意强制那些特定履行令合约实施——用上面使用的术语说，这些合约就是期望自我强制实施协议的实施，而不是非自我强制实施合约的实施。

首先考察《利维坦》手稿与100个钢球之间的差异。在每一案件中，A许诺供给B一定货物（手稿、钢球），而现在想免除合约。假定法庭强迫实施特定履行令。A履行的质量和数量不能低于他所承诺的；因仅有一个手稿，所以A必须完全供给他所承诺的。A不能降低他所供给之物的质量，B也不能宣称A的履行降低了质量。类似的论点适用于任何独特的物品，如一块土地。如果A被强迫供给，必须完全按他许诺的供给，那么，基于供给，合约就履行了。

许诺供给100个还未制造出来的钢球的案件与此不同（如果钢球已被制造出来，可能它们是独特的，特定履行令将会下达）。A现在想解除合约——即他宁愿支付损失而不愿供给物品。争端的存在是该合约不再是自我强制实施的证据。如果A被迫履行，他可能有制造

---

[18]　克龙曼，上述注释⑤。

100 个假冒钢球的激励，由此使其履行合约成本最小化。如果 A 廉价地制造 100 个假冒钢球并按法庭的命令供给，B 现在可能请求损害赔偿。A 可能结束争端，因为他无论如何不想履行合约。然而，A 与 B 之间又会有发生争端和再一次诉讼的可能性。这样，当一方控制了履行条件时，特定履行令导致伴随诉讼可能性和浪费社会司法资源可能性的非强制自我实施合约。就独特的货物而言，这些可能性并不存在，因此，对法庭来说，在一个案件中强制执行特定履行令而不在另一个案件中强制执行特定履行令是一致的。[19]

4.4   总结

在这篇论文中，我们考察了不是强制实行的两种类型的合约——带有惩罚条款的合约和特定履行令的合约。经济学家无法解释法庭不愿意强制执行惩罚条款，并认为这种不愿意是无效率的。本论文的论点是：既然这样的合约是非自我强制执行的，那么它们将会导致大量的争端。当事人支付一些而不是所有的争端成本，并且诉讼没有对第三方创造任何有益的先例。因此，法庭对这些合约的行为也许是一种有效率地利用司法资源的方式。至少，在主张对有关这些合约的司法行为进行重大变革之前，我们想把更多的研究集中于这个问题上。最后，可能对以后的研究有益的是，可以确定各种规则对潜在诉讼的影响和通过这种潜在诉讼考察可能产生（或不产生）的外在影响。

在这篇论文中，已经提出了解释法庭一定类型的行为是怎样在经济上可能被视为有效率的论点。这些论点是否正确，不仅取决于是否存在这种已讨论的强制约束力，而且还取决于这种强制力的大小——

---

[19] 艾伦·施瓦茨：《特定履行令案件》，《耶鲁法律杂志》第 89 卷，第 271 页（1979 年），认为在一些案件中应下达特定履行令，法庭应任命专门主事官监管特定履行令，费用由缔约当事人双方支付。如果这样做的话，当事人就会随之支付监管费用，这篇论文中提出的论点就不再是相关的。然而，现在一般不这样做。

这一问题尚未论述。因此，这篇文章的论点应该被看作是一种推测。在某些文献中已经提出了关于经济分析对法律效力[20]问题的一般适用性的类似问题。直到理论得到经验上的试验，这样的问题才是被法律认可的。[21] 然而，在这种测验实施之前，有必要鉴别哪些因素（至少是潜在的）能根据经济学来解释法律的形式，以便我们知道应计量哪些因素来检测这种理论。这篇论文可视为明确阐释一些不可强制实施合约案件中这些因素的一次尝试。[22]

（肖滔　校）

---

[20]　例如，参见马里奥·里佐《变动中的法律》，《法律研究杂志》第 9 卷，第 291 页（1980 年）；戈登·塔洛克：《两种法律效率》，《霍夫斯特拉法律评论》第 8 卷，第 659 页（1980 年）。

[21]　要进一步讨论这个问题，参见保罗·H. 鲁宾《可断定性与法的经济学方法：对里佐的评论》，《法律研究杂志》9 卷，第 319 页（1980 年）。

[22]　马丁·佩里指出：这里使用的术语在意义上说，无偿许诺不会是自我强制实施的，因为受约人没有履行许诺的激励。除理查德·A. 波斯纳在《经济学与法律中的无偿许诺》（《法律研究杂志》7 卷，第 411 页，1977 年）中提出的那些理由外，这是一个法庭不愿意强制实施这种协议的附加原因。

5 福利国家的合约法：维护不合理原则、维护高利贷法、坚持限制缔约自由

Eric A. Posner

埃里克·A. 波斯纳* 著

杨跃进 译

　　合约法的传统理论无法令人满意地解释高利贷法、不合理和相关原则及某些破产法等限制缔约自由的法律。那种认为上述法律可以保护消费者不受欺诈，或者可以对财富实行再分配的论点是站不住脚的。经济学原理确实赞同法庭执行自愿缔结的合约，并认为应通过福利制度来实现财富的再分配。但本文认为，这个观点忽略了福利制度产生的扭曲行为。在自由市场经济条件下提供福利救济，会产生使人们冒险大量借贷的有害激励，从而加大福利制度的成本，又损害其减贫宗旨。有必要制定针对高利贷或不公正合约的法律，以威慑那种风险大、社会成本高的行为。本文还将对上述论点的依据作进一步的探讨。

---

　　* 宾夕法尼亚大学法助理教授。

　　鸣谢：David Charny, Stephen Coate, Steven Croley, Emlyn Eisennach, Mike Fitts, Sarah Barringer Gordon, Jason Johnston, Louis Kaplow, James Krier, Saul Levmore, Stephen Morse, Mike Sehill, Steven Shavell, Reed Shuldiner, Elizabeth Warren, Stephen Williams, 一位不知名的鉴定人，以及出席密歇根大学法学院和耶鲁法学院恳谈会和 Wharton 公共政策管理研讨会及哈佛法学经济学研讨会的各位来宾。

5.0　导言

常有人主张利用法律规则来对财富进行再分配。这类例子包括对富有行为人征收较之对贫穷行为人更高的税收的侵权裁定，或允许贫穷债务人逃避其原已接受的沉重的合约义务的合约裁定。尽管论述不多，但其理论基础似乎是，财富再分配是一项社会善举，应该用法律规则促进之。

这种论点引发了一场颇有影响的批评。批评家们（他们通常是经济学家）指出，假如旨在对财富进行再分配的规则效率不高，它从定义上说，就把社会总财富从一个原本可以在有效规则体制内获得的水平上降下来。效率低的、分配式的规则转变为效率高的、非再分配式的规则会创造剩余财富，而通过税收和转让把剩余财富分给穷人，就会使许多人变得比在再分配式规则下更富裕，而同时不使任何其他人变穷。批评家们还争辩说，福利制度提供了一个较之法律规则更为公正的重新分配财富的方法，其理由是，法律规则仅以法庭能弥补的方式将财富再分配给偶然受伤的人或那些易受伤群体中的人，而他们只是贫困人口中任选的一小部分，故法律规则应最大限度地提高其有效性，而不在于对财富进行再分配。

效率论者下结论说，在合约法范畴内，法庭应当执行一切自愿缔结的、不产生外在负面影响的合约，而不论其分配后果如何。如果某项合约是自愿签订的，则可据此推定它能给签约双方都带来好处。这项合约如不产生外在的负面影响，就不会损害第三者。因而，这样的合约就会使一些人富裕起来的同时不致使另一些人变穷。至于再分配问题，若通过税收和转让则可以得到比法律规则更有效的解决。[1]

这个论点与各式各样限制自愿缔约并且似乎无意抵消经济学家们所普遍认识到的外在负面影响的法律规则格格不入。高利贷法限制缔约方可能达成的利率。不合理学说限制价格条款和合约的其他规定。处罚学说干预违约赔偿条款。不可放弃的破产清偿权免使债务人以未来财产作附属抵押。相当数量的州和联邦法规禁止债务人用其他财产作附属抵押并禁止其放弃获得某些补偿的权利。这些规定（我称为"限制性合约法规"）普遍地阻碍了出于经济原因试图使其合理化的努力。事实上，它们因为干预创造财富的交易并且无力对财富进行再分配而受到批评。

本文批评了这种对限制性合约法规的责难，并且不赞成认为应强制执行所有自愿缔结的合约的观点。本文同意经济学家们的观点，认为国家负有实行自由市场和减贫的双重责任。但本文还认为，这种双

---

[1] 这个论点提出过多次。例如参见：Charles Fried 的"合约即承诺"（Contract as Promise）105 – 107（1981）；Charles J. Goetz & Robert E. Scott 的"执行承诺：合约基础审视"（Enforcing Promise：An Examination of the Basis of Contract），89 Yale L. J. 1261, 1320 – 1321（1980）；Richard A. Epstein 的"不合理性：关键的重估"（Unconscionability：A Critical Reappraisal），18 J. Law & Econ. 293（1975）；Alan Schwartz 的"实质不合理性的再审视"（A Reexamination of Substantaive Unconscionability），63 Va. L. Rev. 1053, 1062（1977）；Robert Cooter & Thomas Ulen 的"法与经济学"（Law and Economics）273（1988）；Michael J. Trebilcock 的"缔约自由的限度"（The Limits of Freedom of Contract）97—101（1993）；Louis Kaplow & Steven Shavell 的"为什么对所得再分配时法制不如所得税有效"（Why the Legal System is Less Efficient than the Income Tax in Redistributing Income），23 J. Legal Stud. 667, 674 – 675（1994）；Daniel T. Ostas 的"预言不合理性决定：一个经济模式和一次经验测试"（Predicting Unconscionability Decisions：An Economic Model and an Empirical Test），29 Am. Bus. L. J. 535, 543 n. 35（1991）。一般认为，责任规则不该用于财富再分配。这个论点被首次正式提出时与侵权法有关，此后变得极为普通。参见 Steven Shavell 的"法律裁定中效率与公平分配说明：应该给予分配衡平物最恰当的所得税吗？"（A Note on Efficiency vs. Distributional Equity in Legal Rulemaking：Should Distributional Equity Matter Given Optimal Income Taxation?）71 Am. Econ. Rev. 414（1981）；A. Mitchell Polinsky 的"法律与经济入门"（An Introduction to Law and Economics）119 – 127（2d ed. 1989）；Richard A. Posner, Economic Analysis of Law 103 – 4, 447 – 48（13rd ed. 1986）；Steven Sharell, Economic Analysis of Auident Law 296（1987）；Robert C. Ellickson 的"无法秩序"（Order without Law）177（1991）。这些论点对于传统法学的影响可见于诸如 Jean Braucher 的"给不公正下定义：联邦贸易委员会的移情作用及经济分析"（Defining, Unfairnes：Empathy and Economic Analysis at the Federal Trade Commission），68 B. U. L. Rev. 349, 381 – 384（1988）。

重责任处于紧张状态之中。在自由市场体系下提供福利救济会有害地刺激人们冒险借贷，从而加大福利制度成本并削弱其减贫目标。该论点最后认为，限制性合约学说是制止这种高社会代价行为的合适手段。

第一部分详细介绍"最低福利理论"。第二部分将最低福利理论（我视其为标准理论）与研究限制性合约法规的其他标准方法进行对比。第三部分探讨有关最低福利理论亦即描述性理论的根据，并将它与限制性合约法规的其他描述性理论进行比较。

5.1　最低福利理论

我以为国家有两个职责。其一，维护自由市场经济，执行产权和合约；其二，减少贫困，或者说正式些，防止所有公民沦落到最低福利水平线以下。最低福利线是一种生活标准而非简单的一笔货币净值，它包括住房、食品、医疗和其他"基本必需品"的消费。国家维持最低福利水平线，给落到线以下的人提供资金或其他救济品。

执行合约和维持最低福利水平这样一个双重职责在这里向我们提出了两个基本问题。首先，"福利机会主义"问题。鉴于收入或其他财产损失后个人有权从国家获得支付，福利制度下的投资人因投资失利所遭受的损失，比他在福利制度外的相同投资的损失要小。投资风险越高，福利救济的预期值也就越高，福利对投资现值的贡献也就越大。结果，与福利制度外的行为人相比，福利制度下的行为人往往做风险较大投资，而失败次数也较多。这种冒险，尤其是冒险贷款的行为扭曲，加大了福利的代价。

其次，维持自由市场和减贫的双重承诺提出了"滥用福利"（Welfare circumvention）问题。某些人因为个人癖好（他们对什么是"基本必需品"有自己不同的看法）愿意忍受国家认为低于最低福利水平线的某种生活方式。另一些人则为了某项诱人的风险投资而不惜忍受某种低于最低福利水平线的生活方式。因为我们实行自由市场经济，上述两类人均可以他们获取福利的权利换取现金——用于个人嗜好品或风险投资的现金。福利国家为了限制福利救济品的异化，曾采取措施，力图使福利救济品换不成现金，并劝阻人们不要将其用于个人嗜好。但是，享受福利的人或低收入者在自由市场条件下有办法将其救济品换成现金。他以收入或财产抵押借贷，用贷款购买与最低福利水平不相称的个人嗜好品，进行有可能置他于最低福利水平线之下的投资。

福利机会主义和滥用福利两个问题紧密相关。两者均源于减贫和提供福利之承诺，且均导致过度的高风险借贷等扭曲行为。不过，对国家财政而言，福利机会主义威胁最大：它增加了领取国家救济金的人数。而滥用福利则构成对维持最低福利水平的最大威胁：它使越来越多的人沦落到最低福利水平线以下。二者一起威胁着以合理代价减少贫困的计划。

我认为，部分打破对自由市场的承诺可以恰当地解决这些问题。因为福利机会主义和滥用福利一般采取高风险借贷的活动形式，故国家应制定限制此类活动的法律。限制性合约学说，如高利贷法，即起此作用。它们允许债务人逃避高利率借贷合约，从而迫使债权人从市场抽回此类合约，使债务人从一开始就失去获高风险借贷的机会。

论点展开了，下面让我对其中的要点做详细论述。

5.1.1 最低福利水平

鉴于"贫穷"是一种生活标准而不是一种实用等级，故国家承诺减贫的设想意味着物资与服务的最低福利水平。[②] 人们不但必须获得

---

② 这个设想显然简单化［比较 Nicolas Barr. 的"福利国家经济学"（The Economics of the Welfare State）（2nd. ed. 1993）］，不过用来讲一个论点足矣。参见：Jon Elster 的"地区公正：公共机构如何分配稀有资源和必要义务"（Local Justice：How Institutions Allocate Scarce Resources and Necessary Burdens）236－245（1992）（描述包括最低福利水平在内的"常识性的公正概念"）。假如拖欠者宣告破产，但仍能保留足够的财产和人力资本去获取不合格收入，他就无资格领取福利。本节所做的分析仅适用于穷人。破产法和非穷人将在后面叙述。

食品、住房等"基本必需品"，同时还得消费它们。而经济学家们往往认为，国家除致力于最大限度地增加效用总量外再无其他职责。他们支持福利，但以它能使效用最大化为限。在这种设想下，最低福利理论失去了意义。我无意从哲学或政治因缘方面为最低福利设想辩护。不过，如我在第二部分所讨论的，在说明历史及当代福利制度的作用上，减贫比效用最大化更能说明问题。③

5.1.2　福利机会主义

有必要替福利机会主义问题建立模型，以准确说明限制性合约学说是如何解决这个问题的。在 t_0 时，X 无财产，但面临两种投资选择。对第一种投资，他须以利率 r_S 向 Y 借一笔钱 L，意在 t_1 时以概率 p 获得回报 S。假设投资没有产生效益 S，其效益为 0。对第二种投资，X 须以利率 r_T 借一笔钱 L，意在 t_1 时以概率 q 获得回报 T。假设投资没有产生效益 T，其效益为 0。接下来，若投资成功，X 须在 t_1 时偿还 L 及利息，$(1+r_S)L$ 或 $(1+r_T)L$；若投资失败，X 无力亦无必要作任何偿还。

现在，Y 将 r_S 或 r_T 定在一个足以补偿 X 无力偿债的风险以及资金（r_m）的机会成本的水平上。这样，$p(1+r_S)L = (1+r_m)L$，或 $q(1+r_T)L = (1+r_m)L$。如我们所假设的，市场利率为 0，$r_s = (1-p)/p$，或 $r_T = (1-q)/q$。

假设 X 和 Y 均无信息成本，且对于风险均属中性。还假设投资 T 是 X 在非福利制度下的最优私人投资。因此，

$$qT > pS \tag{5.1}$$

当然，现实生活中有时并不存在 X 以可承受的利率为之借贷的、回报为 T 的投资。

现在，假设交易发生在福利制度下。那么，X 仅仅只需没有财富，即他投资失败，他就可在 t_1 时获得一笔福利款（W）。还假设 X

---

③　为简化起见，假定只有国家才维持最低福利水平线，实际上家庭、非正式的互助社、慈善组织也都这样做。不过它们不在本文讨论的范围。

不必用这笔福利款去偿还他欠 Y 的债。④

现在，X 的选择变成：$p[S-(1+r_S)L]+(1-p)W$，及 $q[T-(1+r_T)L]+(1-q)W$。他会选前者，如果，

$$pS > qT - (q-p)W \qquad (5.2)$$

如此，X 是选择投资还是其他，就看福利的可获程度了。

假设在一个连续的投资选择范围内总是存在两种投资 S 和 T。T 是非福利制度下的最优投资，而 S 则是福利制度下的最优投资，且 S 和 T 是不同的投资。不等式（5.1）和不等式（5.2）都成立。由于只有当（$q-p$）W 大于 pS 和 qT 的差时，这两个不等式才能得到满足。因此，可以得出结论：随着一项投资的风险的增大——相对于替换投资（高 $q=p$）而言——以及福利款的增加，这项投资的社会成本亦由于与福利相关的原因而增大。

例如，假设福利支付 $40（W），X 的选择有 80%（p）的可能性将 $100（L）的投资变为 $180（S），20%（1-p）的可能性是失败，以及有 100%（q）可能性将 $100（L）的投资变成 $150（T）。在非福利社会中，X 选择安全投资：其预期回报率为 $50（$150 - $100，式中 $r_T=0$），冒险投资的预期回报率则为 $44[0.8（$180 - $125），式中 $r_S=0.25$]。

然而，在福利社会，冒险投资的回报增加到 $52[0.8（$180 - $125）+0.2（$40）]，安全投资的回报则仍停留在 $50。实行福利扭曲了人们的冒险行为，因为随风险的增大⑤，预期福利救济也在增大。注意，在 $q=0$，预期"回报"（福利支付）等于 $40 这种情形下，X 不会选择无所作为。

为抑制上例中冒险投资一类不恰当的冒险行为，国家必须对 X 或 Y 或两人均施以某种制裁。为了使福利制度产生出与非福利制度同样

---

④ 该设想对于下结论并不重要，稍后还要讲到。见注释⑤。

⑤ 即使 Y 能收到 X′的用于偿付债务的福利支付金额，本结果仍然成立。如果 Y 有此权利，Y 会索要较低的利率，而较低的利息收入会减少 X′的成本，其减少的部分抵消了 X′的预期福利收入的损失。正式说，Y 会如此调整 r_S，这样 $p(1+r_S)L+(1-p)W=L$，或者 $r_S=[L-(1-p)W-pL]/pL$。例中，$r_S=0.15$；这样 X 会得到 0.8（180 - 115）= 52。

的激励机制，有必要用一笔相等数去抵消获取福利的预期值 $(q-p)W$。应对所有信用交易施加这种制裁或税收。

人们可能认为高利贷法对 $(q-p)W$ 特别高的交易施行了某种处罚。[6] 这种看法基于如下前提，即若出借方索要的利率高，$(q-p)W$ 也就可能高。由于 $r_S = (1-p)/p$，这是正确的，使 q 和 W 均保持不变。上例中，在福利社会，r_S 是 25%。如果高利率的上限低于 25%，Y 就不会借钱给 X，X 就只好去选择从社会意义上说更可取的投资 T 了。也许 X 可以通过黑市借到 \$100，但因黑市贷款非法，操作成本高，故黑市利率较高。在例子中，黑市利率高于 27%，就会使 X 去选择安全投资，而不是冒险投资。

请看图 5.1。已知 S、L 和 W[7]，曲线 V_n 和 V_w 分别代表针对 X 的非福利制度和福利制度下的投资值。显然（除非相对 S，W 较大），V_n 和 V_w 随着成功概率的提高而上升。V_w 值超过 V_n 的价值为 $(1-p)W$。位于曲线之间的区域代表福利所导致的借贷市场上的扭曲行为的成本。图 5.1 显示，以从 V_w 中减去 $(1-p)W$ 的方式处罚 X 和 Y，国家就能消除福利国家造成的扭曲现象并产生出与非福利国家相同的激励效果。

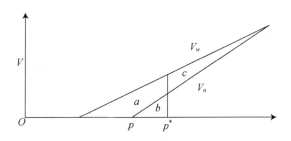

图 5.1　在福利体制和非福利体制内投资的相对值

---

⑥　有关对付福利机会主义的其他法律办法，稍后叙述；见注释 *ID*。

⑦　$V_n = p[S-(1+r_S)L]$；$V_w = p[S-(1+r_S)L]+(1-p)W$，如果 $r_S = (1-p)/p$（因为我们假定，若 X 拖欠，则 Y 就无权得到 X 的福利支付），那么，$V_n = pS - L$，$V_w = pS - L + (1-p)W$。

　　但是，这种制裁操作起来有困难。[⑧] 不过，国家可以规定利率上限 r^*，式中，$r^* = (1-p^*)/p^*$，p^* 代表这样一个风险，在这个风险之上，投资的社会成本超过其对 X 的私人价值。国家应将 r^* 定在一个较低的点上，以阻止 $V_n < 0$ 的投资，原因是，这些投资社会成本高且是仅因考虑到预期福利救济才做的投资。国家应将 r^* 定在稍低的点上，以阻止信用市场扭曲所致亏损超过 X 私人收益的边际投资。在利率上限 r^* 抑制低于图 5.1 概率 p 的投资的体制下，X 的动机仍然被（c 区所代表的）某些预期福利救济所扭曲；X 此外将得不到（b 区所代表的）某些私人救济品；不过，他的动机不再为（a 区所代表的）大量的预期福利救济所扭曲。

　　高利贷法对信用市场的扭曲所作的严厉反应，是福利的潜在可获性造成的。正如模型所隐含的，这种潜在可获性影响着每一笔交易，而不管债务人欠账和因欠账而有资格获得福利的可能性有多么小。一项允许安全交易、防止冒险交易的明确（bright-line）裁定，对社会成本低的和社会成本高的交易作了粗略的区分，因为冒险交易的社会成本高于安全交易的社会成本。

　　对福利机会主义论点持反对意见的人可能认为，穷人通常利用信贷去购买消费品，而不是去投资，然而，是否有资格获取大多数种类的福利救济品，要依收入水平和申请人的财产价值而定。[⑨] 因此，一位不履行借贷义务并丧失了附加条款下全部家具的买者，原则上反倒具备了获得福利救济的资格。在这种情况下，买者受福利机会主义的影响。实际上，如我们将要看到的那样，福利救济的标准对个人财产价值的波动不一定有那么敏感。在这样的情形下，买者不受福利机会主义的影响，而是国家的态度引出了新的问题，即滥用福利。

5.1.3 滥用福利

　　假设最低福利水平由下列组成：一私人房间，每天有少量食品、衣

---

⑧　见注释 ID 有关消费税的讨论。

⑨　见 Arthur B. LaFrance 的 "福利法：结构与权利概论"（Welfare Law: Structure and Entitlement in a Nutshell）308—317（1979）。

服，意外事故时有医疗保障，少量家具和用品以及偶尔有点儿娱乐。作为普通人的 X 每月花 \$600 即可买到这些实物和服务。假设 X 有工作，扣除税收后每月挣 \$600，而 X′没工作，每月领取价值 \$600 的福利救济。

先说 X′，假设福利救济全部由每月 \$600 现金组成。从国家保障最低福利水平的角度看，问题在于确保 X′用这些钱去购买基本必需品。可是 X′也许把这些钱用于毒品、奇装异服或赌博。国家对这种个人嗜好可以作出回应⑩，办法是将大部分救济改为实物救济，例如，住房补助、食品券等。再说 X。他也可能把收入用于个人嗜好品，而国家的反应就要困难些了。不过国家可以通过对基本必需品实行补贴的办法正确引导 X 的消费。还可以对毒品和赌博等诱人的"坏东西"征税和处罚，以进一步引导 X 和 X′。

更有趣的问题是，即使 X 或 X′已被引导远离毒品和赌博等传统的"坏东西"，他还可能愿意采取赊购方式提高待购品的质量和拟投资的回报率。用现金，X′只能买一台廉价电视机；可赊账，他却能抱回一台高档货。⑪用现金，X 只能每月花几百美元买彩票；用未来收入抵押借贷，他却可在朋友那新潮而尚不成熟的企业里预先投上几千美元。问题是，预计用于还款的来源可能枯竭：X 可能失业，X′可能被歹徒抢走一个月的福利支票。到期还不了款，X 或 X′即会失去财产，跌到最低福利线以下。

这样，信用在增加人们投资组合分量的同时，威胁着国家执行最低福利水平的能力。神智健全、见多识广但有较强癖性的人如果购买了信用，在提高其效用的同时，亦加大了落到最低福利水平线下的风险。信用越便宜，买的人就越多，拖欠借款及沦落到最低福利水平线下的人数也就随之增加。因此，国家有必要限制信用的可获性。

---

⑩ 这里说某人有"嗜好"仅指他花钱的偏好与国家的希望大相径庭。X 或 X′用每月 \$600 购买"基本必需品"不算是"嗜好"。这个词应从广义上理解，因为即使有较多主流喜好，不愿冒险的人也会把领取的福利或收入花到高风险活动中去，同时却指望富人或私人慈善机构帮他摆脱困境。参见 James M. Buchanan 的 The Smamaritan′s Dilemma, in Altruism, Morality and Economic Theory（Edmund S. Phelps ed. 1975）。

⑪ 例如，参见 Murphy v. McNamara, 416 A. 2d. 170（Conn. 1979）。

还要指出两点。(1) 只要拖欠造成的财产损失足以使某人有资格领取他现在未领取的福利，问题即属福利机会主义而不属滥用福利。但如债务人已享受福利（如 X′），或财产损失未导致福利救济（如果 X 因违约被没收家具就可能发生这样的情形），问题就不属于福利机会主义。

(2) 如果国家对人民实行严密监控，确保他们都生活在最低福利水平线以上，在他们落到水平线以下时立即给他们拨款，那么，问题仍属福利机会主义，而不属滥用福利。但是，实行如此严密的监控并在某人拖欠及家具被没收时即向其提供资金，这样做似乎不切实际。更重要的是，若国家如此关注，福利机会主义问题就会变得难以对付。只要发生的损失能使人们立即有资格领取更多的救济，人们就会不断地投钱作高风险赌博。

5.1.4 限制性合约学说

像上面谈到的，从理论上说，抑制福利机会主义的确切方式是增大每一项信贷合约的代价，增大的金额要等于合约预期值中归因于预期福利救济的那一部分。虽然在任何已知实例中难以计算出这笔数，但是只要贷款有风险、债务人穷，这笔数就很可能不会小。

在借贷人有可能将贷款用于与维持最低福利水平不相称的采购或投资的情况下，阻止滥用福利的恰当手段是提高信用成本。信用成本应该提高多少，即使在理论上也无法精确确定，因为无法给最低福利水平一个精确的含义。不过可以说，因为穷人（无论其是否享受福利）已经很接近最低福利水平线，滥用福利更有可能涉及给穷人高风险贷款而不是给非穷人低风险贷款。[12]

这样，对福利机会主义和滥用福利的恰当回应，就集中在阻止向贫困者提供高风险贷款的政策上。这个政策的一个做法，是不执行向贫困者提供高风险信贷的合约。实际上，可以采用明确的规定，包括设置利率上限，此学说意在防止通过下述方式规避利率上限：巧妙利

---

[12] 对于借了大笔钱（相对其财产而言）的非贫困者，破产法禁止其从事福利投机和福利滥用。稍后要讲到该法。

用合约措辞和漏洞，给非贫困者和公司提供较高风险信贷。第三部分论证说，限制性合约学说的这种体制大体就是人们在法律中找到的那种。

限制性合约规则的优点是可以自动执行。虽然没什么条文禁止债务人接受高风险信贷，但由于裁定允许债务人逃避其义务，因而债权人拒绝给予这样的信贷。当然，限制性合约学说阻止不了顽固不化的冒险者、好浪费者、有毒瘾者、好赌者以及其他有极端行为倾向的人；它只对边缘上的人起作用——想利用信贷炫耀高档立体声音响的普通人。限制性合约学说也无法阻止那些无力赊购高档电视机的穷人用现钱购买毒品或蹩脚食品。刑法、社会工作者、心理学家以及税收都在集中对付极端分子，不过，这些措施和限制性合约学说既不能消除所有冒险行为，又无法只确保健康得体的行为这一事实动摇不了我的论点。在某种程度上，抑制风险的措施已太压人、太令人讨厌（英格兰济贫院，我以后还要谈到，突然浮现于脑际）。还有，相互冲突的标准阻碍了最低福利理论的全面落实，严格说来的确如此。

我的方法与保险公司处理精神险的方法类似。假如保险人不必花钱就可以监控被保险人并随监护量的变化收取相应的保险费，那么被保险人就会恰当地谨慎行事。但因为信息产生费用，保险人不得不利用免赔额、赔付上限、处罚以及其他手段减少被保险人冒险的动机。最低福利水平和强制征税一般来说（但不总是）排除"保险费"（即税收）的提高，或杜绝不向可能成为福利领取人的人提供"保险"（即福利救济）的做法。但是，国家可以通过提高信用成本来设立某种免赔额。加大信用成本促使个人加大其资本—资产比：其冒险的动机减弱，因为一旦风险成真他们就会失去"产权"。同样的原理说明了银行调控机构建立最低资本需要的必要性：即防范道德风险，此险产生于对计算师计算的联邦存款保险之相应保险费的收取实行法律的、实际的限制。

不过，限制性合约学说并不是抑制福利机会主义及滥用福利的唯一手段。还有其他可能性。

（1）许可。通过比较，可以设想一种制度，在这种制度下，要求所有"贫困者"只有在得到国家的批准后才能签署任何种类的信用合约。国家只有在审查了申请人的资产负债表后确认，违约拖欠不至于使申请人滑到最低福利水平线以下，才批准合约。但这样做麻烦、花费高、易被滥用、令人感到压抑且难以执行，故无法令人接受。

（2）行政处罚。国家可以对被发现签署了高风险信用合约的贫困者或商人进行制裁。鉴于有必要建立可接受的行为准则而且这些准则将类似于限制性合约学说，因而，此种方式与采用限制性合约学说的方式的唯一区别在于，是国家而不是债务人有行动的权利。更有意义的是，应该像消费者保护法那样，给予国家和债务人两者以行动的权利。

（3）消费税。有人认为，对信贷征税可以有效抑制对高风险信贷的依赖。[13] 这个论点的问题是，最低福利理论只要求对给穷人的高风险信贷征税，而不对其他种类的信贷征税。国家对给穷人的高风险信贷征税的操作难度比依靠限制性合约裁定的难度要大。[14] 如合约所称，它们自动执行。

5.2　其他规范理论

将最低福利理论与研究限制性合约裁定的其他规范方法进行比较，即可进一步深化我们的分析。

经济自由主义是经济学家和法律经济学家们的主导观点。这个观点引导法庭强制执行所有自愿签订且不产生外在消极影响的合约。[15] 根据上下文来理解，外在消极影响有可能是卡特尔制造的某个高于市

[13]　比较 Robert E. Scott 的 "对强制性债权人补救的规定的再思考"（Rethinking the Regulation of Coercive Creditor Remedies），89 Colum. L. Rev. 730，772（1989）。

[14]　参见 Thomas H. Jackson 的 "破产法的逻辑与局限"（The Logic and Limits of Bankruptcy Law）249 n. 66（1986）。

[15]　"经济自由主义" 一词听起来有点矛盾［比较 Amartya Sen 的 "选择、福利与尺度"（Choice, Welfare and Measurement）285 ff.（1982）］，但是赞成维护自主的自由主义者和赞成最大化财富的经济学家们的见解，在支持执行普通、自愿和商业的合约以及反对限制性合约裁定方面是一致的。有关论述可在注释① Trebilcock 中找到。

场的价格，或犯罪阴谋制造的伤害。这类外在消极影响仅能对有限的缔约限制作出合理解释。没有任何经济自由主义者像我一样指出，福利机会主义和滥用福利构成了外在消极影响并证明对信贷实行广泛的合约限制合乎道理。⑯

尽管反对济贫的真正自由主义者不相信最低福利理论，但大多数经济学家和法学家承认济贫的重要性或不可避免性。但他们认为，国家济贫应通过税收和转让，而不应干预自愿订立的合约，因为干预的效果要比税收和转移支付的效果差，而且实际上是把财富从穷人那里转走而不是转给穷人。⑰

对于认为合约裁定不该用于财富的再分配的观点，我不与之争

---

⑯　然而，有关类似滥用福利论之论点，比较 Susan Rose – Ackerman 的 "不可分性与产权论"（Inalienability and the Theory of Property Rights），85 Colum. L. Rev. 931，959—961（1985）；Daniel A. Farber 的 "合约法与现代经济现论"（Contract Law and Modern Economic Thoery），78 Nw. U. L. Rev. 303，335—337（1983）；George J. Wallace 的 "高利贷的用途：低利率上限再审视"（The Uses of Usury：Low Rate Ceilings Reexamined），56 B. U. L. Rev. 451（1976）。

⑰　这个论点提出过多次。例如参见：Charles Fried 的 "合约即承诺"（Contract as Promise）105—107（1981）；Charles J. Goetz & Robert E. Scott 的 "执行承诺：合约基础审视"（Enforcing Promise：An Examination of the Basis of Contract），89 Yale L. J. 1261，1320—1321（1980）；Richard A. Epstein 的 "不合理性：关键的重估"（Unconscionability：A Critical Reappraisal），18 J. Law & Econ. 293（1975）；Alan Schwartz 的 "实质不合理性的再审视"（A Re-examination of Substantive Unconscionability），63 Va. L. Rev. 1053，1062（1977）；Robert Cooter & Thomas Ulen 的 "法与经济学"（Law and Economics）273（1988）；Michael J. Trebilcock 的 "缔约自由的限度"（The Limits of Freedom of Contract）97—101（1993）；Louis Kaplow & Steven Shavell 的 "为什么对所得再分配时法制不如所得税有效"（Why the Legal System is Less Efficient Than the Income Tax in Redistributing Income），23 J. Legal Stud. 667，674—675（1994）；Daniel T. Ostas 的 "预言不合理性决定：一个经济模式和一次经验测试"（Predicting Unconscionability Decisions：An Economic Model and an Empirical Test），29 Am. Bus. L. J. 535，543 n. 35（1991）。一般认为，责任规则不该用于财富再分配。这个论点被首次正式提出时与侵权法有关，此后变得极为普通。参见 Steven Shavell 的 "法律裁定中效率与公平分配说明：应该给予分配衡平物最恰当的所得税吗？"（A Note on Efficiency vs. Distributional Equity in Legal Rulemaking：Should Distributional Equity Matter Given Optimal Income Taxation?）71 Am. Econ. Rev. 414（1981）；A. Mitchell Polinsky 的 "法律与经济入门"（An Introduction to Law and Economics）119—127（2d ed 1989）；Richard A. Posner 的 "法律经济分析"（Economic Analysis of Law）296（1987）；Robert C. Ellickson 的 "无法秩序"（Order without Law）177（1991）。这些论点对于传统法学的影响可见于诸如 Jean Braueher 的 "给不公正下定义：联邦贸易委员会的移情作用及经济分析"（Defining Unfairnes：Empathy and Economic Analysis at the Federal Trade Commission），68 B. U. L. Rev. 349，381—384（1984）。

论。我不赞成认为上述声明意味着合约裁定应引导法庭强制执行所有自愿订立的合约的观点。福利制度造成的扭曲信用行为意味着，这样的政策既鼓励社会成本高的交易，又干扰了福利制度减贫的目标。

我要补充一点。某些经济自由主义者说，不合理学说及类似裁定只在少量情形下才被证明可合理地用于撤销那些产生于很难被传统合约学说识别的滥用交易的合约。[18] 如我在下面谈到的，如此应用不合理学说，实际上是没有将其作为限制性合约裁定去应用，这不影响我的论点。

经济自由主义是下列论点的一种实用标签：限制性合约学说应该用于撤销产生于不平等谈判实力的合约。[19] 这个看法的问题是，对单个卖主和单个买主之间的合约争议进行审判的法庭难以评估卖方的市场地位，亦难以采取恰当的补救办法。依据反托拉斯学说提出的案例提供了对付垄断行为的更合适的机会。还有，源于不平等谈判实力的合约不一定都异于源于市场竞争的合约。[20]

家长主义认为，在撤销违背签约人自身利益的合约上，限制性合约学说被证明是合理的。虽然很难在学术文件中找到为这种立场辩护的观点[21]，但合约法学者普遍感到，家长主义态度是某些法官在某些合约案例中使用不合理学说的原因。[22] 尽管有时有必要或没必要免去债务人承担其误判断之后果的义务，但很难说，接受风险信用的所有或大多数穷人或不那么穷的人这么做都是因为他们的判断力太差。然而，限制性合约学说的家长式辩护会这么宣称，因为这个学说阻拦一

---

⑱　见注释①的 Epstein。

⑲　这个观点普遍地被法庭推进了。参见 James J. White & Robert S. Summers 的"统一商法"（Uniform Commercial Code）§4—5（3d. ed. 1988）；例如，参见 Henningsen v. Bloomfield Motors, Inc. 161 A. 2d 69（1960）。

⑳　见注释① Trebilcock，97—101。

㉑　供讨论，参见 Duncan Kennedy 的"合约和侵权法中的分配和家长主义动机，特别强制条款和不公平交易权"（Distributive and Paternalist Motives in Contract and Tort Law, with Special Reference to Compulsory Terms and Unequal Bargaining Power），41 Md. L. Rev. 563（1982）；Anthony T. Kronman 的"家长主义与合约法"（Paternalism and the Law of Contracts），92 Yale L. J. 763（1983）。

㉒　参见 Arthur Allen Leff 的"不合理性与法——皇帝的新条款"（Unconscionability and the Code—the Emperor's New Clause），115 U. Rev. 485, 556—558（1967）。还见注释㉕。

切高风险信用。

最低福利理论本身并不是家长式的。福利机会主义和滥用福利问题仅仅是国家致力于自由市场和最低福利水平线之设想的合乎逻辑的结果。这个理论不在乎济贫设想的来由，可能源于家长式动机（人应当防备自己）、同情心（穷人应得到帮助）或完全出于自我关心的需要，如担心贫穷引起骚乱。

5.3 证据

最低福利理论为限制性合约学说作了貌似规范的辩护，但作为描述性理论来说，它的法律依据更为复杂。

尽管法律著述中很少有关于限制性合约学说的系统的描述性理论，但我认为有关限制性合约学说的各种规范性论点，依赖于两个相互对立的有关它们为何存在的假定上，该假定我们称之为理论。在称作坚定的经济自由主义描述性看法下，我一直称之为限制性合约裁定的东西不干预自愿缔约。要么它们并不真实存在，只是像传统合约学说一样被利用来防范交易弊端（如有时对不合理学说所宣称的那样）[23]；要么确实存在，但因有漏洞等而影响不了行为（如有时对高利贷法所宣称的那样）。

在软弱的经济自由主义描述性看法下，限制性合约裁定被承认存

---

[23] 这大约是早期评论家的设想；例如参见 M. P. Ellinghaus 的"维护不合理性"（In Defence of Unconcionability），78 Yale J. L 757（1969）；John A. Spanogle，Jr. 的"分析不合理性问题"（Analyzing Unconscionability Problems），117 U. Penn. L. Rev. 931（1969）。为不合理学说辩护时，他们常援引高利贷法的先例（例如参见 Spanogle 的上述 935），但他们还争辩道，不合理学说促进缔约自由（参见 Spanogle 的上述 935—936），因而尚不清楚评论家们支持不合理学说，究竟是因为减少缔约自由最不受关心，还是因为这种减少根本就不会发生。有关认为处罚说无真正限制性作用而主要用于撤销滥用交易所导致的合约之论点，参见 Samuel A. Rea，Jr. 的"处罚及违约罚金的效率含义"（Efficiency Implications of Penalties and Liquidated Damages），13 J. Legal Stud. 147（1984）。

在，但仅作为某种返祖现象或怪异现象，而不是法律制度的理性反映，有人也许会说，限制性合约裁定是历史惰性的产物或私人利益压制的产物或错误的产物。[24]

由于篇幅有限，我只对两种证明作简要评论：（1）在美国法律中通行的裁定，包括其对信用市场影响的证明；（2）有关济贫机构与合约裁定之间历史关系的证明。

限制性合约裁定是否存在，是否有影响，这是一个区分坚定的经济自由主义（否定）与软弱的经济自由主义和最低福利理论（肯定）预言的问题。这种裁定之所以产生是否为了防止福利机会主义和滥用福利，这是一个区分两种形式的经济自由主义（否定的）与最低福利理论（肯定的）预言的问题。为回答第一个问题，让我们来看裁定是如何被利用的。为回答第二个问题，让我们来看有关行为人的动机和信念的证明。[25]

---

[24]　关于高利贷法史的利益集团理论，参见 William J. Boyes 的"保护被蹂躏者：高利贷法？"（In Defence of the Downtroden：Usury Laws？）39 Pub. Choice 269（1982）（认为保守的州将实行严格的高利贷法，因为它们把财富从穷人转移至富人，而自由主义的州将实行宽松的高利贷法）；Robert B. Ekelund, Jr., Robert F. Hebert, & Robert D. Tollison 的"中世纪教会的经济模式：寻求租金手段的高利贷"（An Economic Model of the Medieval Church：Usury as a Form of Rent Seeking），5 J. L. Econ. & Org. 307（1989）（认为教会把高利贷法当作寻求租金的一种手段）。关于高利贷法是"商前道德"的论点，参见 Benjamin Nelson 的"高利贷思想"（The Idea of Usury）（2d. ed. 1969）。

[25]　由于篇幅有限，我只在本注释里讨论经济自由主义和家长作风。作为描述性理论，经济自由主义预言，限制性合约学说用于撤销债务人和组成卡特尔的或垄断性的债权人之间的合约。但是，对于普通债权债务诉讼案，法庭从来就不做市场调查。尽管某些历史证据表明，人们常认为限制性合约学说有益地干预了垄断性的债权人，但几乎没有什么能证明现代债权人拥有强大的市场力量。再者，如果法庭只调节非价格条款，它们就不会产生反垄断的效果。参见 Alan Schwartz & Louis L. Wilde 的"以不健全信息为根据的市场干预：法律和经济分析"（Intervening in Markets on the Basis of Imperfect Information：A Legal and Economic Analysis），127U. Penn. L. Rev. 630，656—658（1979）（其中有调查节选）。家长主义认为，法官利用限制性合约学说保护贫困者免受其错误判断之害（见注释[21]、[22]及释文）。概念模糊妨碍可测试性：但是，假设家长主义认为所有贫困者都曾有过错误判断，这就错误地意味着，除非认为贫困者在处理信用方面特别准备不足，否则法官会比干预一般合约更多地干预涉及贫困者的非信用合约。还有，除非扩大家长主义，让其包括非常富有者和经验老到者，否则有关贫困者的家长主义并未在有关信用交易方面解释破产法对非贫困者的有用性。这些说法也许不无道理；我希望它们能部分地解释某些法官的动机；但与最低福利理论推出的说法相比，它们完全不那么简单、那么具有综合性。

5.3.1　现存体制

5.3.1.1　福利

美国的福利制度是由各种复杂的计划拼凑起来的，产生于各级政府——联邦、州和地方政府。各种计划经常相互重叠和冲突。其中有的不但给贫困者，也给非贫困者提供救济。不过仍有几个题目值得讨论。

首先，福利计划设置了某种像最低福利水平线的东西。失去工作并且没什么储蓄的人一般都有资格从州政府和（如果是带孩子的母亲）联邦政府领取现金支付（称作"普通资助"），包括失业保险。他们有资格获得食品券、白天有人照顾、住房补贴、公用事业服务补贴以及职业培训；在极端情况下，他们可以到避难所避难，到济贫院施粥处果腹。严重的残疾人有资格获得社会保障救济；老人、残疾人、享受抚养子女家庭资助的母亲以及其他类别的贫困者，有资格享受"医疗救助"计划内的医疗帮助。未参加保险但需要立即就医的人，可以从禁止医院急诊室将未投保患者赶走的法律中得到好处。老人也有资格获得社会保障救济。几乎每一个人都从许多其他的州和联邦保险项目获益，包括联邦定期储蓄保险、州保险公司破产保险、联邦养老金遗失保险以及联邦灾害救济。[26] 从众多这些计划中形成了某种不言而喻的最低福利水平线，尽管显然还很粗糙、不全面，而且兴许还不够慷慨（大大低于——别搞混了——"贫困线"）。

其次，福利计划通常结合限制表现机会主义色彩的行为。例如，保险机构根据无工作能力证据、努力找过工作或先前有过固定工作

---

[26]　参见"反贫困"中收集的论文："什么行得通，什么行不通"（What Works and What Doesn't）（Sheldon H. Danziger & Daniel H. Weinberg eds. 1986）；以及"美国的福利改革：前景与展望"（Welfare Reform in America：Perspectives and Prospects）（Paul M. Sommers ed. 1982）；也参见 Micheal B. Katz 的"不值得同情的穷人：从贫困之战到福利之战"（The Undeserving Poor：From the War on Poverty to the War on Welfare）（1989）；"保险问题"（Issues in Insurance）123 ff.（John D. Long ed. 1981）；June Axinn & Herman Levin 的"社会福利：美国对付贫困的历史"（Social Welfare：A History of the American Response to Need）（1975）。

（如参加过失业保险者）的证据或参加过教育计划的证据等，频繁地规定领款条件。强制性社会保险税至少在理论上迫使人们储蓄，而不是挥霍来指望日后领取国家提供的退休金。安全和完善的规章制度禁止银行冒险，从而抑制人们到有风险的银行存储的动机。可以认为，国家就是通过要求系安全带、戴头盔及采取其他安全措施的法律和对烟、酒及其他危险品征税的法律，与以生命冒险的动机相抗衡。我并不意味着说，为抵制福利机会主义所采取的措施都合适。众所周知的反例有，可以但不强迫在漫滩上筑房的人购买私人保险的自然灾害保险，以及可以但不阻止人们将财产转给家庭成员从而有资格享受救济金的医疗救助法。[27] 为对付福利机会主义所采取的措施，必须向行政成本和相互抵触的标准（如反对干预选择的标准）作出让步。

最后，福利计划通常认识到滥用福利问题。一个仅以提高穷人生活水平为目的的福利制度由现金分配组成[28]，而美国的福利制度则部分以货物和服务的形式分配救济。这样的例子包括住房和公用事业服务补贴、食品券、急救室急救及临诊补贴。如上文所述，这些救济的结构和限制性法律（如禁止扣押福利救济和出售食品券的法律），禁止将福利救济换成现金，同时亦禁止用此现金作冒险投资或购买嗜好品。法律对毒品、酒、卖淫或其他类似诱人的货物和服务规定征税或

[27]　例如参见 Katherine Swartz 的 "未参加医疗保险者：对工人的特别关注"（The Medically Uninsured: Special Focus on Workers）4—5，9—10（1989）（有证据表明，许多人因指望接受免费急救服务而拒绝购买健康保险）；Louis Kaplow 的 "所得税即保险：伤亡损失和医疗费扣减与医疗保险金除外"（The Income Tax as Insurance: The Casualty Loss and Medical Expense Deductions and the Exclusion of Medical Insurance Premiums），79 Calif. L. Rev. 1485（1991）（讨论伤亡损失和医疗费扣减的刺激效果）；Dan R. Anderson & Maurice Weinrobe 的 "关于自然灾害抵押拖欠险的保险问题"（Insurance Issues Related to Mortgage Default Risks Associated with Natural Disasters），53 J. Risk & Ins. 501（1986）（多数人因指望在地震时领取政府资助而不购买地震险）；Louis Kaplow 的 "动机与政府风险救助"（Incentives and Government Relief for Risk），4 J. "风险与不确定性"（Risk & Uncertainty）167（1991）。

[28]　已对实物救济提出了以效用为基础的解释。某位评论家建议国家提供实物保险，例如健康保险，因为领取人会拒绝用现金救济去购买保险（即使这是最佳选择），而指望富裕的利他主义者会在紧急关头救助他们。参见 Stephen Coate 的 Altruism, the Samaritans Dilemma and Government Transfer Policy, Am. Econ. Rev. 。不过请注意，这个理论认为利他主义者发现某些剥夺（如缺乏医疗）比其他剥夺更令人难以容忍，从而感到有责任维持某种最低福利水平线。

禁止；不鼓励人们用与最低福利水平线不相称的方式使用现金。福利制度的意图主要在于设置一个最低福利水平线，而不在于增加穷人的生活效用。[29]

在福利国家这么多不为人注意的因素作用下，弄清楚最低福利理论如何得以延续这一点十分重要。如果法律反对福利所造成的不正常工作动机，为什么法律不反对福利所造成的不正常信用动机？如果法律反对穷人从事冒险的和怪异的活动，为什么法律不反对他们依靠高风险信用？这就存在限制性合约裁定问题。

5.3.1.2　限制性合约裁定

什么是限制性合约裁定？它们的功能是什么？它们确实存在吗？

（1）高利贷法。我用"高利贷法"这个词指各州用于利率调控的纷繁的法律大杂烩。各州通常规定一个作为拖欠尺度的法定利率，规定各种较高的民事利率上限以及更高的刑事利率上限。民事利率上限随下列因素的变动而变动：交易性质（资金贷款、零售分期贷款、抵押）、担保金额、放贷人性质（银行、信用社、当铺、个人）、借贷人性质（公司、个人）、贷款数额以及贷款期。这些上限经常出现在诸如"小额贷款法"和"分期信贷法"等不同的立法中，未得到很好协调。[30]

虽然高利贷法如此错综繁杂，平心而论，其结构还是显露了某种阻止向穷人发放高风险贷款的意图。各种利率上限都与风险相联系：一般来说，贷款数额越大，贷款期越长，贷款的使用就越不受限制，安全性就越低，借贷人的共同一致性就越差，实用利率上限就越低。

---

[29]　例如见 Gary Burtless 的"为穷人的公共支出：趋势、展望及经济局限性"（Public Spending for the Poor：Trends，Prospects，and Economic Limits），in Danziger & Weinberg eds.，注释㉖，at 24（之所以对让与进行分配，是因为多数投票人对特定种类的剥夺——缺乏食品、体面的住房及基本的医疗——的关心要大于对一般贫困的关心）；还见 Neil Bruce & Micheal Waldman 的"实物让与：为什么它们可以有效且不具家长作风"（Transfers in Kind：Why They Can Be Efficient and Nonpatemistic），81 Am. Econ. Rev. 1345（1991）。实物救济也许还会得到下述家长主义观点的支持：对于穷人需要什么，国家比穷人更清楚。

[30]　见 Barbara A. Curran 的"消费信用立法趋势"（Trends in Consumer Credit Legislation）（1965）；Practising Law Institute，Usury Laws（1982）。

确实，立法机关有理由认为贫困者的信贷"过多"。如证据显示的，低收入消费者负债要比中高收入消费者重，拖欠也更厉害。[31] 除非认为贫困者比非贫困者更偏好冒险，或认为贫困者在处理信用问题上能力低（这两种认为均无证据[32]），否则这种证据暗示：福利制度鼓励贫困者举债，而对非贫困者却没什么刺激效果。[33] 然而，数据却可以简单地反映暂时贫困者通过借贷扯平其生活消费所做的努力。

证据还显示，高利贷法对低收入者的信贷额大量减少，对中等收入者的信贷额减少不多，而给富人的信贷额则几乎没什么减少。[34] 如果收入与风险有关，那么上述结果即支持了此种说法：高利贷法是限制向穷人提供高风险信贷的有效手段。

如果高利贷法具有限制高风险信贷的功能，则高利率上限应当随时随地与市场利率同浮动（或高于市场利率）。如我在下一段要讨论的那样，情况通常就是如此。

高利贷法限制小额信用市场的证据与下述对高利贷法的经常性指责相抵触：即债权人和债务人可以隐瞒信用要素或利率规模[35]的方式重新构筑贷款合约，从而逃避高利贷法的管束。批评家们指出，此种逃避的例子有：零批分期偿付计划、租赁、处罚金、广泛的担保条款，以及许多其他合约手段。

---

③ 见"消费财政全国委员会"的"消费信用在美国" 19—20（1972）；Mary E. Ryan & E. Scott Maynes 的"过度负债者：谁，为什么"（The Excessively Indebted：Who and Why），3 J. Consumer Aff. 107（1969）。

③ 见注释①的 Schwartz, at 1079—1080（discussing studies）；Jan M. Newton 的"贫困者的经济合理性"（Economic Rationality of the Poor），36 Hum. Org. 50（1977）。

③ 福利制度对非贫困者没有多少刺激作用的原因在于，破产时他们所能保护的财产和人力资本的数量，超过了他们有资格获取福利的收入水平。当然，拥有大量人力资本的非贫困者如果拖欠贷款，可能有资格领取福利；他也许选择不工作或因事故丧失工作能力。

③ 见 Daniel J. Villegas 的"高利贷上限对消费信用的影响"（The Impact of Usury Ceilings on Consumer Credit），56 S. Econ. J. 126（1989），及其中引用的研究；还见 Orville C. Walker, Jr. & Richard F. Sauter 的"消费者对替代零星信用条款的偏好：消费法效果的概念测试"（Consumer Preferences for Alternative Retail Credit Terms：A Concept Test of the Effects of Consumer Legistation），11 J. Marketing Res. 70（1974）。一般见注释：高利贷法——它对经济的影响及改革建议，33 Vand. L. Rev. 199（1980）。

⑤ 例如见注释③，"消费财政全国委员会"第 101 页。

这种论点的问题是：第一，这种逃避对于小额贷款合约往往经济上不合算；第二，它们涉及不同层次的风险，因而也许较之可比的货币贷款风险要小；第三，随其意义和效果日益明朗化，它们整个已逐步被法官和立法机关制定的法律限制所包围。

只谈一个。零售分期付款合约随耐用消费品市场的发展而出现于19世纪的英国和美国。高利贷法防止放款人为使消费者购买这些商品而给予现金贷款，因为有风险故需要高于高利率上限的利率。这样就出现了一种做法，即卖者将商品借给买者，买者以现金分期偿还所借之物。当代人知道，这类交易的利率比高利贷法允许的要高，而且这类交易常常被告到法庭上去。可法庭通常都维护零售分期付款合约，理由是，高利贷法禁止货币贷款的高利率，而不禁止商品贷款的高利率。[36]

乍一看，这种理由似乎显得徒有其表。以20%利率从银行借钱购一台缝纫机与以20%利率从卖者手中借一台缝纫机，其间的差异实难分清。不过，由于缝纫机作为一种耐用消费品属于某种形式的储蓄，支付一台缝纫机的义务与偿付一笔未与缝纫机捆在一起的货币贷款的义务相比，前者的风险要小于后者，因为货币贷款有可能用于购买耐用价值比缝纫机低的其他商品。[37]

最终英国和美国各州都立法限制零售分期付款交易的利率，且上限都比货币贷款的上限要高。这些法律及其他法律，如"统一商法典"第九条和联邦破产法中有关保护采购货币担保利息，反映了一种直觉，即允许人们以获取耐用商品为目的而借贷产生的社会成本，不如允许人们为其选择的任何目的而借贷的社会成本那么高。与此同时，在坚持有意义但较高的利率上限时，决策者们也认识到，即使利用信用获取耐用消费品，也有内在风险。

---

[36] 例如见 Hogg v. Ruffner, 66 U. S. 115（1861）。

[37] 注意：如果信用销售是"假"的，法庭就可能对其使用高利贷法。见 Foreign Commerce Tonn. 789 F. 2d. 221，226（3d Cir. 1986）（James Hunter Ⅲ. J. dissenting）。当借贷人并未真正用钱购买货物（如当他将自己已有的货物卖给债权人并将其赊购回来）时，"假"大概就算发生了。

（2）不合理性。零售分期贷款只不过是律师们起草的、意在帮助其客户规避高利贷法的众多合约中的一种。在另外一种颇为流行的合约中，债务人往往为一笔法定利率的贷款抵押一份票据作为担保，票据的面值往往超过贷款金额。合约各方则指望借贷人拖欠贷款，这样债权人可以将票据保留下来。对这些及其他类似富有想象力的信用合约，立法机关通过宣布其非法或对其进行限制而逐渐作出反应。但与此同时，法庭却往往愿意判其不合理。这在 19 世纪中叶以前的英国和美国非常普遍，美国在过去的 30 年中则达到了古典合约理论的顶峰。㊳

依照现行法律，不合理学说毋庸置疑地谴责那些产生于不正当交易但尚未违反强迫和诈骗法规或习惯规则（"程序不合理"）㊴的合约。该学说还不可辩驳地谴责合约价与市场价过于悬殊的合约（"实质不合理"）。㊵该学说的这两种用法，与认为法庭应该撤销非自愿合约（因为价格悬殊是滥用谈判的有力证据，如上述后者情况）的传统观点不谋而合，且不与任何前提相冲突。㊶

然而，在许多有争议的案例中，法庭却利用不合理学说撤销了无价格悬殊的（明显）自愿合约。这些案例有若干共性。首先，有一个例外，法庭认定买者/债务人是福利领取人，或穷人。其次，卖者/债权人是诸如家用器具、家具、用具、书籍等商品的零售商。再次，争议产生的原因是买者未履行信用义务。最后，信用义务涉及高利率或苛刻的担保条件。在所有这些案例中，除一个之外，法庭均撤销了合约。

㊳ 一般见 P. S. Atiyah 的 "缔约自由的兴衰"（The Rise and Fall of Freedom of Contract）708—713［1979］。但比较 Lawrence M. Friedman 的 "美国法律史"（A History of American Law）543（2d ed. 1985）。

㊴ 见注释⑲的 White & Summers, 184—189。不合理学说见 U. C. C. §208。

㊵ 例子是 Vom Lehn v. Astor Art Galleries, Ltd., 380 N. Y. S. 2d. 532（1976）。例中，法庭以不合理为由撤销了一桩将价值 $14750 的玉石及仿玉雕刻品卖到 $67000 的交易。例中的买者富有、老练（尽管不是对艺术）；虽然使用了高压销售术，但法庭仍判其欺诈或有其他交易缺陷。这个规则并无新东西；见 3 Pomeroy's Equity Jurisprudence §927（5th ed. 1941）。

㊶ 见 Epstein, 注释①；Lewis A. Kornhauser 的 "标准形式的不合理性"（Unconscionability in Standard Forms），64 Calif. L. Rev. 1151, 1180（1976）。

　　这些案例涉及买者未履行在 5 年期内为价值 959[42] 美元家用器具偿付 2569 美元的承诺，买者未分期支付价值 515 美元高档音响而丧失价值 1800[43] 美元的担保（家具），买者未履行为价值 348 美元冰柜（批发）[44] 分期支付 1146 美元的承诺，买者未履行在 2 年期间为价值 110 美元的教育书籍支付 280 美元的承诺，[45] 买者未履行在一年半期间为一台零售价为 499 美元的 "25 英寸 Philco 落地式彩色电视机" 支付 1268 美元的承诺。[46] 与此对照的是，某法庭维护了一项批发成本累计 234 美元的分期销售各类家什（床、柜、梳妆台、电扇）的分期销售。现付价格为 595 美元，两年分期支付价格为 832 美元。[47] 假设零售价不含隐藏利率（现付打折），利率可能低于 20%，比其他案例都低。

　　这些案例在下述情况下支持最低福利理论：零售现价与合约赊价间的差异，反映了卖者的风险，因而代表高风险信用的高利率。这些案例在下述情况下支持经济自由主义的坚定观点：现价与赊价间的差异反映市场价值与价格的差异，这种差异可能源于欺骗、糊涂、能力低下或其他交易缺陷。

　　坚定的经济自由主义者可能认为这些确实是滥用交易的案例，意指这些案例中的大多数均显示卖者使用了不那么正当的销售手段；或者买者教育程度低，消息闭塞。但法庭拒绝裁定为程序不合理，认为交易有缺陷不足以支持撤销合约。

　　坚定的经济自由主义者可能还会论证说，在大多数这种情况下法庭不批准合约不大可能源于高利率，因为大多数法庭不计算现值，因

---

[42] American Home Improvement, Inc. v. MacIver, 201 A. 2d. 886（N. H. 1964）.

[43] Williams v. Walker – Thomas 家具公司，350 F. 3d. 445（D. C. Cir. 1965）.

[44] Frostifresh Corporation v. Reynoso. 274N. Y. S. 2d. 757（1966）. 还见 Toker v. Perl. 247 A. 2d. 701（N. J. 1968），其中，买者发现自己负有合约义务要支付一台他并不想要的冰柜。法庭撤销了这项合约，理由是分期付款价格（三年共 $1093）大大超过了冰柜价格（$300）；还见 Toker v. Westeman，274 A. 2d. 78（N. J. 1970）（另一类似案例，冰柜只不过值 $500，三年分期付款 $1229）；Jones v. Star Credit Corp.，298 N. Y. S. 2d. 264（1969）（类似）。

[45] Kugler v. Romain，279 A. 2d. 640（N. J. 1971）.

[46] Murphy v. McNamara，416 A. 2d. 170（Conn. 1979）.

[47] Morris v. Capitol 家具/用具公司，280 A. 2d. 775（D. C. 1971）。

而不可能确定利率高。不过这一点对两边都适用：没有计算现值，法庭也无从判定价格悬殊。

法庭在这方面的宽容确实支持了最低福利说。法庭不但未能确定利率，而且也未能估算债权人面临的信用风险程度（或寻找信用市场价格），故不知道信用市场价与合约价是否悬殊。但现付价格与合约中信用价格的差异如此之大，只容许有两种可能性：其一，债务人为信用（或商品）多支付；其二，他们为风险非常大的信用支付高利率。法庭不在两者之间决策就撤销合约的做法支持了最低福利说，因为该学说要求在两种情况下都要撤销合约。而恪守经济自由主义的法庭只会在第一种情况下撤销合约，而且只会在不厌其烦地搞清确实存在价格悬殊后才撤销案例中的合约。

换句话说，如果你像某些评论家那样[48]，认为这些法庭是在缺乏滥用交易或价格悬殊证据情况下撤销合约的，那么这些案例就明白无误地违背了坚定的自由主义观点。而无论法庭认为他们在做什么[49]，案例的结果均与最低福利说不谋而合。

一个重要的保留是，这种案例非常罕见。我发现这些案例确实是过去 30 年间发生过的案例，没有一例是近期发生的。不过，如我一会儿就要探讨的，近年出现了若干明确的法规和规章对案例中的一类合约实行利率上限和担保限制。这些规则也许排挤了较为晦涩的不合理学说。不管怎样，这些案例经常被人引用，具有理论意义。

（3）破产法。破产法防止出借人从债务人的未来收入或某些一般资产中获取偿付。除非破产，否则如果买者买了几件家具后未履行向卖者偿付的义务，卖者就有权通过司法程序获得判决扣押权；如果家具变卖所得不足以抵债，卖者可以扣押其他财产。可是如果买者宣告

---

[48] 见 Jeffrey E. Allen & Robert J. Staaf 的"高利贷'时间价格'与分期销售中不合理性之间的关系"（The Nexus between Usury "Time Price" and Unconscionability in Instalment Sales），14 U. C. C. L. J. 219, 226（1982）；Leff. supra note 22, 556—558。

[49] 大多数意见没有多少新东西，但一位持异议的法官似乎认为，撤销信用合约会增加穷人的信用成本。见注释[43]的 Williams, 450（John A. Danaher, J., dissenting）。

破产，卖者就失去其中一些权利。

联邦破产法允许债务人的下列权益不被剥夺：价值 7500 美元以内的住宅、1200 美元以内的汽车、4000 美元以内的家具、500 美元的珠宝、750 美元与商业相关的财产，以及领取社会保障金、失业救济金、退伍津贴、残疾津贴、赡养费和退休金的权利等。[50] 各州可以放弃这种安排而代之以各州自己的豁免安排。但已经这样做的州，其允许的主要豁免仍与联邦法所允许的类似。[51]

由于债权人知道，在允许破产的体制下债务人可通过宣布破产而免于丧失其部分财产，因而债权人在允许破产的体制下索要的利率要高于在不允许破产的体制下索要的利率。债务人也许愿意事先放弃破产清偿的权利以得到较低的利率，但法律禁止此类弃权。

在这一点上破产法近似于福利体系：它是非贫困者的社会保险。[52] 破产法限制信贷，建立起一个最低福利水平线。它赋予债务人免于财产清偿的权利并禁止其放弃这项权利，从而建立起一道最低福利水平线；这项不可放弃的权利限制了信贷，因为它迫使债权人为保护自己不被拖欠而提高利率，从而将边缘上的借贷人逐出市场。[53]

---

[50]　11 U. S. C. §522（d）．

[51]　见 7 Collier on Bankruptcy（15th ed. 1994）。例如，密西西比州对债务人的住宅豁免 $30000，对个人财产豁免 $10000。俄克拉荷马州对乡村家宅豁免 160 英亩土地，对城市家宅豁免一英亩土地，豁免 $4000 的个人财产、家禽、家畜、一支枪以及一年的给养。佛罗里达、亚拉巴马、伊利诺伊等豁免法规较严厉的州豁免 $5000—$10000 的股产和 $1000—$3000 的个人财产。

[52]　"非贫困者"指富有者及中低收入者。每一收入水平上的人都利用破产法，但主要还是中低收入水平的人用得多。见 Teresa A. Sullivan, Elizabeth Warren & Jay Lawrence Westbrook 的 "当我们宽恕债务人：破产及消费信用在美国" 63—77（1989），破产债务人在收入和财产方面比普通美国人分别约少三分之一和三分之二；半数以上的破产债务人的收入在联邦贫困线与中等收入家庭之间；百分之十四的破产债务人的收入高于中等家庭收入水平（1981 年数据）。

[53]　也许有人会以破产清偿权利太广泛为由批评这个论点。保护破产者享受的福利现金价值不被扣押，做到这一点足矣。见 Jackson, 注释⑭, 230—232. 还见 Stewart E. Sterk 的 "限制人力资本转让"（Restraints on Alienation of Human Capital），79 Va. L. Rev. 383（1993）（就人力资本免于没收而批评债务人/债权人法）。破产法相当粗糙；原因也许如 Sterk 指出的那样，在于它包含的家宅豁免不断在演变，而同时住房、土地、农具、务农技能等构成最低福利水平的物资和人力资本却一直不变。还见 John C. Weistart 的 "破产成本" 41 Law & Contemp. Probs. 107, 119—121（No. 4, 1977）。

　　破产法基于这样的事实：与贫困者不一样，非贫困者即使无力偿债仍可生活在最低福利水平线之上。在破产法了清了他的债务之后，他仍有可观的人力资本去补偿允许他保留的物资。相反，贫困者如果无力偿债且宣布破产，就没有足以使其待在最低福利水平线之上的有价值的物资或人力资本。国家必须提供福利救济，而救济就产生机会主义和滥用问题。此问题须限制性合约学说来论述。[54]

　　（4）反对扩充的债务人补救法。意在便于提供高风险信贷的另一些合约条款包括：扣留工资、坦白判断及扩大的担保安排。这些手段使债权人无须首先冒法庭的不利判决便能获得针对债务人的补救，从而干扰了债务人获取司法诉讼的能力。

　　问题在于，债务人如果事先实际上已放弃了司法诉讼的权利，就不能为了退出一项合约而轻易提出高利贷和不合理等辩护。[55] 因为扩充的债权人补救使限制性合约学说的意图受挫，故应予以禁止。

　　确实，许多扩充的债权人补救是不合法的。如我们看到的那样，不合理学说一直被用来取消相互抵押条款。最近颁布了针对一切种类的扩充的债权人补救的联邦规则和州法律。[56] 批评家们抨击这些限制。理由是它们提高了债权人的成本，迫使利率上升并减少了穷人获取信贷的可能性。[57] 对这些限制的传统辩护是，消费者常常不理性、容易

---

　　[54]　Jackson 认为，非破产体制下存在的追求安逸、懒于工作的不良动机证明，破产清偿权的不可放弃性是正确的。见 Jackson，注释[14]，243—248。如我在前面提到的，最低福利理论所预言的破产保护，比 Jackson 所预言和实际所存在的破产保护更窄，这也许佐证了 Jackson 的理论。但见 Sterk，注释[53]。不过，最低福利理论超越了 Jackson 的理论，因为前者还对其他类限制性合约说的存在作了解释。

　　[55]　Scott 发现了机会主义问题却又搁置一旁，其理由是广泛的自助补救缓解而非加重了这个问题。他似乎认为，这种补救将阻止债务人过度借贷。见 Scott，注释[13]，772 & n. 140。但事实上这种补救鼓励信贷消费，因为它们允许债权人降低利率。债权人要么这么做直至债务人之受益大于广泛补救对其之伤害，要么从一开始就不坚持广泛补救。

　　[56]　见 16 C. F. R. pt. 444，49 Fed. Reg. 7，740 ff. （1984）。

　　[57]　见 Scott，注释[13]，771 ff.：James R. Barth. Joseph J. Cordes，& Anthony M. J. Yezer 的"个人贷款市场法律约束的利益与成本"（Benefits and Costs of Legal Restrictions on Personal Loan Markets），29 J. Law & Econ. 357 （1986）；Alen Schwartz 的"消费品中担保利息的可执行性"（The Enforceability of Security Interests in Consumer Goods），26 J. Law & Econ. 117，154—160 （1983）。

被误导并往往低估长期风险。[58] 但最低福利说却认为，它们像其他合约裁定一样连贯地回应了国家承诺最低福利水平所产生的问题。[59]

总结。我试图说明，令人困惑的限制性合约裁定，在整体上是如何围绕最低福利水平线的概念自动排列有序的。限制性合约裁定与福利制度相连贯的方式，给软弱的经济自由主义者自认为是历史遗迹或特殊利益产物的说法，罩上了一层疑云。它们的盛行、精练及对行为者举止的明显影响与经济自由主义的激烈观点相抵触。

5.3.2　历史

这一节的目的是给作为描述性理论的最低福利学说提供某种历史证明。我主要想根据限制性合约裁定的普遍性和重要性来继续抨击经济自由主义的各种观点，并提供启发性的证据，即这些裁定的动因一直或曾经部分地来自类似于最低福利说的考虑，而不是（或不仅仅是）出于对滥用交易的忧虑或受利益集团的影响。

5.3.2.1　济贫

济贫，即在国家指导下将财富从富人转移至穷人，是一种非常古老的做法。在英国，济贫作为一项国策可以追溯到 16 世纪。那时，贫困人口急剧上升，各地资源不堪重负，贫困人口在全国农村大量无序迁移。伊丽莎白政府颁布了济贫法序列中的第一部法律，要求各地通过税收（或"地方税"）筹集资金分给穷人。虽然救济的水平各地方各时期都不一样，但济贫法确实开创了一种分散的社会保险体系。同时，高地方税以及慷慨的分配也促使人们不干活儿、不储蓄并从贫困地区流向较富裕地区。

国家相应地采取了各种强制手段。通过测试和处罚来阻止身强力

---

[58]　例如见 William C. Whitford & Harold Laufer 的"拒绝自助重占汽车的影响：威斯康星州消费法案例研究"（The Impact of Denying Self – Help Repossesion of Automobiles：A Case Study of the Wisconsin Consumer Act），1975 Wis. L. Rev. 607，616。

[59]　规定的处罚和没收可被用于规避高利贷法，尤其是如果债权人和债务人都认为债务人将"不履行"合约的标准条款。处罚学说以及反对没收的裁定则相应地可能被视为限制性合约裁定。比较"处罚学说传统经济批判"，Cooter & Ulen，注释①，293—296。

壮者申请救济。用严厉的流浪法遏制迁移。但这些措施并未整掉不良动因，三个世纪的修修补补反而把事情弄得比以前更糟。19世纪，当局设立了济贫院制度，此举在某些方面即是最低福利说的具体体现。济贫院提供足够的吃、穿、住，但限制社交、串亲戚、活动、着装以及饮酒和抽烟等。其意在于让人感到，接受救济就如心理上遭到浩劫，精神上受到蹂躏，因而只有真正贫困的人才会去申请它——这样既防止饥饿和流离失所，又不至于使人们懒于工作。然而，这种制度的压抑性让人感到难以忍受，从而逐渐让位于20世纪人们熟知的社会保险制度。[60]

　　美国福利史所走的道路与此相仿。济贫一开始是分散的、地方性的，后来随着贫困开始被视为各州的共同问题，而逐渐集中起来。由于与英国一样担心人们懒于工作，故制定了有关测试、条件、处罚和限制迁移的严厉的法律。尤其在私人慈善活动中，更可感受到救济与纪律之间的本质关系。[61] 从国家有关家宅豁免和其他类似法律的盛行

---

[60]　见 Christopher Hill 的 "17世纪英国的变革与连续性"（Change and Continuity in 17th - Century England）81—102（1991）；2C. G. A. Clay 的 "经济扩张与社会变革：英国1500—1700"（Economic Expansion and Social Change：England 1500—1700）232—233（1984）；John Pound 的 "都铎王朝时代英国的贫困与流浪"（Poverty and Vagrancy in Tudor England）23—36（2d. ed. 1986）；M. A. Crowther 的 "济贫院制度1834—1929"（The Workhouse System，1834—1929）14—24（1981）；注释[38] Atiya，525，623（当代人知道，由于济贫以净值为根据，故它抑制了储蓄）；E. Lipson 英国经济史第三卷 "重商主义时代"（The Age of Mercantilism）（2d. ed. 1934），410ff.；Karl Polanyi 的 "巨变（1944）"〔The Great Transformation（1944）〕；Timothy Besley，Stephen Coate，& Timothy W. Guinnane 的 "了解济贫院的考验：19世纪英国的信息与济贫"（Understanding the Workhouse Test：Information and Poor Relief in the 19th Century England）（讨论论文号：701，耶鲁大学，经济增长中心1993）。现代例子见 Timothy Besley & Stephen Coate 的 "工作福利与福利：减贫计划中工作要求的激励论点"（Workfore versus Welfare：Incentive Argument for Work Requirements in Poverty - Alleviation Programs），82 Am. Econ. Rev. 249（1992）（支持并指出福利制度中甄别和威慑机制的历史先例）。

[61]　见 Micheal B. Katz 的 "济贫院的阴影下：美国福利社会史（1986）"（In the Shadow of the Poorhouse：A Social History of Welfare in America（1986）；Trattner 的 "从济贫法到福利国家：美国社会福利史"（From Poor Law to Welfare State：A History of Social Welfare in America）（4th ed. 1989）。有关最近执行移民限制的例子见 Shapiro v. Thompson，394 U. S. 618（1968）（撤销了一项将福利救济局限于符合最低住所要求的人的法规）；Memoral Hospital v. Madeopa County，415U. S. 250（1974）（撤销了一项将免费医疗局限于符合最低住所要求的人的法规）。

（它们规定，债务人的房屋、土地、工具、农用设备和其他值钱的个人物品不受债权人的动用），可以看到一种制度的吸引力，这种制度既保护个人免遭经济活动失败的风险，又不会造成人们懒于工作和储蓄。[62] 家宅豁免不会给纳税人带来任何负担，却可防止借贷人去冒使他们易于遭受经济下降和其他不幸打击的"过度风险"。[63]

在这些和其他方面，强制性济贫和家宅豁免反映了对穷人如何使用其收入（或济贫救济金）的关心。问题在于，人们并不总是用他们的钱去购买食品、衣服、租房和储蓄以防不测。他们常花钱酗酒、赌博或从事其他不良活动，到头来仍然一贫如洗，并很可能跟他们在领取救济前一样去犯罪、入伙滋事或纵火烧政府官员的房子。[64] 这种担忧终于导致这两个国家通过立法，对饮酒、赌博和赊账等威胁下层人福利的行为宣布违法、课税或（如通过发放许可证）予以严格限制。[65]

我们既认识到济贫的历史承诺，同时也担忧下列问题：（1）使人们懒于工作；（2）其减贫的有效性，假设人们有自由并愿意以"不适当"的方式开销其不多的收入或济贫救济金，这些当然是福利机会主义和滥用福利问题；它们已在一般意义上为人们所认识。再者，有证据表明，人们看到福利机会主义和滥用福利还在相当程度上依赖信贷。那么，人们是否真的认为限制性合约法有助于这些问题的解决

---

[62]　例如见 Paul Goodman 的 "美国家宅豁免的出现：对 1840—1880 市场革命的调解与抵制"（The Emergence of Homestead Exemption in the United States：Accommodation and Resistance to the Market Revolution，1840—1880），80 J. Am. Hist. 470（1993）；Peter J. Coleman 的 "美国的债务人与债权人"（Debtors and Creditors in America）（1974）。

[63]　见 Charles Warren 的 "美国史上的破产"（Bankruptcy in the United States History）95（1935）（引 President Buchanan 语）；Goodman，注释[62]，479。

[64]　Atiyah，注释[38]；Pound，注释[60]；Axinn & Levin，注释[26]，36—50，56—62（引用 1818 年州政府文件，将贫困归因于赌博、借债及未储蓄等）。

[65]　见 Atiyah，注释[38]，271—272，560—561（英国当局将饮酒置于日益严厉的管制之下，因为现日益确信饮酒将导致贫困和社会动荡）。

呢？下面就让我们来看一看。⑥⑥

5.3.2.2　高利贷法

直到 16 世纪，英国法律才认为收取利息是犯罪行为。1571 年的
"分水岭"立法把批准刑事处罚局限于利率为 10% 以上的贷款，而同
时仍然指示法庭不执行利率低于 10% 的贷款。后一条规定逐渐消失，
法庭则很快执行起利率低于高利率上限的贷款。

高利率上限在后来的三个世纪间逐渐跌落，最低达到 19 世纪的
5%。这种跌落似乎并未使信贷市场收缩，因为它与利率的长期下降
相适应，但它显然也未使市场松动。⑥⑦毫无疑问，合约各方任何时候
都试图在高利率上限左右成交，但公平的法庭一般来说抵制最明显的
规避企图，并且有证据表明，高利贷法确实限制了小额贷款市场。⑥⑧

除了试图逃避高利贷法，人们还试图取消它。可是，即使像洛
克、边沁和布莱克·斯通这样有影响力的评论家也无法说服议会撤销
高利贷法。⑥⑨尽管他们的追随者终于于 1854 年赢得了高利贷法的撤
销，但法庭继续干预高利率借贷。1882 年，议会再次实行信贷限制。
随后的岁月里，高利贷法和其他相关法规概括面更广、更严厉。它们
对原来只受制于衡平法庭⑦⑩模糊原则的规避性交易，很快旗帜鲜明地
予以管制。因而，在整个商业史中，英国的贷款市场只有 28 年是不

---

⑥⑥　见 Norman Jones 的 "上帝与放贷人：现代英国早期的高利贷与法律"（God and Money Lenders：Usury and Law in Early Modern England）47ff.（1989）；2 Clay，注释⑥⑩，232—233；R. H. Tawney "介绍"，Thomas Wilson 的 "论高利贷"（A Discourse upon Usury）165（R. U. Tawney ed. 1925）。

⑥⑦　T. S. Ashton "工业革命：1760—1830"（The Industrial Revolution；1760—1830），at 9（1948）。

⑥⑧　见 Atiyah，注释㊳，at 67，550；Tawney，注释66；Hugh H. L. Bellot & R. James Willis 的 "与放贷人不合理交易相关的法律"（The Law Relating to Unconscionable Bargains with Money‑Lenders）35（1898）。

⑥⑨　见 4 John Locke 的 "关于降低利息和提高资金价值的后果的若干思考"（Some Considerations of the Consequences of the Lowering of Interest, and Raising the Value of Money）（1824）；2 William Blackstone 的 "英国法评述"（Commentaries on the Laws of England）455—458（1979）；Jeremy Bentham 的 "维护高利贷"（Defence of Usury）（1816）。但见 Adam Smith 的 "国富论"（Wealth of Nations）357—359（1981）（支持高利贷法，因其鼓励勤俭、抑制奢华及 "规划人"）。

⑦⑩　Atiyah，注释㊳，at 708—713。

规则的。

在美国，高利率上限比在英国更加变化无常，但在大多数州，它们还是持续了很长时期。在殖民时代，高利率上限在马萨诸塞州、纽约和宾夕法尼亚分别在5%—8%之间。19世纪，少数几个缺乏资金的州，如加利福尼亚州，在很长一段时期里没有高利率上限。不过，大多数州在整个19世纪都实行了6%—10%的高利率上限，只是对违反高利率上限的处罚随时间的推移往往实行不下去，有些州还试验短时间取消高利率上限。在20世纪初至30年代，大多数州高利率上限在6%—12%。到1965年，差不多每一个州都有了将高利率上限固定在6%—20%的小额贷款法或一般高利贷法。[71] 整个期间，尤其是19世纪，就如在英国一样，有影响力的评论家和政治家们提高嗓门反对高利贷法，但他们想获得撤销的企图却不断遭到挫折。

是什么促使法官、立法者及其他参与者抵制经济学家和有经济头脑的人的论点呢？有一条线索是，19世纪在英国以及美国的一些州进行的取消高利贷法的试验伴随着大肆获取贷款现象的增长和贫穷人口的增加（如果不一定是财富总量减少的话）。[72] 另一条线索是，当经济下降使大批债务人还不了债，把他们从富裕或中产阶层的舒适地位或低收入阶层受尊敬的地位抛向贫困时，公众支持高利贷法和济贫的骚动就会膨胀。在18世纪和19世纪的英国以及19世纪的美国，许

----

[71]　见 J. B. C. Murray 的"高利贷史"（The History of Usury）（1866）；James Arery Webb 的"论高利贷法"（A Treatise on the Law of Usury）（1899）；Louis N. Robinson & Rolf Nugent 的"小额贷款业规则"（Regulation of the Small Loan Business）（1935）；Franklin W. Ryan 的"高利贷与高利贷法"（Usury and Usury Laws）（1924）；Curran，注释[30]。还见 Morton J. Horwitz 的"美国法的演变，1780—1860"（The Transfomation of American Law, 1780—1860），at 233—234（1977）；Friedman，原文注释[38]，at 544—545；Lawrence M. Friedman 的"威斯康星州的高利贷法：法律和社会史研究"（The Usury Laws of Wisconsin: A Study in the Legal and Social History）1963 Wis. L. Rev. 515（高利贷上限回应对债务人的关注而随商业周期升降。债务人往往在繁荣期举债过多，在萧条期拖欠）。

[72]　Atiyah，注释[38]，at 551；Friedman，注释[71]；Dorothy Johnson Orchard & Geoffrey May 的"放债在大不列颠"（Moneylending in Great Britain）11（1933）。这个论点并不总是以此精确的方式提出；通常评论家们在谈论缓和人们情绪的时候受那一刻的影响。但很显然，对于贫困的关注支撑着这些论点。例如见 Webb，注释[71]，at12—13（引用 Chancellor Kent 语）。

多观察家认识到，如果从一开始就阻止拖欠人借债，那么经济上的一次失利就不至于将其摧垮。还有一些观察家认为，减贫的重要性说明限制借贷是必要的。

　　这意味着也许某种类似滥用福利学说的东西在鼓励人们支持高利贷法：为防止人们遭受贫困之险，应强迫人们放弃"过多"的信贷。至于福利机会主义，很清楚，如前所述，当代人理解其背后的逻辑。然而，不清楚的是，他们支持高利贷法，是否特别因为它可以遏制那种由于可获得贫困救济而被刺激出来的借贷行为。是否如此，有待进一步研究。

5.3.2.3　期待占有的继承人问题

　　英国大法官法庭对始于 16 世纪英国的期待占有继承人问题的答复，有趣地说明了滥用福利问题，也许还有福利机会主义问题。当时，问题涉及已成年的贵族子女。这些子女要维持奢华的生活标准，如果家庭不资助他们的生活方式，他们就常常以所期待占有的财产作担保去借贷。当继承人拖欠时，显贵的家族便将其未来的财富和权力输送给了普通商人。显贵家族的衰落曾使伊丽莎白时代的人们痛心疾首，因为他们普遍视这些家族为安定之源。他们的焦虑反映到了戏剧和政治辩论当中，一掷千金的继承人将其期待占有的财产输给高利贷人即是其中一个常见的主题。[73]

　　为解决这个问题，大法官法庭提出了解除继承人债务的衡平说。大法官们的裁决公开基于下列前提：放任继承人举债并放任他们拖欠债务有损国家的社会政治结构："国家的政策，是防止一种日益增长的、损害古老家族的有害行为，即引诱继承人明显脱离本来也许会给其以资助的被继承人以及通过满足其奢华生活等手段，在其父有生之年引诱其卖掉已属其的财产继承权；因为这种有害行为显然往往导致

---

　　[73]　见 E. C. Pettet "威尼斯商人与高利贷问题"（The Merchant of Venice and the Problem of Usury）、英国协会会员撰写的 31 篇论文和研究文章 19，26（1946）；Jones，注释[66]，at 45，172—173；Tawney，注释[66]，at 33—36。

家族的毁灭。"[74] 律师们指出，拒绝执行贷款可以阻止出借人贷款给最需要贷款的人。大法官们认识到，这个学说的后果是信用成本上升；但是，"出卖继承权'有可能毁掉在城里上学的继承人并最终毁掉他们的家族'，而不能出卖继承权，'也许就会迫使继承人回家接受父亲的管束，或咬紧牙关吃些苦头，其间他就可能变得明智而浪子回头。'"[75] 这不是经济自由主义者的逻辑。为了阻止潜在出借人贷款给继承人，大法官们显然会撤销合乎程序、实质公正的信用合约。

随着案子的展开，大法官们对维护统治阶级权力的必要性不那么看重了，而较看重的是愚蠢、意志薄弱和轻易受骗，这些品性被视为从属于期待占有的继承人。为阶级巧辩过渡到为过程巧辩，扩大了衡平说的应用范围。在 1754 年的一项大法官法庭案例中，法庭不同意一名水手转让其未来某日领取奖金的权利，法庭的理由是，水手属于"散漫、无思想的一类人"，应"至少从对年幼的继承人同样有利的角度"[76] 来考虑他们。大法官法庭在后来的期待占有的继承人案子中比较多地考虑继承人的脆弱性，而较少顾及古老家族的利益，从而以一个也适用于老人和穷人的方式扩大了衡平说的含义。因为老人和穷人跟水手和继承人一样，容易受到冰冷市场的伤害。[77]

---

[74] John P. Dawson "经济强迫——展望中的尝试"（Economic Duress—An Essay in Pespsctive），45 Mich. L. Rev. 253，268n. 37（1947），引用 Cole v. Griffith，3 P. Williams 290，293（1734）。还见 Jones，注释[66]，at 69—70。

[75] 见 Dawson，注释[74]，aL 270 n. 42，引用 Twisleton v. Griffith，1 P. Williams 310（1716）。16 世纪一位评论家的类似论点见 Wilson，注释[66]，at 369（认为信贷鼓励挥霍，认为人生活应节俭）。17 世纪英国高利贷评论家们在经济方面经验之丰富显见 William D. Grammp 的 "围绕 17 世纪高利贷之分歧"（The Controversy over Usury in the 17th Century），10 J. Eur. Econ. Hist. 671（1981）。

[76] Dawson，注释[74]，at 273 n. 55，引用 How v. Weldon and Edwards，2 Vesey Senior 516，518（1754）。

[77] Id. at. 272—274；Bellot & Willis，注释[68]，at 45—55。还见 William M. McGovern，Jr. 的 "没收、交易力的不平等、信贷的可获性：历史展望"（Forfeiture, Inequality of Bargaining Power, and the Availability of Credit：An Historical Perspective），74 Nw. U. L. Rev. 141（1979）（讨论限制债权人补救的学说史）；Atiyah，注释[38]，at 147—148，171—177。

　　虽然衡平说因既涉及过程又涉及内容而有点儿被搞乱了，但它还是影响了 19 世纪和 20 世纪的美国法庭。[78] 道森认为，对于程序滥用，虽然美国法庭比英国法庭坚持要更多的证据，但似乎进入 19 世纪后，美国法庭却以英国衡平法庭同样的方式撤销高风险信贷合约。[79]

　　期待占有的继承人问题可视为滥用福利问题的一个特例，其问题在于如何迫使人们"负责地"行事：工作、储蓄、养家糊口；而非赌博、投机、酗酒。显而易见的解决办法就是鼓励前者，反对后者。由于过度的高风险借贷属于典型的"不负责"行为，限制性合约裁定就成了一个敏感的回应。

　　期待占有的继承人问题还有可能对福利机会主义问题作出解释。对于期待占有的继承人的奢华消费，尽管国家不掏腰包，但家族得掏腰包。如果大法官们曾经认为，继承人因指望其家族将其从债务中解脱出来而大肆挥霍，如果大法官们曾想过要保护这样的家族免受这种行为的损害，那么，他们确曾认识到了福利机会主义问题，并且还以最低福利说指引的方式试图解决它，其办法是拒绝执行贷款。由于大法官跟公子哥儿们那些遭殃的父母极有可能混迹于同样的社会圈子，这种猜测就不会是无中生有了。

5.3.2.4　作为福利说，高利贷法恰如其分

　　如第一部分所述，高利贷法对于福利机会主义和滥用福利问题来说，似乎是天然包罗万象的解决手段。实行利率上限不仅抑制给穷人高风险贷款，也抑制给富人（除继承人外的）高风险贷款，在某些情况下甚至还抑制给穷人的相对低风险贷款的扩展。如此笨拙的工具当真具有过历史重要性吗？

　　关于第一点异议，在整个美国史、英国史和欧洲史，高利贷法虽然名义上适用于所有出借人和借进人，但其对穷人光顾的小额贷款市场所产生的影响要大于对企业和其他老练投资者信贷关系产生的影

---

　　[78]　见 Dawson，注释[74]，at 274；William E. Nelson 的"习惯法的美国化"（Americanization of the Common Law）142（1975）（讨论 19 世纪案例，其中马萨诸塞州最高法庭拒绝执行预期继承权的出售，理由是允许这样的出售会鼓励懒惰）；Pomeroy，注释[40]，§953。

　　[79]　Dawson，注释[74]，at 278—279。

响。即使在中世纪和现代社会的早期，当许多国家都在禁止索要利息的时候，政府当局仍然给富商各种形式的规避。例如，在一项称为"调查"（CENSUS）的合约中，出借人放贷的利息，是购买拥有某项财产一部分年度收益的权利，而利率即可列入收益的这一部分中去。在"社团"（SOCIETAS）即某种合伙中，出借人往往先预付款，然后作为交换，收取足以反映利息支付的一部分利润。对外贸易中使用的汇票在其价格组成中普遍反映了高利贷利率。[80] 与此形成对照的是，对于普通人之间的交易，高利贷法实行得最严格、最有力。[81] 直到今天，这种将明确的法规与无关的例外混在一起的做法仍在盛行。

关于第二点异议，应该看到，即使对穷人，政府当局也不会粗暴轻率地执行高利贷法。当局和观察家们都知道信贷可以减贫，只要穷人不要借得太多以致陷入还不起的境地。所需要的是慈善组织，它们既提供信贷，又监督债务人的活动，以确保穷人不至于接受得太多。这类组织于 15 世纪出现在意大利，随后很快发展到整个欧洲。[82] 它们在帮助穷人方面的重要意义压倒了神学界对索要利息所持的保留态度。

5.3.2.5 小结

历史证据并没有给坚定的经济自由主义多少支持。证据表明，在各个历史阶段，当代人认为高利贷法限制了信贷市场，而在这些阶段中，该法事实上确实限制了信贷市场，至少是小额信贷市场。

历史证据对于软弱的经济自由主义也没提供多少支持。高利贷法激起了太多的热情、引起了太多的争论，在太多的司法活动中起过作

---

[80] 见 Norman Jones 的 "上帝与放贷人：现代英国早期的高利贷与法律"（God and Money Lenders：Usury and Law in Early Modern England）47ff.（1989）；2 Clay，注释⑥，232—233；R. H. Tawney "介绍"，Thomas Wilson 的 "论高利贷"（A Discourse upon Usury）165（R. U. Tawney ed. 1925）。

[81] 如 Tawney 在谈到英国时说的："在构成中世纪英国大部分人口的农民和小手工业者中间，借贷、放贷非常普遍。只是针对他们的小额交易，而非针对世界的高额金融交易，对放贷人的传统态度才明朗化起来。"见 R. H. Tawney 的 "宗教与资本主义的崛起"（Religion and the Rise of Capitalism）39（1962）。亦见 id. 46—47。

[82] 见 John T. Noonan，Jr. 的 "对高利贷的夏洛克式分析"（The Scholastic Analysis of Usury）295（1957）。

用，因而它不仅仅是某个早期时代的残留物，它不能不与当代政策密切相关。实际上，它起的作用太重要了，不可能是利益集团政治的排泄物。就中世纪教会的高利贷政策来说，应该称道哪一个利益集团呢？早期的现代英国，还是 20 世纪 70 年代的阿肯萨？中世纪末期针对索取利息的禁令开始松动，这显然反映了信贷在经济商业化中的重要作用与日俱增，[83] 但是，忌讳给穷人高利率贷款居然持续到了现代社会，则反映了旧的经济体制存在的问题延续到新的经济体制中来了。

　　我不想让问题简单化。人们已在各式各样的资料中为他们反对高利贷法找到根据，包括《旧约全书》中反对索要利息的戒律、《新约全书》中关于爱与仁慈的告诫、亚里士多德关于金钱的玄学、早期教会神父和烦琐哲学家的著作、农民的互助传统、含混的经济剥削思想、对现在称为垄断行为的怀疑、对审判穷人所持的家长式态度、反对闪米特和仇外的偏见、对社会不稳定的担心、个人或政治利益、建立在根本经济错误之上的幻想。[84] 不过，围绕高利贷法，尽管数百年来在不同的国度争议几乎一直不断，但高利贷法还是令人惊异地存在了下来，上述理由对此能否做出解释，就很让人怀疑。高利贷法存在下来，说明它们能够应付某个基本的社会问题；同时还暗示着一个不无道理的假设：这个问题素来就是贫困问题，尽管目前还缺乏对证据作更透彻系统的核查。

5.4　结论

　　首先，本文的假设是，高利贷法、不合理学说以及限制缔约自由的类似法律，是限制贷款给高风险借贷人，尤其是穷人的有效手段；

---

[83]　Id.；Tawney，注释[81]；Tawney，注释[66]，at 119；还见 Hill，注释[60]，at 81—102。

[84]　见 Tawney，注释[66]；Tawney，注释[81]；Jones，注释[66]。

这个政策广泛符合在自由市场经济中维持福利制度的目标。我正式要求，赞成通过福利制度减贫的人应当支持限制性合约法。我更尝试着断言，限制性合约法事实上起着抵消福利制度所产生的扭曲作用，而在此之前有时只大体被认为起这个作用。

其次，本文的另一个目的，是展示如何将连贯而似有道理的合约法理论从经济自由合约理论家同其批评者的争论中解救出来。经济自由理论尽管有缺陷，但还是有力地证明了合约法的重要部分是合理的，如支持管制滥用交易和反对评估条款的理论偏见。但尽管作过聪明的尝试，这个观点仍无法解释众多的限制性合约学说。

另外，许多评论家仍对合约法持较复杂的看法。他们认为，以下看法是真实和正确的：合约裁定不仅保证公平交易，而且再分配财富。[85] 执行实质公正标准、[86] 保护尊严[87]以及促进其他社会目标。[88] 在反映这么多的标准方面，合约法与其他法是连贯的；它没有特别的结构，也没有压倒一切的意图，例如最大限度增加财富或维护自治；确实，它也许不那么首尾一贯。[89]

我想从反面说，合约法确实有结构，但不是精确意义上的自由主义结构。一旦人们明白，促进缔约、以程序为基础的裁定主要支配涉及非穷人的交易，限制缔约的裁定主要在涉及穷人的交易上起作用，那么这两者间的紧张状态就会消失。在对付那些认为合约法有结构的批评家和那些认为社会福利计划影响合约说的自由主义者方面，虽然最低福利理论既未展示批评家们理论的丰富，也未表现自由主义者们

---

[85]　关于这种可能性，见 Kennedy，注释㉑；Anthony T. Kronman 的"合约法与分配公正"（Contract Law and Distributive Justice），89 Yale L. J. 472（1980）。

[86]　见 James Gordley 的"交换中的公平"（Equality in Exchange），69 Calif. L Rev. 1587（1981）。

[87]　例如见 Rose－Ackerman，注释⑯；Kronman，注释㉑。

[88]　例如见 Ian R. Macneil 的"合约：根据古典、新古典及关系合约法调整长期经济关系"（Contracts：Adjustment of Long－Term Economic Relations under Classical，Neoclassical，and Relational Contract Law），72 Nw. U. L. Rev. 854（1978）。

[89]　比较 Duncan Kennedy 的"私法裁定中的形式与内容"（Form and Substance in Private Law Adjudication），89 Harv. L. Rev. 1685（1976）；Roberto Mangabeira Unger 的"重要的法学运动"（The Critical Legal Studies Movement）60—80（1986）。

理论的褊狭，但它提供了一个比福利国家合约法的任何作用都连贯紧凑的说明。

6 特许权合约的案例研究分析

Antony W. Dnes

安托尼・W. 迪尼斯[*] 著

苟文均 译

6.0 导言

商业特许权合约中运用承诺方法对法律和经济学都至关重要。特许权合约提出了有关合约当事人之间关系的性质和合约设计上的主要问题。当法庭试图调解特许权授予人（franchisors）与特许权经营人（franchisees）之间引发的划分，这些问题就具有特殊的重要性。本杰明・克莱因（Benjamin Klein）认为，在运用特许权合约条款中，[①]通常存在大量有利于特许权授予人的合约的观点。[②]在经济学中，这种条款被看作是特许权经营人宣布启用抵押品或者利用抵押品维持他与特

---

* 圣安德鲁大学经济学高级讲师。

① 本杰明・克莱因：《"不公平"合约安排的交易成本决定因素》，《美国经济评论》第 70 卷（1980），第 356 页。也可参见理查德・凯夫斯、威廉森・墨菲《特许，公司和无形资产》一文，《社会与经济杂志》42 卷（1976），第 572 页。以及奥立弗・威廉森：《资本主义的经济制度》（1985）。

② 见托马斯・皮特戈夫《特许权关系法：矿山特许权授予人》，《商法》第 45 卷（1989），第 289 页，有关不对等谈判论点的类型。

许权授予人的特定关系。③ 如果特许权被授权人有欺诈行为，特许权授予人则可以通过占有抵押品而施以惩罚。抵押分析适合于相关缔结合约④的现代法学理论和组织的法律经济学。⑤ 所谓相关缔约，指成文合约由于完全意外事项缔约的不可实施性而是不完善的；当一段时间后新的信息变得可获得时，它们可根据具体情况的变化进行相应的调整。

在这篇论文中，我们分析了英国特许权合约中许多关键特征的精确性质，依据是威廉姆森（Williamson）关于组织形式案例研究工作的建议，如处于市场与等级制度之间的特许。⑥ 我们调查研究了特许权合约若干特征的功能，如对特许权被授权人的租赁控制、特定资产的作用、资产的注册商标、费用表、终止条件和非竞争限制性合约条款。我们强调的是检查实际的合约条款，而不是论证可能的条款。英国和美国的情况有所不同，使用英国案例的有利之处在于特许权合约没有直接的法定时效。而美国合约法则不是这样。⑦

抵押品能作为一种强制合约执行的低成本手段发挥其作用。例如，如果特许权经营人被认定在诸如质量标准或售后服务之类事情上有欺诈行为，特许权制度能够（原则上）通过强制实施高额罚款而降低监督。假如特许权授予人不可能因合约而潜逃，特许权经营人确信

---

③　本杰明·克莱因：《"不公平"合约安排的交易成本决定因素》，《美国经济评论》第 70 卷（1980），第 358 页，使用"附属担保"这一术语。奥立弗·威廉森：《可靠承诺：使用抵押品支持交换》，《美国经济评论》第 73 卷（1983），第 519 页，发展抵押品术语，在这篇文章剩余部分使用。

④　正如斯蒂瓦·麦考利开拓性文章《商业中的非合约关系》，《美国社会学评论》第 28 卷（1963），第 55 页；伊恩·麦克里尔：《合约的未来》，《加州法学评论》第 47 卷（1974），第 691 页。

⑤　理查德·凯夫斯、威廉森·墨菲：《特许，公司和无形资产》，《社会与经济杂志》第 42 卷（1976），第 572 页。

⑥　同上。

⑦　见特伦斯·戴因蒂斯《重要流体：英国法和特许行为中啤酒和石油的分配以及欧洲和美国法的理论和比较上的探究》，第 143 页（克里斯汀·乔吉斯编辑，1991），其中，总结了英国的地位。见斯蒂瓦·麦考利《长期持续关系：美国实施商品特许经销商特许权管制》，《美国社会学评论》第 28 卷（1963），第 179 页，包括麦考利对美国地位的总结和他早期观点的更新。正如斯蒂瓦·麦考利的开拓性文章《商业中的非合约关系》，《美国社会学评论》第 28 卷（1963），第 55 页。

他自己将符合合约的约定，那么，特许权经营人将不会对抵押条款提出异议。我们研究发现了多数的特许权合约中沉淀成本显著水平的明确证据。沉淀成本是指某些资产用途单一以至于它们的价值不能被转移到特定用途之外。罚金与特许权经营人进行的包括一次总付特许权费用、商业信誉在内的特定投资相联系。的确，特许权合约，例如，通过给装置和设备赋予商标会创造许多资产特性。我认为，特定投资是受合约条款的保护，而不是受特许权授予人提供的限制性约定保护。既然在如何处理变动的外部环境引发各类的问题的出现上，抵押通常用于保护特定投资更好地履行协议，那么，在考虑这些合约的相关性质方面，对抵押的观察就是必要的。

特许权合约不仅由成文的书面合约构成，而且也包括非书面的方式，这些非书面方式主要基于合约管理的特许权关系形成。特许是作为上面界定的"相关缔约"的一个例子。如果我需要强调书面合约，那么，我就使用"特许权协议"这一术语。

6.1 现场工作方法

我得出的结论来自对英国特许权制度的 15 个案例研究，这些案例覆盖了包括连锁饭店、家庭服务和汽车服务业等多个行业和领域。在每一案例研究中，我都联系一个特许权授予者和平均三个特许权持有者，总计得到 60 个现场调研点。在特许权授予人提供特许权协议样本的地方，案例是在 19 个方案的原始样本中选一个。现场工作地的选择主要是根据英国特许权协会（B. F. A.），或福特和奥斯汀—罗弗在车辆销售商行案例研究中的初始方法，由具体情况决定的。英国特许权协会给出了英国确定的特许权授予人名单，并且要求他们与这项研究工作合作。几乎所有被确定的特许权授予人都属于英国特许权协会成员。然后，我进行雪球抽样；鉴别提供数据中有权进一步接触的样本。19 个特许权授予人的原始样本是那些在一定程度上愿意合作的地位稳固又是新建的公司。

特许权授予人提供愿意参与研究的特许权经营人名单。因为没有特许权授予人的同意，特许权合约通常禁止信息披露，所以，按这种方式进行是基本的许可方式。这种方法可能产生一些对样本选择的偏差，但在这种情况下是不可避免的，不必对此过分关切。在现场工作地的最终样本中，正如我们从表6.1看到的，给出了被特许活动的范围，并且有足够的特许权经营人，是他们的特许权授予人的合理性论证充分使我确信样本的选样是适当的，没有受到观点不同的影响。

表6.1 租赁管理

	必须从特许权授予人取得租赁	可以通过特许权授予人租赁	财产租金	特许权类型	区位问题
阿波罗	是	必须	变动	不明	有
哥瑞驰门业	不	不能	没有	汽车库门	没有
安飞士	不	不	没有	车辆租用	没有
移动调频	不	不	没有	汽车性能调整	没有
阳斯	不	是	无结果	礼服	有
温比*	不	是	无结果	速食	有
比萨连锁餐饮**	是	必须	无结果	饭店	有
巴利	是	必须	固定	鞋类	有
全美互惠保险公司	不	可以	无结果	调研	没有
百捷乐	不	不能	没有	车辆租用	没有
迈达斯	是	必须	变动	汽车修理	有
奥里维斯	是	必须	固定	饭店	有
快客	不	不可以	没有	建筑	没有
奥斯汀—罗弗	不	不可以	没有	车辆销售	没有
福特	不	不可以	没有	车辆销售	没有

注：*温比现在由英国的伯格·金拥有。

＊＊Pizza Express 为英国连锁餐饮，进入中国市场后改名为 Pizza Marzano（玛尚诺）。

案例研究采用定性和定量数据的结合的方式。特许权费用表和初始投资成本的详情可通过检查合约和账户以及通过访查而得到相关数据。现场工作的主要目的是收集给予特许的契约关系方面的定性数据。定性数据的收集和分析是对特许研究的经验推进的基础，它也可能通过训练细致的收集方法和发展对观察的逻辑解释而保持精确性。现场工作方法通常使用那些随着社会科学为定性数据分析所发展起来的方法。[8] 为确保案例间和场地间的一致处理应高度细心。

标准化的面谈日程是为研究的要求定制的，它使用一系列连环嵌套调查（nested probe），这些反映了对特许的理论观察。然而，当我抛弃对不可预见的问题进行数据收集的调查时，先验工具并不是绝对完备的。调查的范围涉及企业历史、市场、特许权授予人与特许权经营人之间的相互作用、契约义务、费用表、与公开契约相关的默认、合约、特许权授予人实施监管和强制执行、争端的著名案例、相对于特许劣势的特许好处。各种调查是如此环环相扣、紧密嵌套以至于能获得每一领域的详细信息。

对特许权经营人和特许权授予人的效用进行调查是有必要的。调查的每一分层水平上和每一调查要进行的开放式分项公开调查证明是无法对其价值进行量化的。特许的许多无法直接评估方面，特别是特许权经营人造成的相关沉淀成本，都被揭示出来了。为了简洁起见，本文是以一种简化列表的方式使用数据的。

6.2　特许权合约中的终止和租赁管理

在特许权授予人管理特许权经营人的租赁的地方，特许权协议的典型要求表现在巴利（英国）与其鞋零售特许权经营人使用的书面合约中："关于协议交换，协议规定：巴利将授予并且特许权经营人也

---

⑧　笔者做了 15 个案例研究。每个案例有一个特许权授予者和平均三个特许权持有者，故每个案例平均有 4 个现场调研点。这样，15 个案例研究就有 60 个现场调研点！

将接受房屋转租的副本。"⑨ 规定租赁管理实际上有点异常。实践中更
为普遍的是由特许权授予人来建立作为默认理解的习惯，然后界定特
许权协议中他管理下的财产。在英国，当每次签订的每一特许权协议
必须在公平交易局注册时，应注意不要制造不必要的形式限制。

本杰明·克莱因（Benjamin Klein）认为：充当特许权经营人业主
的特许权授予人能通过对特许权经营人提高沉淀成本罚款而对不合意
的特许权经营人形成约束应当是双向的，"特许权授予人可能要求特
许权经营人迁移，从而强加给他等于他初始非救助投资量的资本损
失。因此，特许权授予人与特许权经营人之间的约束应当是双向的，
要创造防止欺诈的抵押品形式。"⑩ 当租赁期满，承租人对与财产一同
放弃的租赁商业房屋（租赁权改进）做出选择。如果特许权授予人不
能更新租赁，就不能防止特许权经营人把他的改进应用于其他用途或
者把它们卖给另一使用者。克莱因认为，表面上，这种安排对不令人
满意的绩效创设了一种隐含的惩罚。

按交易沉淀投资的资本成本的罚款可以简单地估价。⑪ 或者，沉
淀投资能被看作是特许权经营人正常利润收入之上的远期价值的资本
化。⑫ 这些附加利润在经济分析中被认为是准租金。获利能力可能高
于独立的零售，所以，期望成名的特许权经营人愿意进行高水平的沉
淀投资，如涉及获取特许权的租赁权改进。这个过程与他们的财富多
寡紧密相连并给所选择的与零售标准更趋一致的特许权经营人以利
润。这样，当检验罚款价值时，我们确实需要对放弃的准租金价值做
出评估。然而，既然诸如租赁权改进之类的资本价值表现了准租金的

⑨ 巴利（英国）特许权协议，注明 1986，第 3 主要条款。
⑩ 本杰明·克莱因：《"不公平"合约安排的交易成本决定因素》，《美国经济评论》
第 70 卷（1980），第 359 页。
⑪ 同上。
⑫ 如在本杰明·克莱因、罗伯特·克雷弗、阿曼·阿尔奇安：《完全整合，适度租金
和竞争性订约过程》，《法律与经济学杂志》21 卷（1978），第 297 页；本杰明·克莱因和
凯文·墨菲：《作为合约强制实施机制的完全约束》，《法律与经济学杂志》第 31 卷
（1988），第 265 页。

现值，那么我们就能通过借助这种关系而简化我们的研究方法。[13]

租赁管理在特许权授予人中间远没有成为一种普遍的采用方式。表6.1给出了15种特许权体制样本中财产安排的细节，还有每一体制的简单细节，并且显示牵涉租赁的特许权授予人比特许权经营人具有相当的独立性恰恰是更习以为常的事。五个特许权授予人（阿波罗、比萨连锁餐饮、巴利、迈达斯和奥里维斯）坚持特许权经营人应通过他们来租赁。在这种制度安排下，财产业主把财产租赁给特许权授予人，特许权授予人依次转租给特许权经营人。在三个案例（阳斯、温比、全美互惠保险公司）中，特许权经营人有权选择使用作为主出租人的特许权授予人。大多商铺持有者除了与具有一定规模的一些特许权经营人做买卖外，经常会把商店转租给中小商铺的经营者，这通常是真实的。全美互惠保险公司不主张转租行为，但当转租行为正常运行时，特许权授予人有时会持有注明时间的租赁权。一般地，特许权授予人通过控制财产租赁的年限以特许权协议的延续为条件。

特许权协议，包括任何链环的财产协议，表明租赁管理受制于极谨慎的有限经营权的转让管理。表6.1实施租赁管理的五个特许权授予人中的每一个都接受了强制性的仲裁条款，该条款规定了授予人对可能导致特许权授予人希望终止特许权协议的任何争端具有解释权。此外，特许权授予人不能简单地等候协议所约定的时限而必须去获得随意终止的自由；像通常一样，假若没有违反合约以至于仲裁条款发生作用，这五位特许权授予人都会着手更新协议。同样常见的是，如果协议终止，则仲裁条款或更明晰的条件要包括对租约的任何未到期部分的估价或者是对租赁物改善的估价。正如在奥里维斯案例中，特许权授予人必须按照特许权经营人的初始投资部分的折旧比率和投资回报率购买这些资产（举例：在开始的一年内终止，无论是谁引起终止，初始投资的70%应得到偿还）。[14]有时，特许权授予人在终止时

---

[13] 正如在本杰明·克莱因：《"不公平"合约安排的交易成本决定因素》，《美国经济评论》第70卷（1980），第356页。

[14] "奥立弗特许权协议20条（D）"。未注明日期，包括了终止时的资产转让。

必须购买未到期租赁和租赁权改进。在更多的普通案例中，独立仲裁人（通常是渣打检察官或伦敦仲裁人协会成员）在执行特许权关系的终止方面受公平观念的支配。这样，在合约的初始阶段，特许权授予人不能确信任何可能强加于一个无行为能力的特许权经营人的罚款的价值。

特许权协议限制了特许权授予人不采纳特许权经营人的与租赁相关的沉淀投资而随意终止的权利。注意这可以在特许权授予人的终止没有直接的依法管理的环境中得到全部观察。抵押财产的削弱也会发生在像美国那样的有对终止依法管理的环境中。⑮ 在特许权合约中早引入仲裁规则、避免有成本地在法庭解决争端时，各方的争议指向合约关系的性质。当事人认为，事件可能发生他们所希望的变动，选择仲裁作为他们的最佳调节工具。

特许权授予人通常并不希望外界造成他们的特许经营粗放管理的印象，这在运作的初始阶段尤其如此。在英国，行使仲裁或诉讼的形式终止是不同寻常的。在为这项研究收集数据的采访中，这种情况重复出现。特许权授予人在十多年的时间里终止了不到他们的合约协议的0.33%。⑯ 终止合约协议最常采用的方法是特许权授予人全部买下任何被认为是不合适的特许权经营人的产权；这种情况极少发生，一种特许权体制（当这样做会降低对特许权经营人激励的风险时，特许权授予人不愿意精确地量化他们的购买活动）在十多年的时间里可能发生一次或两次。重视声誉使特许权授予人运用租赁控制作为从特许权经营人那里取得沉淀成本抵押的依据变得困难。存在一种信号风

---

⑮　例如，"1978年15U. S. C. §§2801－2806石油市场实施条例"。限制美国石油特许权授予人终止。与美国相比，在英国它表现为仲裁程序更普遍地嵌入协议。这也许是在英国对特许较少时效控制的结果，使得努力寻找争端的私人解决方案是值得的。根据厄班·奥热里和希尔拜："特许的经济效应，为美国参议院小型商业管理准备的报告"（1971），仅有23%的美国协议使用仲裁条款，不幸这些是可获得的最近发表的数据。

⑯　美国商务部，"经济中的特许，1985—1987"在第13页引述了美国特许权协议91%的更新率。吉林安·哈德菲尔德，"未定关系：不完全合约中的特许和法律"，《斯坦福法学评论》42卷（1990），第927页。特别提到这也许是由于特许权授予人的自我报告而过高估计。

险，即要么表明在该网络内难以取得成功，要么表明特许权授予者可能正在采取冒险行动。样本中的特许权授予人都非常关注这一问题。

如果特许权授予人确实能随意终止特许权关系和强迫特许权经营人放弃特定场所的租赁权改进，就会存在特许权授予人进行的潜在敲诈。因此，当允许机会主义地占有特许权经营人的资产时，没有强制性的租赁管理使来自特许权经营人的观点的抵押变得较弱无力。

事后合约，除非特许权经营人接受减少收入、增加继续特许权费用以使特许权经营人的投资收益不再包含他的投资（包括沉淀投资），特许权授予人能通过沉淀成本罚款对特许权经营人施加控制。事后合约存在这种可能是特许权授予人如果恶意违约以便携带抵押品潜逃，特许权经营人将遭受较大的损失，同时在事后合约中处于被动方，只能接受修改的、不太合意的方案；或者被动地以火灾受损物品削减销售价格处理他的特定特许权资产而离开。特许权授予人希望与特定特许权经营人相联系时保持良好的商誉或以长期价值控制机会主义，而不在这方面受到特别是在商业关系存在有限时间的地方。即使一个合约自我强制到它的最后期限，也可能会产生没有超过来自欺诈的短期利得的持续利益这一观点。[17] 需要一些第三方管理这种合约存在的不平等状况，或者没有缔约发生。该文中的案例表明：特许权经营人没有机会利用支持仲裁或资产具体估价的合约条文来保护自己。

奥利弗·威廉森认为，抵押品应具有"丑陋的公主"[18]的特征。这个比喻是说一个国王有一美一丑的两个女儿，他对她们两个同样喜爱。当占有者不大可能和她因罪责一起潜逃时，丑女是最适合被提出来作人质的。没有约束力的租赁管理并不是一位丑陋的公主：抵押品被创造出来对于特许权经营人具有直接价值。特许权合约避开无限制租赁管理去创造抵押品并不令人惊异。以下本文将保护特许权经营人的沉淀投资免遭特许权授予人恶意占有的策略称为"丑陋公主条款"。

---

[17] 这是由克莱因及其他人认识到的……见上述注释[12]第 304 页；哈德菲尔德，上述注释[16]，第 966 页。在博弈论中，这是由 R. 泽尔滕验证的："连锁店悖论"，《理论与决策》9 卷（1978），第 127 页。

[18] 威廉森，上述注释①，第 177 页。

租赁控制不过创造了一种可能没有什么约束力的弱化抵押品。限制特许权授予者在终止条件方面的自由权利，对于使特许合约具有可行性而言至关重要，并且不可避免地会引发关于赎回抵押品的权利的考虑，而从特许权授予者的观点来看，这可能会使对附着于租约控制的沉淀成本的惩戒性使用变得毫无意义。包括资产估价和转让的公开条件也会削弱可能的罚款。在存在充分罚款的地方的案例中，没有一个取消租赁抵押。[19]

6.3 对租赁管理及其目的的理解

特许权授予人认为，当其他方面变得困难时，主租赁安排（head-lease amangements）有助于特许权经营人保护财产。然而，这绝不是坚持认为特许权经营人采取次租赁的一个理由。特许权授予人只是提供租赁服务的观点仅仅只在像阳斯、温比、全美互惠保险公司的案例中才能被接受，在那里，特许权经营人是自由地选择或回避它。

有一种可能性是，特许权授予人通过控制特许权经营人的财产，来获得一种附加契约，并通过它从特许权经营人的商业零售结果中获取不可预见的利润。特许权授予人可能对财产租金增加一项可变管理费。当统一的租金可能对当地成本和需求的变动反应敏感时，这能有所作用。表 6.1 有一些以这种方式临时使用财产费用（property charges）的证据。特许权经营人认为，当阿波罗查明他们的获得能力变动时，财产费用发生变化。特别是当人们证明在某一场所获利能力下降时，费用下降。一位迈德斯特许权经营人讲述了相似的经历。找到这样的投诉是很罕见的，尽管如此，我们必须在文献中发掘它。

在这 15 个特许权授予人中，有 7 个与特许权经营人的财产没有任何联系，然而，他们都面临相似的利润变动性问题。对于与租赁相

---

[19] 当时这篇论文集中于特许权合约的经验方面。

联系的 8 个特许权经营人中的 6 个，可能宣布的财产租金或者在协议中是固定不变的或者不会成为一个问题。特许权经营人大多数报告财产税在正常的商业水平上，没有对他们的财产成本的敏感性忧虑的经历。我们也注意到，由于收集更详尽信息的高成本，最可能使用统一租金和一次付清（总付）。如果这样的信息变得易于获得，在合约更新时间修订特许权费用会更为直截了当。一个特许权授予人——安飞士，开始根据可能的诉讼差异费思考这一问题。推论租赁控制并不是财务管理的一个重要工具的结论。

特许权授予人常常在面谈中宣称，假若特许权经营人离开网络，租赁控制能促使他们保持系于某一场所的商誉。例如，这就是为什么迈达斯引入租赁控制的理由：当特许权经营人不能更新协议、公司相信有特定场所的商誉时，一些销路就已经丧失了。由于租赁控制，特许权授予人能确信特许权经营人在离开网络时会移交商行房屋。甚至在租赁权不能自动归属给特许权授予人的案例中，有关终止后正常施加于特许权经营人运作自由的终止时效，将会引起他偏向特许权授予人放弃任何未到期租赁。

租赁控制把某一场所的占有成本定为零。在这些成本很高并且很难计算的地方，这样做可能是有益的。控制并不能消除寻找新的特许权经营人的成本，也不能为特许权授予人保持本地的、完全属于特许权经营人的商誉。

以他们的重置成本为基础区分表 6.1 中的特许权授予人是合理的，正如标有"区位问题"一栏中所表明的。全美互惠保险公司的财产权益没有表现出有意识政策的结果[20]，除此之外，使用租赁控制的特许权授予人是那些很可能在寻找和装修新场所中付出高成本的特许权授予人。正是交易成本表现出决定使用租赁控制。比萨连锁餐饮、阿波罗、巴利和奥里维斯都需要主街场地，获得和适用主街场地是困难的。迈达斯所拥有的这种车辆维护工作在英国很不容易获得计划允

---

[20] 全美互惠保险公司业主威尔斯先生在访谈中解释道：财产权利可以追溯到他特他的销路之前的日子。他仅放弃了租赁，这使得他在随后的转租中享有强大的财务权利。

许。阳斯和温比常常发现他们的特许权经营人需要次租赁安排，因此，他们可以从这类没有安排合约条款的成本保护中获得利益。然而，安飞士、百捷乐、哥瑞驰门业和快客是需要远离主街、很快授权的场所的商行。莫比特林是依据仅考虑搜索新特许权经营人成本构成的分裂成本的先驱，在那里这些是无法由租赁控制来改变的（这无论如何是无法实现的）。汽车制造商仅面对寻找另一希望得到特许权的车库的成本。

在能减少特许权授予人的重建特许销路的交易成本的地方，特许权授予人采用租赁控制。一旦发生，这些成本主要是主街或类似区位问题的结果，并体现特许权授予人的特定资产。如果特许权授予人不确定商标重置成本为零，他们将不得不把这种成本作为初始特许费用的一部分向特许权经营人索取或者可能蒙受特许权经营人的高破坏成本和可能的欺诈行为。[21]

下面我们探讨特许权经营人对特许权授予人可能的欺诈问题。要注意降低分裂成本作用的发现并不逻辑地排斥同时的（削弱了的）抵押对租赁控制的价值。

6.4　专业化投资

特许权协议一般要求特许权经营人付清初始总额费用，在装备他们的商行方面进行大量投资。这些与租赁控制相关的一些支出已经被考虑：现在的问题是沉淀成本是由一些其他因素而不是租赁控制造成的。

表6.2表明：初始投资的估价要求以15个特许权体系中的每个特许权经营人、沉淀支出详情、初始总计特许权费用和注册商标对每

---

[21]　哈德菲尔德，上述注释⑥，在另一篇对"特许权合约中可能的冲突"的精彩分析中，忽视了由对特许权经营人机会主义反应敏感的特许权授予人招致的沉淀成本。用这种类型分析方法对称地处理特许权授予人和经营人是重要的。既然沉淀成本（合约特定资产）是机会主义的必要条件，那么我们就需要研究这种发现。

一商行的影响为起点。这种估价来自对特许权协议的检查和访谈中特许权授予人和经营人提供的数据。特许权经营人在给予匿名保证的情况下并不介意讨论这些数据。与初始投资相联系的创建成本通常包括获取和改建房产（包括租赁权改进）、购买工具和其他设备、启动新业务的广告宣传。一旦这样进行，这些支出中的一些就变为沉淀成本。给装备和器材注册商标的地方尤其如此。如果特许权经营人继续经营他的商行或者如果他卖掉作为继续经营的企业，那么，他的财富部分依然完整。如果商行由于这样或那样的原因而破产，则财富就会丧失。对从初始投资衍生出沉淀成本进行了不严格的假定：例如，我们计算了作为原始成本 1/2 的标准化设备和作为 1/4 的已注册商标设备的间接价值（the secondhand value），这是由特许权经营人提出的比例。特定特许权的布置在该体系之外被看作是毫无价值的。在组织机构的设立在很大程度上随规模而变动的一些案例中，必须在给定数字的区间内。

表 6.2		初始投资和沉淀成本			单位：千英镑
	初始投资	总额	沉淀成本	注册商标	$\dfrac{\text{沉淀成本}}{\text{初始成本}}$（%）*
阿波罗	20	4	21	高	87
哥瑞驰门业	10	2.5	3	有	24
安飞士	30	15	30	有	66
移动调频	10—16	3	4—6	有	31
阳斯	45—78	10—15	22—45	高	40—48
温比	500	10	450	高	88
比萨连锁餐饮	200	12.5	160	高	75
巴利	120 +	没有	70	高	58
全美互惠保险公司	3.5	7.5	9	没有	81
百捷乐	30	20	35	有	70
迈达斯	100	10	60	高	54
奥里维斯	300	10	280	高	90
快客	10—20	6	6—10	有	38—50
奥斯汀—罗弗	200—500	没有	100—190	高	40—50
福特	250—1200	没有	100—400	高	33—40

注：　*　表示初始成本＝初始投资＋总额。

　　　+　表示特许权经营人以这些数字支付存货费。

注册商标看来是特许权使商行资产技术含量增加的一个极为重要的方面。我们能娴熟地从合约中区分出技术含量，只要依据在合约终止时根据"丑陋公主"条款回报给特许权经营人的资产价值量。表6.2揭示了技术含量。当它依赖于仲裁人和法庭可能如何行动时，我们应认识到估价合约的沉淀是异常困难的，尽管很容易解释一些条款，正如奥里维斯案例，在那里使用先前讨论的折旧率。

表6.2中的初始投资不包括分类栏目中显示的总额特许权费用。总额加初始投资中不可补偿部分的估价得出表中第3栏的沉淀成本。除全美互惠保险公司外，在我们拥有数据的所有案例中，超过总额支付的初始投资是良好的，这一点显而易见。例外的产生是因为特许权授予人根据特许权经营人的要求提供了大量设备，作为对初始费用的回报。在其他的案例中，总额通常只是特许权的总投产成本的一个很小百分比。温比就是一个极端的例子，一次总付不到总成本的2%（总成本是一次总付和初始投资之和）。巴利和汽车制造商期望特许权经营人为产品存货融资而不是支付一个总额；这是在他们的协议中规定的，并且与下文推导的总付费函数相当一致。

在所有的案例中，如果要价不是一次总付，那么仍将有沉淀成本。这样，并不要求一次总付创造沉淀成本，尽管它可能部分的是对特许权经营人发生作用的承诺做法。如果协议被终止，这种费用就会损失。

表6.2表明：无论租赁控制是否起作用，并且不论要价是否一次总付，沉淀成本在初始投资中都占有很高的比例。以安飞士为例，一个特许权经营人租用一场所，他使用安飞士的设计装备他的办公室。如果他打算离开该体系，这些设计对他来说在很大程度上毫无用处。如果温比特许权经营人希望离开他们的网络，那么他们能够处置的财产没有多少，而不会是把未到期的租赁和所有设备卖给温比或新的特许权经营人：柜台服务饭店是以大多数项目注册商标的高度专业化的方法设计的。租赁权改进和大量设备凭借注册商标的力量而变得高度

专业化。特许权授予人不必对克莱因②提议的租赁进行管理，也不必为创造沉淀成本罚款而索要初始一次总付。

表 6.2 指出了样本中发生的给设备和房屋注册商标的范围。量化每一案例中注册商标对沉淀投资价值造成的精确差异是极度困难的。然而，显而易见的是几乎所有特许权经营人都有其注册商标，只有全美互惠保险公司例外，它有在不挂牌公司（实际上很难发现）从事投机的代理人。另外，零售房屋的特许权从事"高"层次的注册商标，而其他的至少标记车辆和一些设备。该表也指出了作为初始成本（初始投资加一次总付）一部分的沉淀成本。

以对房屋的检查和访谈中与特许权经营人的讨论为基础，把沉淀成本和注册商标联系起来是可能的。在沉淀成本比初始成本大于 50% 的大多数案例中注册商标被高估。在那些案例（阿波罗、温比、比萨连锁餐饮、巴利、迈达斯和奥里维斯）中，沉淀成本在绝对形式上趋高，并且由于特定特许权的关系和设备商标注册而上升。在阳斯的案例中，注册商标较高，但沉淀投资偏低，在 40%—48%，这是因为特许权经营人投资于大量能被转让给其他形式使用的商业股票，尽管有一些成本。在另外的三个案例（安飞士、全美互惠保险公司、百捷乐）中，尽管注册商标被低评，但沉淀投资占初始成本的比率高（分别为 66%、81% 和 70%）。这可以由其他因素来解释：对安飞士和百捷乐的车辆和建筑的折旧因素、对全美互惠保险公司一次总付的资金贬值。

快客的沉淀成本在初始成本中的比率相当高（在 38%—50% 之间）。在这个案例中，沉淀成本受专家设备低转售价值的影响，即使这没有注册商标。奥斯汀—罗弗和福特特许权经营人经历过重要的商标注册和低转售价值的痛苦，即使交易者在同一场所变动特许权，上述两方面依然可能是一个问题；他们的沉淀成本比率在 33%—50%，是相当高的。

注册商标解释了特许权经营人的初始成本有大量沉淀，尽管其他

---

② 本杰明·克莱因，上述注释①。

的因素也很重要。在这样的情况中其他观点是值得注意的。注册商标
被高评和沉淀成本比率大于50%的案例也是特许权授予人坚持租赁管
理或期望从中获利的案例（阿波罗、比萨连锁餐饮、巴利、迈达斯、
奥里维斯和温比）。阳斯是唯一恰好在这一组之外，但是注册商标重
要和特许权授予人期望特许权经营人获得他的租赁，如我们上面所解
释的一种情况。这种关系是合理的；注册商标是重要的商标品牌的必
要条件，这又对特定场所的商誉是必要的。

　　问题仍然是关于这些沉淀成本罚款如何操作。无论何时特许权授
予人欲终止特许权协议，都要引起与租赁管理相关的同样的仲裁、更
新和资产估价条款的讨论。以"丑陋公主"条款保护特许权经营人的
抵押财产的私人管理，因沉淀投资而产生，无论沉淀是租赁细目、注
册商标或是诸如此类其他什么的结果。我们在下面进一步思考特许权
经营人的保护问题。

6.5　协议的解除

　　无论何时特许权经营人离开该体系，特许权授予人都面临解除成
本。这些包括特许权丧失、寻找房产和替代特许权经营人的成本、培
训和促销成本。我们已经注意到一些特许权授予人运用租赁控制使寻
找新的房产成本最小化。在使协议解除成本最小化和减少来自特许权
经营人的潜在机会主义的特许权协议中有更多的策略。如果不给予特
许权授予人这些保护，他就可能蒙受不必要的沉淀成本。

　　撇开奥斯汀—罗弗和福特，样本中的协议要求特许权经营人在宣
布退出意向后的短时间里寻找他们自己的替代者。特许权授予人可能
拒绝同意提议的受让人。如果特许权经营人不能提出一个可接受的购
买者，特许权授予人就有可能介绍一个。如果特许权经营人介绍他的
替代者给予特许权授予人较低的搜索成本，那么索取的转让费就较
低。同样地，特许权授予人也会采用第一否决的权利，它允许他们通

过配以任何第三方提供的替代者来对销路实行总的管理。这样，如果转移安排会引起严重的纷乱，特许权授予人能使用第一否决权对转移实行全面管理。

厄本·奥赞和谢尔比·亨特认为，特许权授予人能结合他们拒绝同意特许权经营人提议的潜在购买者而机会主义地行使第一否决权："特许权授予人为获得让步或为强迫采用他的新……能拒绝同意特许权协议。"[23] 然而，如果不是受制于声誉效应，这种行为也会受制于行使仲裁条款的可能性、协议中资产估价条件、认可不应被"无理地拒绝"的要求。这些是广义上的也能防止特许权授予人把撤销租赁或者不再更新作为机会主义的重议依据进行威胁的同一种条款和条件。

奥赞和亨特的论点忽略了特许权授予人认可权的必要，如果特许权经营人不为机会主义提供依据。若没有这样的认可权，特许权经营人就能以高价卖给一位不合适的购买者进行威胁，从特许权授予人那里榨取同样高的价格。合约安排使沉溺于这种计谋的诱惑最小化。调研员或类似专家对商业场所的估价，无论在仲裁方面或是法庭上，都比潜在的特许权经营人所做的适当评估更为直截了当，这实际上只有特许权授予人确实知晓。协议由此给了授予人关于受让人问题上的几乎是最后定论，作为保护他的一种切实方式。他的行为的合理性，连同资产估价操作方法融进了人们对什么是标准合约的理解中——也可以说，相关的合约中。这种观点并不隐含机会主义总是自由泛滥：解决争端无论是由民间组织还是法庭来管都不是完善的。[24]

转让费和第一否决权使特许权经营人试图在由于他离开该网络而引起的分裂基础上对费用表进行事后合约修改变得更为困难。然而，应采取谨慎态度，不给特许权授予人寻求机会主义的"温床"。一个有效的假设是：特许权授予人努力要使分裂的预期净成本为零。既然

---

[23]　奥赞和亨特，上述注释[16]，第272页。

[24]　见斯蒂瓦·麦考利：《法与权力平衡：汽车制造商和他们的销售商》（1966）。对汽车贸易中争端解决的分析表明私人管理结构中相关标准的使用。作为私人管理中不完善的一个例子。麦考利注意到特许权授予人的修路工人次目标追求常常扭曲私人冲突解决。

这些事物相互关联，合约控制着转让的附加成本；那么与简单地放弃它相比，作为特许权经营人就会总是偏爱转让销路、接受一些支付。在没有销路受让人的地方，若可能的话，特许权授予人需要修改费用表，这正如当特许权经营人重新谈判时，他并不打算转向机会主义。

车辆制造商表面上并不需要这些安排。奥斯汀—罗弗和福特都有准备好了的由训练有素和公认的汽车修理厂业主组成的他们的特许权经营人名单。协议解除成本（包括拆迁签署和返回存货戚本）因此而低，并且由于确信前特许权经营人会支付他们而最小化，这正是协议所要求的。

6.6　费用表

15 个网络中的特许权费用表属于四个主要类别之一或一个以上。除了最普遍的销售特许权一次付清总额之外，有无须直接付款的一次总付制度，一些是按固定的周或月付费，而其他的费用连续部分纳入产品转让价格之中。在这一部分，我们分析由费用表产生的激励兼容性。这要求进一步分析一次总付，弄清它是否有抵押品或其他财产。这里，我们以检验特许权销售费用表为开端。

经济学中的经验工作表明：在零售销路远离总公司的地方，会产生特殊费用。[25] 监管是高成本的，而费用表保证了特许权经营人在支付特许权费、消除任何对规避的直接激励后索取所有的剩余利润。特许权授予人也保证剩余利润足以把特许权经营人从他的次好职业中引诱过来。正如我们在驳回有关特许的资本筹集的解释中已经指出的，既然在没有提供诸如商标名称发展的继续服务或有关网络中的外部性

---

[25] 见 J. 布瑞克利、F. 达克：《组织形式的选择：特许案例》，《财政经济学》18 卷（1987），第 401 页；塞思·诺顿：《对作为一种组织形式的特许的经验考察》，《商业杂志》61 卷（1988），第 197 页。

事物的监管情况下，这会引诱特许权授予人潜逃，我们就绝不可能看见为一次总付而全部出卖的特许权。[26] 案例研究个案揭示了大多数特许权授予人产生于利润分享、销售特许权依据上的收入的适度一次总付。当销售很可能与特许权授予人的集中努力紧密联系时，使用销售特许权不使用公开的利润分享未必隐含激励的不兼容性。[27] 一种对销售特许权使用直截了当的解释可能是：当特许权经营人通过创造性的会计核算而扩张他的成本时，很难对特许权经营人的利润进行审计。相反，销售数字倒是易于观察和证实的。

表 6.3 显示：15 个特许权授予人中有 10 个利用销售特许权，从表 6.2 中也可以看出这是除一次总付之外的部分。尽管从表 6.3 中我们可以清楚地看到大多数特许权授予人也有搭卖，但我们以搭卖对他们的收入没有什么重要贡献来看待他们，我们将在下面证明这一点。

一次总付起初对于特许权授予人的收入起安全作用，保护他免遭来自特许权经营人方面的违约可能或风险，而特许费则为运作提供持续的激励。延缓合约而不是进行一次总付而潜逃，肯定总是符合特许权授予人的利益。我们要求运作的预期价值至少和潜逃一样大：

$$P \geqslant rF - G \tag{6.1}$$

或

$$F \leqslant (P + G)/r \tag{6.2}$$

这里，P 表示特许权授予人从单个特许权合约中取得的任何纯利润，它等于一次总付费用加特许权支付；r 表示特许权授予人因一次总付而成功潜逃的概率；F 表示一次总付；G 表示特许权授予人系于特许权经营人的沉淀投资价值。为简化起见，我们假定：合约持续单一时间周期。

㉖　见鲍尔·H. 鲁宾：《公司理论与选择权合约的结构》，《法律与经济学杂志》21 卷（1978），第 223 页。G. 弗兰克·马修森、拉尔夫·温特：《特许权合约经济学》，《法律与经济学杂志》28 卷（1985），第 503 页。所谓"外部性"，我意指产生于特许权经营人业务经营的溢出效应会相互影响或影响其他特许权授予人。见哈德菲尔德，上述注释㉗，第 951 页。

㉗　这个论点来自鲁宾。上述注释㉒。

表 6. 3 特许权费用

	销售特许权（%）	搭卖	自愿销售
阿波罗	没有	是	不是
哥瑞驰门业	5	是	不是
安飞士	10	是	不是
移动调频	10	不是	是
阳斯	10	是	不是
温比	4	是	不是
比萨连锁餐饮	8. 5	是	不是
巴利	没有	是	不是
全美互惠保险公司	没有	不是	不是
百捷乐	10	是	不是
迈达斯	12	不是	是
奥里维斯	7	是	不是
快客	12. 5	是	不是
奥斯汀—罗弗	没有	是	不是
福特	没有	是	不是

条件（2）告诉我们：一次总付不能超过特许权授予人利润和沉淀成本总数的 $1/r$ 倍，否则，违约可能性会迅速提高。给定成功潜逃的概率，特许权经营人能有把握地忽略仍旧留给特许权授予人获益然而是来自合约的费用。克莱因[28]注意到了一般条件下的对特许权授予人机会主义的限制类型。

当 $r=1$ 且 $P=0$ 时，一个有趣的特殊案例产生了。在这个案例中，特许权授予人相信他将取得正常的回报，而特许权经营人相信没有抵制特许权授予人不履约的真正制裁。在这案例中，一次总付必须精确地等于由特许权授予人加入合约而引致的沉淀成本。[29] 为这项研究所进行的 76

---

[28] 克莱因，上述注释①，第 360 页。

[29] 马修森和温特。上述注释②，第 516 页，推论出类似（1）的约束条件，并且也对特许权授予人的潜在潜逃发生作用。在错误地省略对特许权授予人完善经营的利润计算中得出的一次总付方面，他们的表述是有差异的，给定条件（2）：$F \leq (P+G)(1+r)$，这并不能得出同一解释。假设 R 为特许权收入，V 为特许权授予人的非沉淀成本，我们要求 $F+R-V-G \geq rF-G$，隐含 $P \geq rF-G$ 和 $F \leq (P+G)/r$。马修森和温特要求 $R-V-G \geq rF-G$，隐含 $P \geq (1+r)F-G$ 和 $F \leq (P+G)/(1+r)$。这种差异对马修森和温特的分析并不重要，但这里需要我们的看法。

次访谈显示：特许权授予人和特许权经营人通常都要求一次总付近似于由特许权授予人加入合约而发生的成本，并将此看作与有效活动等价。

在收一次总付费中，特许权授予人至少必须负担他的特定特许权经营人的沉淀成本或准备蒙受欺诈。否则，特许权经营人为减少连续的特许权费用会使用离开该体系加以威胁。特许权经营人知道这个总数已经与特许权授予人的当前决策无关时，他就会试图通过使合约中一定量等于特许权授予人的沉淀投资价值来增加自己的回报。当费用表按条件（2）来管理时，当一次总付总是至少等于特许权授予人的沉淀成本时，这样的事后合约机会主义是不可能的。假定，一位特许权授予人投资 2000 美元，其中 1000 美元不可挽回地交给特许权经营人，他预期一年后的回报中机会成本的比率为 5%。假设他收取 1050 美元的一次总付（沉淀投资加回报：沉淀投资的先前价值），特许权经营人保留 1000 美元的可替代资产来减少回报的任何企图，都会引致特许权授予人把它们转移至其他地方。

尽管上面给出了自我强制实施合约的财务根据，特许权经营人依然从合约控制终止条件的条款中获益。这些仍然是很重要的，因为信息不完全可能导致当事人错误地估计成本和收益，引致违约风险。更进一步地说，显而易见，一组或一个合约对特许权经营人来说是时间限定的，当终止时间来临时，特许权授予人可能试图占用特许权经营人的沉淀资产，这正如我们已经指明的。既然扩大保护实际上是无成本的，那么如果签署合约防范对任何特殊资产的违约风险——例如，租赁权改进——它们就将不可避免地覆盖诸如一次总付。

在上一部分我们可得到如下结论：尽管一次总付能作为这种契约的一部分而发生作用，但它对于创造由特许权经营人提供的沉淀成本抵押品并不是必需的。在终止时，抵押财产受合约对特许权经营人保护的约束。在没有给特许权授予人创造潜逃激励的条件下，一次总付有保护特许权授予人免遭欺诈的功能。

在推断我们对费用表的分析之前，我们应该考虑诸如搭卖之类事情的效应。它证明这些对于我们分析费用表没有造成重大的差异。15 个特许权授予人中的大多数都坚持搭卖，但宣称这不是为提高收入。

我们能注意到，既然投入效用可能被扭曲：饭店能在份额多少上进行欺诈或对废弃物过度关心，那么，由一些投入而加重特许权经营人的成本将会造成更多的变化。销售特许权和搭卖被精确地用于同一目的也是最有可能的。这个论点也适用于特许权授予人的事后合约机会主义：增加转让价格、把特许权经营人除沉淀资产外的投资（不考虑其沉淀成本可能扭曲投入效用和降低获利性），回报压缩到他可接受的最低限度。这暗示机会主义更可能以专利使用费水平为目标。㉚ 样本中的特许权授予人和特许权经营人一致认为搭卖在某种程度上对交易是必要的。对阿波罗、巴利、奥斯汀—罗弗和福特来说，业务主要是围绕已注册商标的产品。在剩下的案例（哥瑞驰门业、安飞士、阳斯、温比、比萨连锁餐饮、百捷乐、奥里维斯和快客）中，搭卖有利于质量管理。特许权经营人认为，规定设备的价格至少应与类似替代物的价格相当。迈德斯和莫比特林允许从网络外购买。然而，当替代资源必须被认可时，质量管理仍然是一个问题。这种类型的自由反映了特许权授予人或者保证在与特许权经营人的长期关系期间对所有可能的竞争性供给者削价；或者允许低成本供给者在保质期使用。它产生于竞争涉及品牌产品的案例中。在检测替代品质量困难的地方，似乎会出现规定自己的供给线，正如食品的销售。车辆租赁人（百捷乐和安飞士）特别关心去阻止由特许权经营人提供的次要的设备类型。尽管如此，按照特许权授予人和经营人千百次告诉我的，由于母公司对来自制造商的激励策略小心谨慎，因此就不可能有任何来自特许权经营人通过其他渠道的购买获得的利益。我们的观察是与本杰明·克莱因和里斯特·萨夫特的观点一致的。㉛

　　在像阿波罗、巴利、奥斯汀—罗弗和福特的案例中，没有销售特许权，没有替代品牌产品的可能性（不同于非法经营）：福特销售商卖福特汽车。对特许权授予人在转让产品上的收入收费不可能引起无

　　㉚　这与哈德菲尔德提出的一些观点是相对立的。上述注释⑰，第 951 页。

　　㉛　本杰明·克莱因、里斯特·F. 萨夫特：《特许权限制合约的法律和经济学》，《法律与经济学杂志》28 卷（1985），第 345 页。

效率。它可能引起对复制产品的激励（例如，在鞋的案例中），但是特许权授予人倾向于了解应卖的产品数量，所以监管并不是一件困难的事。非法买卖通常是无法进行。在专项投入是按固定比例销售的地方，一个固定的加价等于一项固定的销售特许权使用费。假定产品必须不论用何种方法转移，特许权授予人通过经营销售特许权来避免纠纷。然而，激励的兼容性是相同的，仿佛利用了特许权。

在这部分的最后，全美互惠保险公司是既不使用销售特许权也不利用任何加价的局外人。（根据一次总付）每周收取固定的费用。这是一个在自由裁决氛围中运作的侦探代理。通常是随客户希望的没有保留记录的现金支付。特许权授予人不容易监管销售，没有作为一种替代的搭卖投入。他被迫通过收取固定的每周费用来避免所有的监管成本。特许权决策用于避免分支机构经理的监管问题。这种安排仍然遵从提供一种持续激励的原则，但它释放的恰恰是特许权授予人把特许权经营人限制于业务的足够激励。特许权经营人正是抱怨特许权授予人在支持他们的业务发展方面的支持不足。

6.7　限制性合约

除温比、奥斯汀—罗弗和福特外，所有特许权授予人都在他们的特许权合约中使用专业限制（非竞争）性合约。特许权经营人认为，一旦离开该体系6个月至两年，他们将不在他们过去的特许权范围内的同一工作行业里竞争。英国和欧洲法庭会按对特定业务的规定期限强制执行合约。[32]

---

[32]　Connors v. Connors Bros. Ltd. , 4 All England Reports（All E. R.）179（1940）（covenant must be necessary in relation to the trade）; Commercial Plastics Ltd. v. Vincent, 1 Queen's Bench（Q. B.）623（1965）（covenant unreasonably wide and therefore unenforceable）; Pronuptia de Paris Gmb H v. Irmgard Schigallis, Case 161/84（1986）European Community Reports（E. C. R.）353（franchisor can enforce covenants after franchisees leave system）. Note that Young's Franchise comprises Young's（hiring men's formal wear）and Pronuptia（selling bridal gowns）, and some of the franchised businesses in the sample are joint Young's and Pronuptia outlets.

安飞士举了一个例子"许可证保证……它……在终止后的 12 个月将不直接地或间接地涉及许可证范围内的任何车辆租金业务。"[33] 这不能为特许权授予人维护地方商誉。相反地，它剥夺了特许权经营人在他的地方商誉中的利益。这样，特许权经营人在建立他的业务运行中进行的大量投资对于他退出特许权网络也许变得毫无价值。如果假定工作令人满意，特许权授予人同意他转让业务，那么，特许权经营人保留他财富的这部分并能卖掉它。我们再一次注意到：由于协议中的仲裁和修订条款，它对于希望运用终止去将资本损失作为一种强行惩罚策略的特许权授予人来说可能并不是直截了当的。然而，对于特许权经营人来说，地方商誉变成了一种对其有激励影响和昭示业务承诺的极特殊资产。

保护特许权经营人地方商誉的条款使其免遭特许权授予人盗用；用威廉森的术语，[34] 它是一位"丑陋公主"。没有特许权经营人的同意，它是不可转让的，如果它对于特许权授予人不是零值，那也是较低的〔例如，转让特许权经营人的地方商誉的企图将受制于诸如允许特许权授予人使用客户（委托人）名单和要求与特许权经营人联盟之类的事情〕。因而，为盗用地方商誉而图谋违约对于特许权授予人没有什么吸引力。

在这三个案例（温比、奥斯汀—罗弗和福特）中，没有利用合约来限制竞争，特许权授予人完全依赖注册商标和/或特殊要素去创造明晰的对特许权经营人失败的罚款。同样，温比旨在补充那类渴望卖掉特许销路并在该地区开辟类似业务的特许权投资者。温比相信，限制造成了招聘他们渴望吸引的当地精明企业家的困难。虽然它可能只发生在温比的案例中，但商标名称支配影响着业务，以至于几乎没有特定特许权经营人的地方就会由商誉和注册商标产生沉淀成本罚款。车辆销售商发现，通过他们与汽车制造者的新销售联盟，各自的二手

---

[33] 安飞士（英国）转让协议，未注明日期，第 9 条款。在迈克尔·特瑞比尔科克：《商业销售中的限制性合约：一种经济学视野》，《国际评论法与经济》4 卷（1984），第 137 页。一文中分析了这种限制类型一般案例的法律结构。

[34] 威廉森，上述注释①，第 177 页。

车交易得到青睐。还值得注意的是：车辆制造商从熟悉当前车辆交易技术的当地企业家库中招聘。此外，限制事后合约竞争的合约可能无法实施。无论如何，特许权关系的自动终止会给销售商带来高额罚款是显而易见的。㉟

关于限制性合约的最后一点是：沉淀地方商誉资产的价值经一段时间之后可能增长，而实物资本则会贬值。对事后合约竞争实施限制的目的是保证在合约有效期特许权经营人失败的罚款价值。

6.8　特许权经营人特定资产的保护

案例研究数据显示有系于特许权经营人失败的罚款和缘于特许业务诸方面的原因在提高这些罚款。然而，数据也表明丑陋公主条款保护特许权经营人免遭图谋终止协议的损害。保护包括产生于租赁、注册商标、专业局限或任何来源的沉淀投资。

在这一部分，我要在一些细节上检验涉及协议终止的安排。我已经证明特许权经营人的地方商誉资产是不可盗用的。我也更一般地证明了：一旦协议生效，特许权授予人不可能对特许权经营人施压去修订该合约。正像租赁转让一样，在这项研究中检验的特许权协议给出了独立的评价资产的方法，如已注册商标设备（同我们已经考虑的租赁权改进一样），如果他终止协议，特许权授予人可能购买这些资产。

表6.4分项列出了15个特许权中资产转让的条件。除哥瑞驰门业、安飞士、移动调频和百捷乐外的所有特许权都给予了特许权授予人在协议终止时购买特许权经营人资产的权利；并且在任何情况下，

㉟　这项研究访谈中的一位销售商提及为获得以制造商的名义销售旧车的恩惠而在新车销售上承受的损失。艾尔弗雷德·P. 斯隆：《我与通用汽车打交道的岁月》16 章（1964）认为特许的商品经销特许权允许通用汽车集中于制造业、使用当地销售商的交易技术。复制这些技术的企图是不会取得成功的，例如，由制造商主办的汽车超级市场上应用的销售商人有对搭卖估价过高的冲动。

特许权经营人都只能通过注册商标向特许权授予人提供销售资产。这些案例中的五个（阿波罗、比萨连锁餐饮、巴利、迈达斯和奥里维斯），仲裁条款明确地决定着像股票和设备这样的资产转让。在另外的两个案例（哥瑞驰门业和百捷乐）中，管理资产转让使用更一般的强制性条款。巴利、快客、奥斯汀—罗弗和福特都使用价目单定价（list prices）管理产品转让。阳斯规定的"公平市价"（fair-market prices）上买回产品。公平市价观念支配着比萨连锁餐饮、温比、快客、奥斯汀—罗弗和福特的设备转让。奥里维斯使用与历史成本相关的折旧率作为转让设备的依据。我们注意到：如果"公平市场价值"确实能达到这样的效果，它就能在法庭上主张自己的权利。

表 6.4 终止条件

	强制性 条款	产品 转让	设备 转让	必须 购买
阿波罗	是	是	不是	不是
哥瑞驰门业	是	不是	不是	不是
安飞士	不是	不是	不是	不是
移动调频	不是	不是	不是	不是
阳斯	不是	是（公平市价）	不是	不是
温比	不是	不是	是（公平市价）	不是
比萨连锁餐饮	是	不是	是（公平市价）	不是
巴利	是	是（定价）	不是	是
全美互惠保险公司	不是	不是	不是	不是
百捷乐	是	不是	不是	不是
迈达斯	是	不是	是	是
奥里维斯	是	不是	是（定价）	是
快客	不是	是（定价）	是（公平市价）	不是
奥斯汀—罗弗	不是	是（定价）	是（公平市价）	是
福特	不是	是（定价）	是（公平市价）	是

在5个案例（巴利、迈达斯、奥里维斯、奥斯汀—罗弗和福特）中，如果特许权授予人终止协议和下述刚提出的规则，协议明确地要求特许权授予人买回设备和/或产品。这就是明确规定保护特许权经营人免遭图谋终止的损失。然而，在有转让规则或仲裁机制的剩余案例中，特许权经营人依然受到保护。如果特许权授予人试图以廉价购买资产作为依据（或提供更有利于他的新合约的替代物）图谋终止，那么无论在哪一时点上规则或仲裁发生作用，他都不得不选择购买资产。如果特许权授予人撤回合约和表示购买资产，我们通常看到的是：价格的决定，不是受别的什么而只是受特许权授予人的意愿支配的。

这里的主要问题是对于特许权经营人利益的保护。在保持租赁合约关系对他们有利的地方，特许权授予人依靠特许权经营人向他提供资产。重要的项目是在带有特定场所商誉的场所的租赁权改进。这些场所通常导致租赁控制或已注册商标租赁权改进的沉淀确保特许权经营人㊱给特许权经营人提供租赁的情景。在那些所有案例中，较早地签订、仲裁和/或估价条款包括租赁转让。转让规则恰恰确保资产按市场价值支付，这就是如果特许权授予人在别处购买会发生的情况。特许权授予人能从别处购买的事实，就其本身而言，会防止特许权经营人试图对租赁权改进过度收费。除非一些特定场所的分裂成本上升，特许权授予人在以市场价格从特许权经营人那里购买资产或以相同价格替代他们之间并无差别。特许权授予人并不需要估价程序。

在书面协议中，三个特许权体系缺少保护性的资产估价方法。全美互惠保险公司和移动调频特许权经营人使用了少量最可替代的设备，而且它们实际并不易受机会主义的抢占。安飞士特许权经营人有重大的沉淀成本。然而，在所有案例中，如果特许权授予人打算终止协议，我们会根据特许权授予人对将承受损失的减少部分预期事后合约机会主义。这样，尤其是在阿维斯案例中，作为一种成功欺诈结果——在获取廉价资产或从增加的特许权支付中可能获得的利益，最

㊱　此处原文如此。——编者注

可能被较长期的损失所超过。这些损失在现实中以损害特许权授予人声誉的形式出现，正如特定资产的贬值一样，他会发现潜在的新特许权经营人不愿意进入合约和可能失去任何当前的特许权经营人（他仍有可能机会主义地同特许权经营人重新谈判）。

6.9　对特许权合约中抵押品的考察

在特许权经营人失败和特许权授予人相信某一场所是不可行的因而选择不购买特定资产的地方，必然会触发沉淀成本的惩罚性条款。当申请一项特许权时，特许权经营人最好确信他同他所宣称的一样富有才智。当访谈时，特许权经营人对以这种方式拥有的大量财富进行了评论。接着，特许权授予人反复强调对特许权经营人的初始投资进行审查的作用。例如，代表英国的阿维斯特许权经理能够依据质量检测区分特许权制度的利益与以雇员为基础的利润分享体制的利益。特许权经营人的沉淀投资确保他们可能在寻找新的业务中以获利为动机并富有活力。安飞士于是能节省与公司驻地相关的检查和监管成本。这表明：由于特许而增加了技术特性的资产（例如，注册商标的商店设施）可能有帮助特许权授予人选择最可能成功的特许权经营人的事前检查功能。我们已经注意到仲裁、修订和估价条款在给期望通过以资本损失惩罚不合意特许权经营人的特许权授予人方面设置了困难。在这样的案例中，特许权授予人至少可以选择不购买某些资产作为一种简单的惩罚，"以示他人"。如果规则示范促使他有效利用其他像规劝之类的强制方法或使其他方法更有效用，当这有悖于他的直接交易利益时，更可能发生的是他喜欢这样做。使用抵押品是可能的。然而，这项研究中的数据表明：丑陋公主条款减弱了罚款，检查是重要的。环境的变化左右着是检查还是担保应在合约中居主导地位。当然，两者能够同时发生作用。对特许权经营人失败的沉淀成本形成的罚款做合约性的创造——尤其是在以注册商标、限制性合约和一些费用是先期支付为基础的地方——是区别它与其他像利润分享就业关系和分成制合约形式特许的关键特征。[37] 引人注意的是：当特许权授予人可能选择不购买沉淀资产，特别是通过要求使用已注册商标设备和通过限制性合约及一次总付时，合约对特许权经营人微小失败的罚款显得过于苛刻。然而，它通过丑陋公主条款限制了沉淀成本方面的担保。

因此，从相关缔约的视角来解释特许权合约是非对称性的有利于特许权授予人，然而表面却运行相当平稳的悖论是可能的。如果特许权经营人认为他们拥有合意的质量，那么，他们仅进行沉淀投资（它会免遭机会主义占有）。如果特许权经营人在评估他们自己的质量中犯错误，那么这些投资就会丧失。在样本中几乎没有特许权经营人失败的事例，这表明错误是不普遍的。对沉淀投资财产检查的观察可以比作是职业市场信号，这正如那些寻找就业的人投资于大学学位这类事情以证明他们的才能一样。[38] 假定精心地选择特许权经营人和谨慎激励取向的合约，当事人双方都会在均衡中自我选择非机会主义行为。然而，这里讨论的样本中所有特许权授予人和特许权经营人都反复地强调在这期间他们会尽力使冲突最小化。在访谈中，当事人双方均注意到避免冲突并承认关系的长期价值。

威廉森[39]强调抵押品方面的担保，同时也注意到他们能够事前检查财产。正如威廉森[40]预言的，我们的经验结果表明：假定需要保护抵押品免遭机会主义占有，可能应建立检查（制度），而担保是复杂的。

㊲ 我们不应忽视这样的事实：其他合约揭示了不同情况下的类似罚款。例如，除非雇工真正打算证实自己对雇主的长期忠心，那么就业合约就必须包括雇工投资于获得无价值特定职业技术。

㊳ 见 A. 迈克尔·斯宾塞：《职业市场信号》，《经济学季刊》87 卷（1973），第 355 页。

㊴ 威廉森，上述注释①，第 177 页。

㊵ 威廉森，同上，第 204 页，写道："但是抵押品创造只是事实的一部分，剥夺危害……不得不考虑。"

6.10　总结与结论

本文报告的案例研究给出了所有 15 个特许权体系中沉淀成本显著水平的明确证据。合约通过像注册商标和限制性合约这样的增加资产特性（即专一性）的方法来谨慎地、精细地创造一些沉淀成本。

在合约初始特许权授予人收取的一次总付额实际上对于所有特许权来说只是其沉淀成本的一小部分，而且总是特许权授予人收入的一小部分。一次总付对特许权授予人起保护作用，他很可能遭遇建立于特殊附属品特许销路的沉淀投资上的事后合约机会主义（的欺诈）。但这不是特许权授予人收入的一大部分，或者说他可能不提供继续服务。

在有特定场所商誉和场所获得困难的体系中，特许权授予人行使对特许权经营人的租赁管理。在这些案例中，无论何时特许权经营人离开该体系，如果特许权授予人失去了场所，那就会极易产生违约成本。没有这类的控制，特许权授予人就需要提前征收附加费以保护他们自身，违约可能出现的各种风险。

特许权授予人管理特许权合约终止的规则包含对特许权经营人特定资产的保护。在特许权授予人潜在的机会主义高发的地方尤其如此。在特许权授予人掌握着特许权经营人租赁的案例中，租赁权改进极可能体现在特定资产上。就有关个体特许权经营人而言，更一般的注册商标设备也高度卷入特许权体系中。合约中表明特许权经营人高水平沉淀成本丑陋公主条款，保证特许权授予人只能在大致市场价值水平购买这些资产。一些关于特许的例子要求增加资产特性得到这些条款的支持。

特许权样本中的费用结构随监管特许权关系主要特征的难易而变动。通常被要求为特许权经营人提供继续服务的特许权授予人所获得的大部分收入来自一定百分比的销售特许权，把他的收入与服务联系起来看，这似乎是高效率的。作为一个更进一步的例子，在一个销售记录难以保持的环境中经营的特许权经营人要支付一个固定的每周特许权使用费。这个样本也给出了某些主要用搭卖进行质量管理的证据。

　　总之，特许权揭示了一组具有激励兼容性的、平稳运行的合约。此外，参与者常常根据仲裁程序创造高度可见的私人管理结构。至少，他们通常努力就一些对付变动环境的程序达成一致。这发生在英格兰、苏格兰和欧洲共同体法的文献中是有趣的——在那里，没有特许权终止条件的法律规定。最后，特许权授予人和经营人意识到他们关系的长期价值；在报道他们的交往中，往往强调避免冲突的出现。

7 合约法中的双方误解与单方误解

Eric Rasmusen & Ian Ayres

埃里克·拉斯缪森　安·阿里斯[*]著

李忠译[**]

7.0　导言

私法中许多条款一方面致力于防止误解，另一方面也致力于消解因误解而产生的不良后果。然而，合约法中"误解"这一术语专指如下情形：在缔结条约时，当事人对合约有关事项的认识不正确。假定缔结条约成本为零，缔约双方将详细列举他们认为对于协议而言至关重要的条款，并以这些认知作为履行这些条款的先决条件，就像他们在规定履行条款时会为了避免所有不确定性而涵盖所有可能相关细节一样。由于理解和缔结条约是有成本的，因而法院有时补充

---

[*]　美国印第安纳大学商学院和斯坦福大学法学院。我们谨向布鲁斯·卡普曼、恩里克·卡兹、安德鲁·库尔、凯瑟琳·科里奇、A. 米切尔·波林斯基、卡萝尔·罗斯和阿兰·斯瓦兹以及参与达特茅斯学院、哈佛法学院、印第安纳大学、多伦多大学和耶鲁大学法学院举办的研讨会的人员所提供的建设性意见和欧林基金会所提供的财政援助表示谢忱。本文大部分内容是作者访问耶鲁大学法学院时完成的。

[**]　李忠，中国社会科学院法学研究所，研究员。

遗漏条款，或者询问假定签约成本为零当事人可能事先列举的事项，以弥补合约缺陷。当意思表示被误解时，法院可以遵循类似规则，但不是补充遗漏条款（因为合约清晰明了），而是对合约另作解释，以表达当事人的真实意图。或者，法院也可以解除合约，让有关当事人重新缔约，从而变更合约义务。然而，变更或解除合约，都超越了法院通常所具有的弥补缺陷职能；按合约的专门术语，变更是十足的家长式的作风。因此，如何处理合约中的"误解"，合约法须慎之又慎。

法律区分了缔约时的错误认识——"误解"与协议达成后、未履行前发生的错误认识两种情形。① 对后来事件产生的错误认识的负责可归入履行免责，而非缔约免责一类。至于二者所引起的类似问题，我们就不在这里讨论了。② "误解"本身的表现形式是多种多样的，法院通常把它划分为单方误解和双方误解，这一划分方式将是本文讨论的重点。单方误解是一方当事人而不含他方当事人的错误认识。双方误解是双方当事人共同存在的错误认识。传统观点认为，在双方误解的情况下，可以十拿九稳解除合约，一个多世纪以来法院对此反复重申。③

---

① 履约的主要免责原因是"不可能性"（或"不可操作性"），意指履约不可预测的高成本；或"收效甚微"，意指履约不可预测的低收益。由分析可知，除了高成本和低收益可能由于缔约后当事人的疏忽造成的以外，履行免责与误解免责极为相似。关于不可能性的文献不胜枚举；参见理查德·A. 波斯纳和安德鲁·M. 罗森菲尔德《合约法上的不可能性及其相关理论：一种经济分析》，《法学研究》，第 83 页（1977）；保罗·L. 约斯考：《商业上的不可能性：铀市场与威斯汀豪斯案》，《法学研究》，第 119 页（1977）；维克多·戈登伯格：《不可能性与相关免责》，《国际理论经济》，第 100 页（1988）；理查德·克拉斯维尔：《作为备边的事先防范问题：缔约前调查》，《法学研究》，第 401 页（1988）；阿兰·O. 希克斯：《次优世界商业的不可操作性理论》，《法学研究》，第 43 页（1990）；米切尔·J. 怀特：《由不可能性导致的违约与解约：统一的理论》，《法学研究》，第 353 页。有关收效甚微的研究相对少见。

② 这里还存在一种合约缺陷曲解，即双方所想的不是一回事。一个典型的曲解案例是，一份协议规定，合约一方将购买 125 包棉花，由一艘名为"皮尔利斯"的船只从孟买运抵利物浦。拉斐尔诉维切豪斯案。争端起因是，当时有两艘同名为"皮尔利斯"的船只航行相同的路线，一般 10 月抵达，另一般 12 月抵达。因为合约条款中的"皮尔利斯"一词模棱两可，法院不可能简单地"按合约行事"。这种合约是无效的，而不是可解除的。另外，在误解案件中，合约义务一清二楚，但它们以错误认知为前提。

③ E. 阿兰·法恩斯沃斯：《法恩斯沃斯论合约》，第 663 页（1990）。

虽然法院对单方或双方误解免责的裁定相对来说难得一见，但法院始终把双方误解作为解除合约的依据。而法律汇编则一向把双方误解作为一个单独条目与寻常的最新法院裁定一道并列，这一条目在合约法案件中频繁得以引用。④ 非正式免责同样司空见惯。许多商店允许顾客退还商品，即使店主先前并未承诺这样做；在商业交往中，买方经常可以取消订单，即便这样做铁定违约。⑤《合约注释汇编（第2卷）》收录了双方误解和单方误解之间的区别。《注释汇编》条款包括三部分，部分节录如下：

§152. 当双方误解导致合约可撤销时：

（1）根据对缔约的基本假定，缔约时双方当事人造成的误解对已达成一致的相互履行产生了实质性影响，不利的一方可以解除合约，除非他按照§154的规定，应当承担误解风险。

单方误解免责则较为困难，需要同时具备双方误解的条件并加上§153（α）或§153（b）的条件。

§153. 当单方误解导致合约可撤销时：

根据缔约的基本假定，缔约时一方当事人的误解对已达成一致的相互履行产生不利于该当事人的实质性影响，误解一方可以解除合约，如果根据§154的规定，他不必承担误解风险，而且

（a）误解的后果是履行合约极不公平，或者

（b）另一方有理由知道误解或者他造成误解的错误。

以上两项规则都取决于如何界定《合约注释汇编（第2卷）》中含糊其辞的"对缔约的基本假定"。以及§154的规定"承担风险"：⑥

---

④　例如，参见《韦斯特伊利诺斯汇编》（1991年年鉴袖珍本，第2卷，第10页。用Lexis对1990年联邦法院意见书进行检索发现"双方误解"一词共使用111次，其中有32行意见书包含"单方误解"一词）。

⑤　参见斯蒂华特·麦考雷《交易中的非合约关系：初步研究》，第55页（1963）。

⑥　有关误解的余下章节规定：合约一方可以要求法院纠正表达误解（§155），欺诈法与此修正无关（§156），即使是粗心的误解方也可以寻求解约（§157），当事人有权要求恢复原状和保护信赖利益（§158）。美国法学研究所《合约注释汇编（第1卷）》（1981）。

§154. 当一方承担误解风险时：

合约一方在以下情况承担误解风险：

（a）合约明文规定由其承担风险，或

（b）他在缔约时知道，对于与误解有关的事实，他知之甚少，但以为自己知之甚详或

（c）法院以合理情况为由判定他应该承担风险。

法院对于在什么情况下可判因误解解约感到困惑，这不足为奇。一本判例汇编写道："判例法在这方面如一团乱麻。法院就何为'双方'和何为'单方'不能达成一致意见，并且不论这二者如何界定，在许多案例中因单方或双方误解而解约的情况同时并存。"⑦ 科尔宾在其经典论文中写道："无论是在教科书中，还是在法院的意见书中，除非误解是'双方的'，否则不予解约的观点俯拾皆是。这种泛泛之谈具有误导性并且是不真实的。这一观点罕有相应的定义或分析。……在因误解解约的案件中，很少提到这种观点；而在拒绝解约并以此作为拒绝理由的案例中，法院却总是考量和权衡伴随误解出现的其他因素。"⑧

罗伯特·库特和托马斯·乌伦认为，法院使用这些术语是在为其事后裁定的合理性寻找依据："在这类争议中，'双方误解'和'单方误解'这些术语经常与其最初的含义风马牛不相及。……因而，'双方误解'术语将用作宣布不履约判决的理由，'单方误解'将用

---

⑦　爱迪生·穆勒和阿瑟·I. 罗塞特：《合约法及其应用》，第 474 页（第 2 版，1977）。

⑧　阿瑟·科尔宾：《科尔宾论合约法》，第 608 页（1960）。

作宣布履约判决的理由。"⑨

是否有必要对单方误解和双方误解加以区分呢？许多法律和经济学者对误解详加考察，但他们强调的是单方误解和披露信息，而非是否双方误解。⑩

要对与误解有关的法律进行正确评估，不仅需要考察法院关于单方误解和双方误解的各种司法判决，而且需要考察许多法院驳回的绝大多数以误解为由乞请免责的诉讼请求的实际规则。本文将对三种典型免责规则的经济绩效作如下分析：

（1）单方误解免责。合约一方如果误解，可以解除合约（不论另一方是否也发生误解）。

（2）双方误解免责。只有买卖双方同时产生误解，合约一方才能

----

⑨　罗伯特·库特和托马斯·乌伦：《法律和经济学》，第 258 页（1988）。同样，有人这样认为，法庭以合约是否已开始履行为标准来批准或驳回解约请求时是遵循这样一条简单规则："谁出错谁承担损失"。安德鲁·库尔：《误解、失效和合约补救的意外之财原则》，第 1 页（1991）。库尔并未论及，"与严格履行合同责任的规则相比，误解解约规则是否行之有效"。同上，第 5 页。但根据库尔的假定，误解规则几乎不会影响社会效用："在合约交易中，预期和现实之间的悬殊差距——当事人之间没有分散的风险，就是意外之财的实质……仅就社会效用而言，暂且不论公正与否，意外结果的成本或利益一旦实现，无论是由甲方承担或是享有，还是由乙方承担或是享有，通常是无关紧要的。"同上，第 6 页。我们下面的模式将揭示，免责规则的有效选择可以通过减少种种社会成本，包括价值递减交易成本（模式 1），获取信息成本（模式 2）和承担风险成本（模式 3）来影响社会效用。

⑩　波斯纳认为，误解风险应由以最低成本消除误解的当事人承担，在舍伍德诉沃克案（见后注⑪）中为卖方。理查德·A. 波斯纳：《法律的经济分析》，第 90 页（第 3 版，1986）。克龙曼指出，在单方误解的情况下，误解方是成本最低的解约者。他也对"刻意"和"偶然"获取信息方式进行区分：应该允许刻意获取信息的一方凭借信息获利。安东尼·T. 克龙曼：《误解、披露、信息及合约法》，《法学研究》，第 1 页（1978）。库特和乌伦对富有成效内幕的信息和重新分配利益的信息进行区分。如果内幕信息可以导致交易物品更富成效，应该允许知情一方凭借其信息获利；如果信息只是为了重新分配财富，则不准许。见库特和乌伦，前注⑨。夏维尔研究了在买卖中的任何一方而非双方可能获取信息的各种情况下这种原则的含义。他指出，买方和卖方的区别是至关重要的。因为卖方可以由于披露信息，定出较高价格而盈利。在他的模式中，卖方必须披露信息；但买方是否必须披露信息，则取决于信息是否具有效率。史蒂文·夏维尔：《在经济交往之前获取信息披露信息》（哈佛法学院，1991）。史密斯考察了大体一致的因素，在双方当事人都可能获取信息的情况下，如果能证明那里的信息是为了重新分配利益，误解规则就不鼓励无效信息收集。简蕾黛·K. 史密斯和理查德·史密斯：《合约法、双方误解以及创造和披露信息的动力》，《法学研究》，第 467 页（1990）。对于更为倾向于传统学说和方法的近期评论，见安德鲁·库尔《单方误解：棒球卡案》，70Wash, U. L. Q. 57（1992）。

解除合约。

（3）不可免责。不论误解与否，合约双方都不能解除合约。

根据《注释汇编（第 2 卷）》，法院运用一定的解释范围，最终可以适用上述任何一项规则。如果法院根据《注释汇编》的 §153（b）裁定，被告理应知道原告误解，那么可以适用单方误解规则。双方误解免责规则表面上普遍为 §152 所认可。如果法院根据 §154 推定，原告一般应该承担误解风险，因为他们知道有可能产生误解，那么就可以适用不可免责规则。

典型案例是舍伍德诉沃克一案。⑪ 卖方沃克拥有每头价值 750 美元到 1000 美元不等的能够生育的奶牛和每头价值 80 美元的不能生育的奶牛。买方舍伍德看中了一头显然不能生育的奶牛，阿伯隆品种罗斯 2 号，并决定购买。在商定价格后（每磅 5.5 美分）和成交之前，沃克才发现罗斯奶牛有孕，断然拒绝交易。法院认为，假定双方都认定奶牛是不能生育的（该问题应由陪审团决定），那么由于双方误解可以解除合约。

下面三种误解模式将着重说明免责规则影响效率的不同方式。在模式 1 中，免责规则影响了当事人规避负面收益交易的能力。模式 2 揭示了免责规则是如何影响当事人收集信息积极性的。最后，模式 3 分析了不同的免责规则是如何分散风险的。

我们的结论是，误解免责有时是适当的，但不只是由于双方误解。普通法认可双方误解免责而不认可单方误解免责的倾向，并不会使缔约的社会剩余值最大化。在下述一些为数不多的场合，单方误解免责可被视为一种合情合理的方式：（1）降低价值递减交易的数量；（2）降低收集信息的成本；（3）降低报酬波动的人为风险。双方误解规则在多数情况下受制于不可免责和单方误解规则。

---

⑪ 舍伍德诉沃克案，第 919 页（1887）。有关历史学和语言学的讨论，见罗伯特·伯明翰《使用其他语言表达罗斯：舍伍德诉沃克案中的双方误解》，21 U. C. DavisL. Rev. 197（1987）。

7.1 偶获信息的交易收益：模式1

即使合约一方不希望按照协议价格进行交易，这个交易仍然可能从交易中得到收益，因为另一方当事人的受益仍然可能超过该方当事人的成本。如果交易能够增加收益，重视效率的决策人就乐于鼓励误解免责；反之，则不予鼓励。本节将探讨与误解有关的免责规则如何才能引导当事人从事增值交易。

根据舍伍德诉沃克案的案情，让一个风险中性的买方和卖方一开始就预期：待售产品价值相对不高，但潜在价值或许不菲。对卖方而言，产品的真实价值为 V，包括正常低价值 v_0，概率为 $1 - \alpha$，和意外高价值 v_1，概率为 α。对买方而言，产品价值是 $v_0 + b_0$ 或者 $v_1 + b_1$，这取决于 V 的价值。在此，b_0 是正数，而 b_1 可能是负数。我们现在规定 $p_0 = v_0 + b_0$ 和 $p_1 = V_1 + b_1$。价值 b_1 和 b_0 分别代表产品价值高或低时的交易收益。如果 b_1 是正数，误解交易仍然可能是有效率的；如果 b_1 是负数，误解交易就是无效率的。在舍伍德诉沃克案中，这就是心甘情愿（如果有必要的话）为一头能够生育的奶牛支付全部信息价格的买方与不愿这样做的卖方之间的区别所在。假定 $v_1 + b_1 > v_0 + b_0$，当产品价值不菲时，产品对买方而言具有更大价值；反之，买方必将取消误解交易。[12]

"误解"这个概念难以界定。假如舍伍德认为奶牛能够生育的概率是2%，在某种意义上说，他总是存在误解：真正的概率或者是零或者是100%。我们可以认为，当一方当事人无法确定产品的真实价

---

[12] 无论如何，重新缔约都可能导致资源的有效配置，但这也可能带来额外成本。下述观点依然有效：不撤销的无效交易和已撤销的有效交易是有成本的，不过后者的依据是额外交易成本而非无效资源配置。

值，而最终产品价值不菲时，他存在误解。[13] 因此，不知情一方的误解概率是 α。

模式 1 假定，如果产品价值高（$V = v_1$），在签约前，卖方无须付出成本就可以知道误解的概率是 f_s，买方为 f_b。我们规定相应的不知情概率为：$g_s = 1 - f_s$ 和 $g_b = 1 - f_b$。知情一方可以有选择地、令人信服地向另一方说明误解的真相，但不知情的一方却无法令人信服地证明他是不知情的。[14] 当错失说明误解真相的机会后，卖方向买方发出"要就要，不要就拉倒"的要约，定价为买方或接受或拒绝的 P。[15] 如果买方接受要约，产品的真实价值即为双方当事人所知。根据法律规则，卖方可以支付 L 或取消这笔交易。

我们可作如下三项假定：（1）诉讼成本 L 低廉得足以使卖方愿意为产品的高价值而解约，即便他不得不放弃买方可能支付低价产品的定价：$v_1 - L > p_0$。否则，法律规则就无用武之地，因为卖方绝不会解除合约。（2）当买方对买不买东西都不在乎时，他会掏钱（同样，当买方对是否披露信息不在乎时，买方将披露信息）。（3）误解概率 α 小得足以使不知情的卖方情愿定价 p_0，即使不知情的买方也会接受，而不是定价 p_1，以期产品不但价值不菲而且为买方所知。当 $b_1 \leq 0$ 时，这一假定的充足条件是：

$$b_0 > \alpha(v_1 - v_0) \tag{7.1}$$

当 $b_1 > 0$ 时，所需同等条件是 $b_0 > \alpha(p_1 - v_0)$。

这一模式的均衡参见表 7.1，它根据误解交易是否有收益和是一

---

[13] 误解的这一定义与《注释汇编》§154（b）的规定相冲突，该条款规定，一方在"他缔约时知道，他仅具有与误解有关事实的有限知识，但以为其有限的知识足够"时，不得主张误解。

[14] 在像舍伍德那样案件的背景中，买方或卖方也许可能证明争议中的奶牛有孕（那自然也就有生殖能力），要令人信服地证明奶牛不能生育却是不可能的。因此，知情方可以令人信服地通知另一方的只是误解——而不是没有误解。假定一方能让人确信他不知情，那么这个问题也就迎刃而解，因此他或者证明这点——在这种情况下，对方感到与他交易十分安全，或拒不证明这点——在这种情况下，对方知道他必然知情。

[15] 卖方发出"要就要，不要就拉倒"要约这一简明假定有效赋予卖方讨价还价的权利，这一假定在这篇文献中随处可见。例如，参见伊安·阿里斯和罗伯特·格特纳《战略性合约的无效性和法律规则的最优选择》，101 Yale L. J. 729（1992）。

方当事人还是双方当事人误解（交易情形 1—5）对报酬结果进行分类。

先让我们假定误解交易的收益为正值（$b_1 > 0$）。

不可免责。根据不可免责规则，卖方为取得更高的定价，总是宣称自己的产品价值不菲，出于相反的原因，买方总是守口如瓶。表7.1 所列的所有五种交易情形都可以成交。如果卖方知情他会向买方说明其产品价值，并收取买方的预付金 p_1。如果卖方不知情，他会在 p_0 和 p_1 之间选择一点 p^* 作为定价，这一点正好可以诱使不知情的买方慷慨解囊：

$$p^* = \frac{(1-\alpha)p_0 + \alpha g_s g_b p_1}{(1-\alpha) + \alpha g_s g_b} \tag{7.2}$$

在第三种交易情形中，虽然"要就要，不要就拉倒"要约赋予卖方讨价还价的权利，但买方还是可以凭借内幕信息盈利（$p_1 - p^*$），其盈利概率为 $\alpha g_s f_b$。由于交易总是一拍即合，又没有诉讼成本，因而剩余总值为 $(1-\alpha)b_0 + \alpha b_1$。

双方误解免责。为取得更高的定价，卖方会披露信息。买方则拒绝披露产品价值不菲的信息，因为在单方误解的情况下，他无须担心解约。在交易情形 4 和交易情形 5 中，如果卖方知道（或说明）产品价值高，合约定价为 p_1，在其他交易情形中为 p_0。买方会再次凭借内幕信息盈利 $p_1 - p_0$（交易情形 3），盈利概率为 $\alpha g_s f_s$。如果只有在双方误解的情况下（交易情形 2），定价为 p_0 的合约将被解除。解约概率为 $\alpha g_s g_b$，解约成本为 L，交易收益损失为 b_1。在不解约情况下，从剩余值中扣除上述成本和损失，将为合约双方总共带来 $\alpha b_1 + (1-\alpha)b_0 - \alpha g_s g_b(b_1 + L)$ 的净余额。

单方误解免责。如果买卖双方知道产品价值不菲，他们都会披露这个信息：卖方是为了取得更高的定价；而对于买方来说，如果他不说明，这笔交易无论如何都会被一笔勾销。在交易情形 3、交易情形 4 和交易情形 5 中，产品定价为 p_1，因为卖方知道产品价值高；在交易情形 1 和交易情形 2 中，定价为 p_0，因为只要产品价值高，合约就可以解除，所以买方不愿支付高于低价的款项。在双方误解的情况下

（交易情形2），因为买方愿意披露产品价值高的信息，所以最终的结果只能是解约。根据单方误解规则，结果如出一辙，所以预期剩余仍然是 $\alpha b_1 + (1-\alpha)b_0 - \alpha g_s g_b(b_1 + L)$。然而，这两项免责规则分配收益的方式有所不同。单方误解规则不允许买方凭借内幕信息获取任何收益，因为只要是卖方误解，合约都可以解除，因而在单方误解情况下，买方报酬为零。而根据双方误解规则，买方绝对可以获取正值预期报酬，因为在交易情形3中，卖方不得解除合约。

7.1.1　误解交易的负收益

现在，我们将讨论误解交易收益为负值时（因而 $b_1 < 0$）的均衡状况。假定卖方知道（直接或由买方披露信息）产品价值高，由于他更愿定价 v_1，而买方至多肯出 p_1 的价钱，在这种情况下不会成交。因此，最佳预期社会剩余值是 $(1-\alpha)b_0$。不存在卖方披露信息问题，因为知悉自己产品价值不菲的卖方断然不会把价格定在 v_1 之下——所以，无论知情的卖方是否披露信息，交易都不可能达成。

不可免责。买方为了充分利用内幕信息，不会随意披露信息。当卖方知道产品价值不菲时，不能达成任何交易。如上所述（当 $b_1 > 0$ 时），不知情的卖方定价 p^*——在交易情形3中，允许知情买方盈利（$p_1 - p^*$），盈利概率为 $\alpha g_s f_b$。不知情买方的预期收益（在交易情形1和交易情形2中）为零。在交易情形2和交易情形3中，不知情卖方的损失 b_1 超过买方所得。总的预期剩余值为 $(1-\alpha)b_0 + \alpha g_s b_1$。

双方误解免责。买方为了充分利个人掌握的信息，拒绝披露信息。知情卖方拒绝交易。因为卖方可以因双方误解而解约（在交易情形2中），p_0 定价是卖方从不知情买方中赚取的最大值。在双方误解的情况下（在交易情形2中），卖方付出 L 的代价解除合约。在交易情形3中，买方盈利（$p_1 - p_0$），但如前所述，卖方损失 b_1 超过买方盈利。相应地，预期社会剩余值为 $(1-\alpha)b_0 + \alpha g_s f_b b_1 - \alpha g_s g_b L$。

表 7.1　模式 1 中的交易收益

	交易情形					预期结果
	1	2	3	4	5	
概率	$1-\alpha$	$\alpha g_s g_b$	$\alpha g_s f_b$	$\alpha f_s g_b$	$\alpha f_s g_b$	
偶获信息者	无人	无人	买方	卖方	买卖双方	
误解/无误解	无误解	误解	误解	误解	误解	
$b_1 > 0$（误解交易盈利）						
不可免责						
（卖方披露信息，买方守口如瓶）						
价格	p^*	p^*	p^*	p_1	p_1	
买方报酬	$p_0 - p^*$	$p_1 - p^*$	$p_1 - p^*$	0	0	$\alpha g_s f_b(p_1 - p^*)$
卖方报酬	$p^* - v_0$	$p^* - v_1$	$p^* - v_1$	b_1	b_1	$(1-\alpha)b_0 + \alpha b_1 - \alpha g_s f_b(p_1 - p_0)$
总计	b_0	b_1	b_1	b_1	b_1	$\boxed{(1-\alpha)b_0 + \alpha b_1}$
双方误解						
（卖方披露信息，买方守口如瓶）						
价格	p_0	p_0	p_0	p_1	p_1	
买方报酬	0	0	$p_1 - p_0$	0	0	$\alpha g_s f_b(p_1 - p_0)$
卖方报酬	b_0	$-L$	$p_0 - v_1$	b_1	b_1	$(1-\alpha)b_0 - \alpha g_s f_b(p_1 - p_0) + \alpha b_1 - \alpha g_s g_b(b_1 + L)$
总计	b_0	$-L$	b_1	b_1	b_1	$\boxed{(1-\alpha)b_0 + \alpha b_1 - \alpha g_s g_b(b_1 + L)}$
单方误解						
（卖方披露信息，买方披露信息）						
价格	p_0	p_0	p_1	p_1	p_1	
买方报酬	0	0	0	0	0	0
卖方报酬	b_0	$-L$	b_1	b_1	b_1	$(1-\alpha)b_0 + \alpha b_1 - \alpha g_s g_b(b_1 + L)$
总计	b_0	$-L$	b_1	b_1	b_1	$\boxed{(1-\alpha)b_0 + \alpha b_1 - \alpha g_s g_b(b_1 + L)}$
$b_1 < 0$（误解交易负收益）						
不可免责						
（卖方披露信息，买方守口如瓶）						
价格	p^*	p^*	p^*	v_1	v_1	
买方报酬	$p_0 - p^*$	$p_1 - p^*$	$p_1 - p^*$	0	0	$\alpha g_s f_b(p_1 - p^*)$
卖方报酬	$p^* - v_0$	$p^* - v_1$	$p^* - v_1$	0	0	$(1-\alpha)b_0 + \alpha g_s b_1 - \alpha g_s g_b(p_1 - p^*)$
总计	b_0	b_1	b_1	0	0	$\boxed{(1-\alpha)b_0 + \alpha g_s b_1}$

续表

	交易情形					预期结果
	1	2	3	4	5	
概率	$1-\alpha$	$\alpha g_s g_b$	$\alpha g_s f_b$	$\alpha f_s g_b$	$\alpha f_s g_b$	
偶获信息者	无人	无人	买方	卖方	买卖双方	
误解/无误解	无误解	误解	误解	误解	误解	
双方误解						
（卖方披露信息，买方守口如瓶）						
价格	p_0	p_0	p_0	v_1	v_1	
买方报酬	0	0	p_1-p_0	0	0	$\alpha g_s f_b(v_0-p_0)$
卖方报酬	b_0	$-L$	p_0-v_1	0	0	$(1-\alpha)b_0+\alpha g_s f_b(p_0-v_1)-\alpha g_s g_b L$
总计	b_0	$-L$	b_1	0	0	$\boxed{(1-\alpha)b_0+\alpha g_s f_b b_1-\alpha g_s g_b L}$
单方误解						
（卖方披露信息，买方披露信息）						
价格	p_0	p_0	p_0	v_1	v_1	
买方报酬	0	0	0	0	0	0
卖方报酬	b_0	$-L$	0	0	0	$(1-\alpha)b_0-\alpha g_s g_b L$
总计	b_0	$-L$	0	0	0	$\boxed{(1-\alpha)b_0-\alpha g_s g_b L}$

注：方框内数字为总值。

单方误解免责。买方情愿披露信息，因为对产品价值高守口如瓶任何最终结果都是解约。知情卖方会拒绝交易。不知情卖方收费 p_0（由于因双方误解而导致的解约，这又是知情买方愿意支付的最大值）。在双方误解的情况下（交易情形2），卖方以付出 L 为代价解约。在所有交易情形中，买方报酬均为零，因为单方误解规则不允许买方凭借内幕信息谋利。卖方（因此也是社会）从交易中获得的收益为 $(1-\alpha)b_0-\alpha g_s g_b L$。

表7.1右列总结了按照每一规则买方、卖方和总的预期剩余值。要选择一项使交易总收益最大化的规则，将视误解交易收益的多寡而定。假使能从误解交易中获取收益（$b_1>0$），不可免责规则可使交易

收益最大化，因为与其他规则相比根据这一规则获得的报酬 $\alpha g_s g_b(b_1 + L)$ 更高。合约不得解除，因为解约会损害交易收益，平添解约成本。

另外，如果误解交易无效率（$b_1 < 0$），那么在解约成本低廉的情况下，单方误解免责规则将使社会剩余值最大化。不可免责规则会产生社会成本为 $\alpha g_s b_1$ 的无效率交易，而根据单方误解负责规则，部分此类交易会因买方而半途而废，其余交易的结果将是解除合约，其预期成本为 $\alpha g_s g_b L$。如果交易损失大于诉讼费用，也就是说，假如

$$|b_1| > g_b L \tag{7.3}$$

那么单方误解规则将使交易收益最大化；否则，最佳选择将是不可免责规则。如果误解交易负效率 [$b_1 < -g_b L/(1-f_b)$] 足够大，那么双方误解规则优于不可免责规则，但绝对次于单方误解规则，因为它不仅造成同样的预期解约成本，而且产生额外成本 $\alpha g_s f_b b_1$，这是由于在单方误解交易中，买方只是在卖方误解的情况下才购买产品。

总之，双方误解规则从未使社会剩余值最大化。当误解交易收益为正数时，它却解除了为数众多的合约，这使之次于不可免责规则。当收益为负数时，它不鼓励知情买方自愿提供他们掌握的信息，放任有害交易成交，这使之次于单方免责规则。

法律对双方误解的青睐，并不能从法院判别交易收益是正值还是负值的能力中找到答案。假定 b_1 既可能为正值，又可能为负值，法院也仅仅知道交易收益为正值的概率，那么按照交易收益的相对规模和解约成本，唯一能使交易收益最大化的法律规则只能是不可免责或单方误解规则。[16] 双方误解规则从未带来比单方误解规则更为有利的结果，因为在误解交易收益为正值的情况下，两项规则创造的社会剩余值不相上下；而在误解交易收益为负值的情况下，双方误解规则的

---

[16] 假定 M 等于交易收益为正值的概率，$(1-M)$ 等于误解交易收益为负值的概率，那么这三种规则的预期交易收益分别为：不可免责：$(1-\alpha)b_0 + \alpha[Mb_1(1-g_s g_b) - g_s g_b b_1]$；双方误解免责：$(1-\alpha)b_0 + \alpha[Mb_1 - (1-g_s g_b) - g_s g_b L] - (1-M)b_1 g_s f_b$；单方误解免责：$(1-\alpha)b_0 + \alpha[Mb_1 - (1-g_s g_b) - g_s g_b L]$。只要 $b_1 < L$，不可免责规则都将使交易收益最大化。

效率逊于单方误解规则。[17]

从本质上说，双方误解规则的缺陷是根深蒂固的，但就数量而言，牢记以下这点十分重要：重新缔约会减轻由践约无效率交易或者解约有效率交易所产生的无效率。一般来说，合约中误用规则造成的损失受制于交易成本，这里也不例外。[18] 假定 $b_1 > 0$，且卖方根据单方误解或双方误解规则解除合约，他渴望再把产品卖给买方。假定 $b_1 < 0$，依照不可免责和单方误解免责规则，重新缔约可以减轻无效率。如果卖方（根据不可免责规则）无法解约，买方可将产品转售给卖方。[19] 根据单方误解规则，认为解约有利可图的卖方反而会通过与买方的谈判利用合约使原来协议失效。以上任何一种情况都会带来额外的交易成本。而相关的问题是，重新缔约成本是否高于解约成本。由于重新缔约效率较高，重新缔约的可能性取代了误解交易（b_1）的无效率和解约（L）的无效率。当单方误解规则使交易收益最大化时，类似于不平等情形（3）的不平等再次出现，但在无效率交易和无效率解约即将发生时，我们需要将 b_1 和 L 重新解释为当事人会承担的较低交易费用。[20]

交易规则不仅影响交易总收益，而且影响收益在买卖双方之间的分配。虽然我们已经假定，卖方有权发出"要就要，不要就拉倒"的要约，但根据不可免责或双方误解免责规则，买方也可以期望凭借内幕信息谋利（根据单方误解免责规则，买方从商品价值高的内幕信息

---

[17] 双方误解规则同样不能用于区分误解交易与负收益交易。首先，人们可能认为，在双方误解而非单方误解的情况下，无效交易更可能出现。假如是单方误解，至少知情一方终究会从交易中获利，唯一的问题是其获利是否高于不知情一方所蒙受的损失。这一推理的缺陷在于，它忽略了被提交至法院的案件范围。当事人自己也可以撤销使双方都蒙受损失的交易。因此，无论法律作何规定，我们都只能看见至少有一方当事人有兴趣履行合约的案件。

[18] 但可参见阿里斯和格特纳，前注[15]，第762页。

[19] 或者，假定买方还未收到商品，卖方有可能违约，并迫使买方承受部分起诉费用或威胁性诉讼费用。

[20] 如结合买方可信度，这点尤为正确，因为这类信任意味着，解约时买方可能比卖方更需要使用产品，而且，在任何情况下，法院都将不得不面对确定买方赔偿损失的难题。事实上，或许这正是导致库尔所谓的"不干涉"法院态度的这些相关成本的意义所在。见前注[9]。

中将一无所获，因为在只有买方知悉商品价值高信息的情况下，卖方可以取消交易）。无论误解交易是否产生收益，买方都偏爱双方误解规则甚于不可免责规则，偏爱不可免责规则甚于单方误解规则。虽然不可免责和双方误解规则都使买方盈利，但双方误解规则给买方带来的报酬更高，因为在双方误解免责的情况下，不知情卖方定价较低。[21]因此，假定误解是价值高于预期，尽管双方误解并不能使社会剩余总值最大化，但它的确能使"消费者福利"最大化。法律表面上更青睐于双方误解规则可以理解为，法律更属意那些能够提供更加公正分配交易收益的规则——即使这意味着以牺牲收益总值的规模为代价。

7.1.2　界定"基本假定"

模式1为法官们充实《注释汇编（第2卷）》棘手"基本假定"的内容提供了启迪。界定这一术语至关重要。但这样做困难重重，法律现实主义评论家们就此怨声不断，"鲜有哪个法律概念比'误解'带来更多一无是处的学说和漏洞百出的原则"，"一成不变地区分事物内涵和外延的标准可谓史无前例，人所共知，这种区分不仅理论上不靠谱，实践中也是行不通的。"[22]

运用模式1的有关知识，我们将"基本的"假定定义为：决定误解交易收益是否为正值。当事人提到交易商品时涉及的基本的哲学或语言学方面的问题无须法官担心；问题可归结为，履约增加买方的福利是否大于因之而减少的卖方福利。或者，换个角度讲，根据适当变更后的条款，如果当事人没有误解，交易是否能够达成？如果成交的话，误解并不涉及基本假定。[23] 这样一个定义排除了因为市场的不确

---

[21] 根据双方误解规则，为诱使不知情买方购买，定价必然更高——因为在交易情形2中买方损失为 $p_1 - p^*$。

[22] 迈尔斯·麦克道格尔：《间接误解与披露义务》，第8页（未出版手稿，耶鲁大学法学院，1931年6月；藏于耶鲁大学法学院图书馆）。

[23] 关于单方误解的所谓的"科尔宾规则"似乎正倾向于下述定义："假定你认为单方误解一方的难处大于无辜一方的'正当预期收益'，即使单方误解不为对方所知，也应该允许解约。"约翰·奥康奈：《救济概论》，第92页（1977）。

定性而产生的轻微误解，尽管不确定性会改变合约定价。[24] 用是否仍然存在交易收益来定义"基本假定"，不同于用执行价格是否有实质性变化来定义这一概念。假定 $v_1 = 100$，$v_0 = 10$，对 $b_1 = b_0 = 5$，那么误解对定价的影响巨大（105 对 15），但对交易收益并无任何影响，因而误解与基本假定无关。即便在信息灵通的情况下，交易也可能达成，只是价格有所变动。按照模式 1，基本假定的标准对有效免责而言，是必要条件而不是充分条件。如果法官认定误解交易仍能产生收益，基本假定将缺乏引用的理由，免责也就无从谈起。即使法官认定误解交易产生负收益（$b_1 < 0$），［根据上述不平等情形（3）］也只是在预期解约成本低于误解交易的无效率的情况下：$(1 - f_s)L < |b_1|$，才能免责。

模式 1 也为其他法律术语提供了解释。首先，当"另一方当事人有理由知道误解"时，《注释汇编（第 2 卷）》的§153（b）把这种情况归类为已知单方误解，尽管不是双方误解也允许免责。知情买方或许知道卖方并不会同意以先前定价成交，因为（1）误解交易产生负收益，或者（2）定价低于卖方知情后愿定的价格。依据我们对"基本假定"所作的定义，已知单方误解仅仅出现在第一种情况中——此时交易收益为负值，而不只是知情卖方难以接受的低廉合约定价。这个解释将使模式 1 中的社会剩余值最大化。当误解交易利润为正值时，误解"基本假定"无立锥之地，因此可以适用有效的不可免责规则。当买方知道知情卖方即使是按照买方的预定价格（即 $b_1 < 0$），也不愿意出售商品时，法院倾向于寻获误解基本假定或"已知单

方误解"，这样就可以为只是单方的误解免责。㉕

我们可以将同样的理论用于区分西塞罗描述的在他那个年代就相传已久的两个道德困境。㉖ 在第一个困境中，罗得岛饥荒蔓延，因而谷物价大飙升，市民一无所知的是，数艘满载谷物的船只正从亚历山大港驶来。最先抵达船只的船主有义务披露谷物价格会短期内暴跌的信息吗?㉗ 在第二个困境中，卖房人知道房间卫生条件不佳，而买方对此一无所知。卖房人是否有义务披露房间不卫生的秘密呢? 西塞罗认为，在两种情况下都应当披露信息。但根据模式 1，罗得岛谷物例的特征是，即使是误解交易，也能产生正值收益——有关信息仅仅影响谷物定价。而在不卫生房间例中，其实在房屋价格下跌的情况下，也许会另有他人有意购买这幢卫生条件差的房子。因此，信息不仅影响房屋价格，还影响最终所有权。当不披露信息会使文中所讨论的商品交付出价较低的买主时，法律规则应该鼓励披露信息。㉘

7.1.3　适用舍伍德诉沃克案

让我们现在回到舍伍德诉沃克案，看看该案有何启示。一头能够生育的奶牛与一头不能生育的奶牛有天壤之别，买方可能情愿出低价买一头不能生育的奶牛，而不愿出高价买一头能够生育的奶牛。当双方当事人都误认为奶牛不能生育而结果奶牛能够生育时，交易收益多半是负值，因为卖方的本分就是出售能够生育的奶牛和不能生育的奶

㉕ 然而，如前所述，假定在不平等情形（3）中，解约成本低于误解交易成本，即便确为已知误解，也应该免责。对《注释汇编》关于不具可操作性和收效甚微的规定也可作类似理解。《注释汇编（第 2 卷）》第 266 条规定，即使在缔约时，如果一方当事人的履行或意图不切实际或收效甚微，也允许解约，"因为这里有他没有理由知道的事实和缔约时不存在的基本假定。"《注释汇编》，前注⑥，第 338 页，第 2 卷，§§178 - 315。基本上可以由定义得知，不具可操作性和收效甚微适用于交易收益总体上为负值的误解，此时无论是单方误解还是双方误解，都允许免责。因此，按照模式 1，《注释汇编》的这项条款也可以被理解为，当交易收益为负值时，允许单方误解免责。

㉖ 西塞罗：《论义务》，载《著作精选》，第 178 页（Michael Grant trans. 1984）。

㉗ 上述事实类似于著名的美国雷德洛诉欧根案，15 U. S. （2 Wheat. 178 （1817），在该案中，提前得知 1812 年战争已告结束消息的商人购买烟草时，并没有披露这一消息。

㉘ 这点类似于库特和乌伦对富有成效和重新分配利益的信息所作的区分。参见库特和乌伦，前注⑨。

牛，而买方很可能付出更高的转售成本。^㉙ 因此，因误解而解约可以避免交易负收益。

伍德诉博因顿案经常与舍伍德诉沃克案一起加以对比，以凸显法院自相矛盾的裁决。^㉚伍德以 1 美元价格卖给珠宝商博因顿一颗未经雕琢、质地不明的宝石。双方都不知道，这颗宝石是一颗钻石，价值1000 美元。法院裁定，虽然是双方误解，但由于不存在欺骗，珠宝商可以继续拥有钻石。为什么这一裁决与舍伍德诉沃克案截然不同呢？伍德诉博因顿案与舍伍德诉沃克案的不同之处在于，从误解交易中获利的可能性更大：这颗未经雕琢的钻石对珠宝商有更多的用途。所以，按照模式 1 的精神，如果只是注重效率，不可免责规则则恰如其分。

《注释汇编（第 2 卷）》§152 范例 1 更为简明地揭示了交易负收益理论：^㉛"A 立约出售一块土地，B 购买，土地价值主要取决于栽种在这块土地上的木材。A 和 B 都认为这批木材仍然存在，但事实上这批木材已在一场大火中化为灰烬。在这种情况下，B 可以解约。"B认为，他是在买木材，附带买一些土地，但木材已经不复存在了。假如 B 的购买意图已经落空，交易收益多半为负值。无论误解是不是单方面的，这项结论依然成立。因此，虽然这个范例被用作双方误解免责例子，但模式 1 仍然认为单方误解免责规则更好。如上所述，法院可能援引《注释汇编》§153（b）中"已知单方误解"例外解除合约，因为误解本质上昭示，交易收益为负值。

7.1.4　买方误解

在模式 1 中，受误解不利影响的当事人是卖方。如果误解对买方

㉙　波斯纳也提道："假定奶牛为买方所有比为卖方所有更有价值是毫无根据的——奶牛的真实价值在于其重要性大小，而非当事人的主观想象。"但他对此不以为然，而赞成查清哪一方当事人可以最低成本规避误解的主张。参见波斯纳，前注⑩，第 90 页。

㉚　伍德诉博因顿，64 Wis. 265，25 N. W. 42（1985）。

㉛　《注释汇编》，前注⑥，第 1 卷，152 页。一个具有相似案情的真实案例是特维茵诉霍尔和狄司劳动服务公司案，41 N. W. 815，40 Minn 184（1889），在该案中，买方代理人将要看的一片带林木的土地弄错了，而合约规定土地上的林木已被砍伐一空。

不利，人们就会对单方误解免责提出新看法，因为大量单方误解是内生的。误解是产品价值低于预期。如果卖方可以较低成本生产这样一件产品，不可免责规则就会刺激卖方增加买方单方误解的机会。当误解对卖方不利时，如果买方将双方误解（合约任何一方都不知道产品价值高）转化为单方误解（只有买方知道）就可以消除双方误解，根据双方误解规则，单方误解也肯定会大量涌现。但是，对卖方不利的误解并不是由买方造成的，因而应用不可免责规则不会引发更多误解。

根据现行双方误解规则，卖方增加对买方不利的大量单方误解交易所造成的实际损失可能数目惊人。这个问题十分严重，法律为误解的买方提供一项保护力度超过因单方误解而给予买方救济的默示担保救济条款。[32] 如果卖方是文中讨论的商品的商人，《统一商法典》（U. C. C.）规定了一条所有权有效和商品"可以流通"的默示担保条款，要求商品必须"具有应有的基本性能"，"符合使用这些商品的普通用途。"[33] 如果买方依赖于卖方所提供的技术或者卖方理应知道买方购买商品的特殊意图，《统一商法典》也规定了一项商品必须符合买方这一特殊意图的默示担保条款。[34] 当商品价值最终低于预期时，买方可以要求高于其最初期望值的更多回报；他可以要求实现他应当实现的商品所声明的预期价值。[35] 因而，假如舍伍德立约售给沃克一头不能生育的怀孕奶牛，沃克可以违反担保条款为由提起诉讼。此外，《统一商法典》的默示担保条款甚至适用于单方误解：即使买方不知商品有瑕疵，卖方也应承担损失。在此，单方误解与双方误解的

---

[32] Smith & Smith，前注[10]，480。第一次认识到对单方误解免责的，可以看成是对买方的一种默示担保。

[33] 《统一商法典》，§2-312（权利担保与反侵害：买方反侵害义务）§2-314（默示担保：易货性；贸易的应用）。

[34] 《统一商法典》，§2-315（默示担保：符合特定目的）。

[35] 如果卖方不是"商人"，买方不受默示担保条款保护，但仍然受误解理论保护。在史密斯诉兹姆巴利斯特案中，2Cal. App. 2d 324，38 p. 2d 170（1934），史密斯卖给兹姆巴利斯特两把他们误认为是斯特拉迪瓦利斯和加勒利斯制造的小提琴。初审法庭裁定买方不受默示担保条款保护，因为史密斯不是商人，但因双方误解而解约（不过上诉法院确实认定默示担保）。

区别含混不清。

7.2　蓄意获取信息：模式2

规范误解免责的规则同样可以影响当事人获取信息的动机。安东尼·克龙曼在分析误解时对偶然和蓄意获取信息进行了区分。[36] 在模式1中，我们假定信息是偶然获取的——买卖双方都是因为外界偶然因素而知情。现在，我们将放宽这一假定，探讨一个买卖双方都可花钱买信息的模式。

花钱买信息是刻意规避误解的一种方式。模式1揭示了单方误解免责规则是如何减少误解交易负效率发生的概率的。在此，我们将考察免除合约义务责任是否可以成为调节信息有效产出的一条合理途径。模式2与模式1的假定一模一样，但有两个例外：（a）排除了偶然获取信息的可能性，它假定买卖双方在签约前，可以选择花费 c_b 或 c_s 获取商品真实价值的信息（c_s 相对于解约成本来说，高得足以使卖方不敢以此规避潜在的解约成本，也就是说，$c_s > \alpha L$）；（b）排除无效率交易的可能性（设定 $b_1 = 0$）（这是驱使对模式1进行规范分析的动力）而去关注获取信息的成本的效率。本文附录运用买方和卖方获取信息的不同参数值，根据各项免责标准，列举了纳什均衡和福利剩余值。

首先，请注意，如果买卖双方情愿都不去了解行情，交易收益将会最大化，因而虽然信息是蓄意获取的，但并不具有社会效益。而 b_1 为非负效率意味着，无论商品的价值高低，交易都应当达成。[37] 如果当事人情愿不去了解行情，不可免责规则将使交易收益最大化。在所有交易情形中，当事人都会以不知情定价 $p^* = \alpha v_1 + (1-\alpha)(v_0 + b_0)$

---

[36]　克龙曼，前注⑩。

[37]　这是库特和乌伦所持的观点，前注⑨。

成交，卖方可以获取交易的最大收益，即 $(1-\alpha)b_0$。但由于当事人不可能不去了解行情，不可免责规则并不必然使交易总收益最大化。[38]

7.2.1 不可免责标准

根据不可免责规则，均衡类型取决于信息成本的高低。

均衡类型 A：合约双方信息成本都高。如果信息成本 c_s 和 c_b 足够高 $[\min\{C_s, C_b\} > \alpha(v_1 - p^*)]$，那么任何一方当事人都不会获取信息，最大社会剩余总值将水到渠成。

均衡类型 B：买方信息成本低廉。如果买方的信息成本低廉，而卖方的不低 $[c_b < \alpha(v_1 - p_o) < c_s]$，均衡类型为混合战略。买方有时获取信息，卖方有时收费 p_1，有时收费 p^*。如果买方一直获取信息，那均衡将无法达成，因为卖方会一直收费 p_0[39]，买方就没有道理再去获取信息（因为无论如何他都会掏钱购买）。

均衡类型 C：卖方信息成本低廉。如果卖方信息成本足够低 $[c_s < \alpha(v_1 - p_0)]$，他将主动获取信息。如果商品价值不高，他会隐瞒这一信息，但在均衡类型中，因为买方知道卖方已经获取信息，卖方的沉默不外乎表明商品价值不高，所以卖方可根据商品价值定价 v_1 或 p_0。因为买方可以从卖方的行为中推断商品价值，所以买方不会主动获取信息。交易收益等于最大剩余值减去卖方的信息成本。

卖方信息成本居中。如果卖方的信息成本居于中间范围 $\alpha(v_1 - p^*) < c_s < \alpha(v_1 - p_0)$，那么信息成本或高或低的均衡类型（A 或 C）都可能存在。[40] 之所以两种均衡类型并存，是因为买方的预期决定了他将对不披露信息的行为作出何种反应。假如买方预期卖方会获取信

---

[38] 例如，通过考察表 7.2 左列，人们不难发现，按照假定 $c_s < \alpha L$，单方误解规则会产生更大的交易收益。

[39] 假定卖方定价高于 p_0，买方只有在对产品估价高的条件下才会购买——而根据假定，只把产品卖给估价高的买方，对卖方来说较为不利。

[40] 这里还存在一种买卖双方每一方调查概率为正值的混合战略均衡。对买卖双方而言，由于这一混合战略均衡的剩余总值和预期剩余值与低信息成本均衡（C）分毫不差，这里就不单独讨论。

息而卖方却守口如瓶，卖方只能定价 p_0，相应地这将为卖方获取信息提供强大动力。另外，假如买方预期卖方不会获取信息，卖方在保持沉默的情况下，可以定出更高的价格（$p^* > p_0$）。因此，如果买方认为他会获取信息，他就有获取信息的更大动力，从而形成多种均衡类型。虽然信息成本高昂的均衡类型产生更大的交易收益，但买方对信息成本居中均衡类型的预期会诱使卖方收集信息。

7.2.2　双方误解免责

根据双方误解规则，均衡类型取决于卖方获取信息的成本是高于还是低于 $\alpha(v_1 - p_0)$。

信息成本高。如果信息成本高，买卖双方都不会收集信息。定价为 p_0（因为如果商品价值高，交易会被取消），这会造成解约成本。交易收益等于最大剩余值 $(1 - \alpha)b_0$ 减去预期解约成本 αL。

只对买方而言信息成本低。如果买方信息成本低，卖方高 $[c_b < \alpha(v_1 - p_0) < c_s]$，只有买方会获取信息，卖方收费 p_0。剩余总值是 $(1 - \alpha)b_0 - c_b$。

信息成本低。如果对买卖双方而言信息成本都低 [低于 $\alpha(v_1 - p_0)$]，均衡类型为混合战略。除非买方获取信息，否则卖方没有意愿这样做，因为在买方不知情的情况下，卖方可以解除合约。但只有在卖方不去获取信息的情况下，买方才想去获取信息；这是一种非协作博弈。[41] 在均衡类型中，一些买方和卖方是否获取信息，视每一方对是否获取信息的不在意程度而定。在某种概率下，可能一方知情，双方知情或者双方都不知情。混合战略均衡类型需要满足如下条件：在均衡中，各方都须对实施均衡混合战略与任何一个纯粹战略（知情或

---

[41]　关于合作和非合作博弈，参见恩里克·拉斯姆森《博弈与信息》，第 35、40 页（1989）。

不知情）漠不关心。㊷ 因为买方从全然不知情战略中所获剩余值为零（不论卖方知情与否），㊸ 所以买方也一定预期从有时知情的混合战略中一无所获。以此类推，在混合战略均衡中，不知情卖方必然获取如果他知情肯定获取预期的同样报酬 $p^* - c_s$。㊹ 这就意味着，在成本低廉的情况下，双方误解规则带来的社会剩余值等同于卖方成本低廉时不可免责规则带来的社会剩余值。㊺

7.2.3　单方误解免责

根据单方误解规则，不论信息成本高低，买卖双方都不去获取信息，因为卖方可以因为双方或单方误解而解除合约。由于一旦商品价值不菲合约就可解除，所以定价为 p_0，而解约成本为 L，解约概率为 α。根据单方误解规则，交易收益等于最大剩余值 $(1 - \alpha)b_0$ 减去预期解约成本 αL。

选择备选规则。在这一模式中，确定误解规则的免责条件既影响获取信息的数量，也影响交易的成败。与模式 1 不同，由于获取信息是无效率的，因而使获取信息和解除合约总成本最小化的规则是最有效的。详情见表 7.2。

㊷　关于合作和非合作博弈，参见恩里克·拉斯姆森《博弈与信息》，第 72 页。不言而喻的是，这两项条件意味着，根据双方误解免责规则，卖方知情概率为 $f_s = 1 - \{c_b / [\alpha(v_1 - p_0)]\}$，买方知情概率为 $f_b = (c_s - aL) / [\alpha(v_1 - p_0) - \alpha L]$。过多致力于获取信息的概率为 $f_s f_b$。在这一均衡中，买卖双方获取信息的平均值小于一方获取的信息。假定当事人收集信息的成本相等 $(c_s = c_b = c)$，双方获取信息的预期成本为 $c - \alpha g_s g_b L$。然而，当双方都避免获取信息无效（概率为 $\alpha g_s g_b$）时，在双方误解的情况下，取而代之的是，卖方倾向于解约（成本为 L）。因此，获取信息和解除合约的总成本等于 c。

㊸　假定买卖双方都不知情，买方预期剩余值为零，因为定价为 p^*。假定卖方知情，那么高价和低价（P 等于 v_1 或 p_0）要减去所有消费者剩余值。

㊹　知情卖方收入 $p^* - c$（不论买方是否知情），因为卖方能定出最高价格，但必须付出获取信息成本。

㊺　如上所述，无论如何，不可免责规则都将支持为获取信息支付适中成本的更加有效的均衡。

表 7.2 模式 2 剩余值

规则	低 c_s	(低 c_b, 高 c_s)	(高 c_b, 高 c_s)
不可免责	$(1-\alpha)b_0 - c_s$	$(1-\alpha)b_0 - \left(\dfrac{v_1-p_0}{v_0-p^*}\right)$	$\boxed{(1-\alpha)b_0}$
单方误解	$\boxed{(1-\alpha)b_0 - \alpha L}$	$\boxed{(1-\alpha)b_0 - \alpha L}$	$(1-\alpha)b_0 - \alpha L$
双方误解	$(1-\alpha)b_0 - c_s$	$(1-\alpha)b_0 - c_b$	$(1-\alpha)b_0 - \alpha L$

注：假定 $\min\{c_s, c_s\} > \alpha L$，方框内数目为该列最大值。

在信息费用低廉 $C_s < \alpha(1-\alpha)(v_1-P_0)$ 的情况下，单方误解规则可以使预期剩余值最大化。不可免责和双方误解规则都产生剩余值 $(1-\alpha)b_0 - C_s$，而单方误解规则产生的剩余值为 $(1-\alpha)b_0 - \alpha L$，这高于依据假定 $\alpha L > C_s$ 所得出的数值。根据不可免责规则，低廉的信息成本为卖方提供了出资 C_s 获取信息的动力。双方误解免责规则略微降低了预期信息成本（即使在混合战略均衡下买卖双方会同时花费成本但增加了等量的预期解约成本）。在信息成本低廉的情况下，仅单方误解规则不利于卖方获取信息——因为卖方受解约概率保护。事后解约代价不菲，但低于先期谨慎措施（即获取信息）所支付的成本。当信息便宜时，这些规则都不可能消除获取信息和解除合约的无效率——但单方误解规则能把无效率降到最低程度。

如果对买卖双方来说，交易成本都太高［高于 $\alpha(v_1-p_0)$］，不可免责规则将使剩余值最大化。[46] 不可免责规则产生的剩余值最大为 $(1-\alpha)b_0$，而单方误解和双方误解免责规则产生的剩余值均为 $(1-\alpha)b_0 - \alpha L$。在信息成本足够高的情况下，无论法律规则作何规定，任何一方都不会去获取信息——但单方误解和双方误解免责仍然引发导致解约的代价不菲的诉讼费用。因此，不可免责规则是最好的。当信息成本对买方来说便宜时，不管这对卖方而言是高还是低，诉讼费用都是可以承受的，因为这为当事人获取信息提供了便利，在这种情况

---

[46] 关于 c_s 居中价值的有效规则取决于：根据不可免责规则，均衡是否与高成本（卖方不知情）均衡或低成本（卖方知情）均衡协调一致。

下，正如表 7.2 左边两列方框内数值所显示，单方误解规则是最好的。选择有效规则充实了对模式 1 所作的分析。双方误解规则从未使交易收益最大化。在一定范围内，不可免责规则和单方误解免责规则可以产生最大交易收益。在模式 1 中，当预期解约成本低于预期无效率交易成本时，单方误解规则将使交易收益最大化。在模式 2 中，当预期解约成本低于预期信息产出成本时，单方误解规则优于不可免责规则。[47]

在每项法律规则中，获取信息的动力有所不同。根据不可免责规则，卖方获取信息的动力最大；根据单方误解规则，卖方获取信息的动力最小。[48] 世间不存在只是买方获取信息的纯粹战略均衡。根据单方误解规则，买方从未能凭借内幕信息获利，因为不知情卖方总是可以取消误解交易。而根据不可免责规则，只要买方获取内幕信息有利可图，卖方就会去获取信息——以期从内幕信息中先分一杯羹。在双方误解的情况下，买方具有把可以解约的双方误解转变为不可解约的单方误解的动机，卖方也有相应的动机把单方误解转变为双方知情。买方无法从内幕信息中获利同样影响交易收益的分配。因为根据模式 1 中的不可免责和双方误解规则，内幕信息将来有可能允许买方获取预期正值收益，而在模式 2 中，买方从信息中得不到这样的好处。在所有规则中，预期买方报酬都是零——交易总收益同样反映了卖方报酬。买方对不同的规则毫不关心，卖方只是对最有效的规则情有独钟。因此，与模式 1 不同，买方对于支持毫无社会效率的双方误解免责规则了无兴趣。

7.2.4 成效显著信息的不良后果

表 7.2 中的绩效比较建立在获取信息的利益完全是重新分配的这一事实基础之上。但是，如果文中讨论的信息对社会有益，那么有可

---

[47] 信息产出无用的观点类似于洛伊·肯尼和本杰明·克莱因的观点：《批量定座的经济学》，《法律和经济学》，第 497 页（1983）。

[48] 根据单方误解规则，唯一动力是卖方期望规避解约成本，在此这点为假定 $\alpha L < c_s$ 所排除。

能出现不同的绩效排序。假定信息富有成效，且信息成本低廉，不可免责规则可能效率最高，因为卖方总是获取信息；单方误解规则可能效率最低，因为信息付诸阙如。

若干原因可以说明信息具有生产价值而不仅仅起重新分配作用。例如，如果交易前信息并不为人所知，那么商品的高价值可能难见天日。模式1和模式2假定，签署协议后，商品价值公之于众，但是，商品的高价值可能只是在把商品用作其他用途时才为人所发现，除非通过其他方式揭示商品的高价值，否则人们不会这样做。那么，获取信息便具有了生产价值，而不仅仅是起到重新分配的作用。虽然在任何规则中，卖方都有获取信息的动力，但如果他并不总能够成功地获取信息，那就有必要引入一项同样鼓励买方调查的规则。在史蒂文·夏维尔关于单方误解的论文[49]讨论的典型案例，利奇金矿公司诉得克萨斯海湾硫黄公司案中，如果买方不出资进行调查，就很可能不会获取有关一块蕴藏贵重矿物土地的信息。[50] 这种成效显著的信息，增大了不可免责规则的必要性，但仍然没有为选择双方误解规则提供任何理由。[51]

7.2.5　若干范例

上述关于信息收集的分析有助于说明法院致力于区分"表达错

---

[49]　参见前注[10]。

[50]　利奇金矿有限公司诉得克萨斯海湾硫黄公司案，10. R. 469（1969）。本案和解。

[51]　但是，不同富有成效的信息类型可以进行不同的效率分析。例如，假定误解收益为负值（$b_1 < 0$），人们或许认为交易前获取信息可以防止这些损失。这是正确的，但解约是更好的解决办法，因为解约（$\alpha L < c_s$）可以更加低廉的成本减少损失。因此，如果误解交易收益为负值，单方误解规则仍然是最好的，但这是由于模式1而不是由于模式2的原因。其次，走完缔约程序和后期解约可能产生实际成本，这包括签约和信赖成本，所以信息具有节省这些费用的现实利益。这不同于误解交易负收益，因为解约虽然避免了这些负收益，但无法消除签约和信赖成本。假定 c_s 足够小，卖方在任何规则下都将小心避免误解，以避免付出他自己的签约成本，这里无须适用规则鼓励谨慎行事，因为获取全部交易收益的卖方，把及时发现误解以避免签约成本的好处完全内化了。然而，假如当事人分摊签约和信赖成本，确实存在一个问题。如此一来，正如当侵权行为对双方造成损害，但可为任何一方所防止一样，如果解除合约，每方都只承担部分损失，所以任何一方都不可能有效关注。不可免责规则可以有效鼓励卖方关注（即获取信息），但这也并不为偏好双方误解规则而不偏好单方误解规则提供任何理据。

误”、“书写错误”与我们一直讨论的“事实错误”。在密封投标拍卖中，投标人有时在计算成本时出现计算错误，出价过低，因而要求法院解约。M. F. 肯珀建筑公司诉洛杉矶市及其他地区案(52)可谓典型。肯珀公司出价 780305 美元承建一个管道系统工程，在内部成本评估中，漏算一项价值 301769 美元的项目，评估迟至投标截止前夜才告结束。几小时后公司发现错误，请求解除投标契约，但市政府搬出一项规定投标人“不得由于错误而解除其义务”的投标条款。然而，法院准予公司解约，认为“在填表或抄写数字时出现的纯粹手工或抄写错误与判断错误（如低估劳动成本或原材料成本）之间是有差别的”。(53)

假定投标者误解投标而不得解约，那么在投标时他们应当倍加小心，但允许解约或许更为有效。这与模式 2 的结论不谋而合：在获取信息成本相对低廉时，单方误解免责规则有效率。假定重新缔约成本低廉，这点尤为正确，正如在肯珀公司案中一样，错误被及时发现，市政府来得及转向报价次低的投标商。如果错误发现得较晚，市政府不得不重启招标程序，这将引发投标契约因清算损失而造成的大量费用。但误判难以预防，因为错误规则也不足以促使人们小心谨慎。而且，发现误判时常常为时已晚，重新缔约成本极高，法院要发现误判更加困难，并且更可能造成实际成本，而不仅仅是标的转移，所以务必格外小心。因此，表达错误更有理由得到免责，因为它的后果和预防成本（假如不是其重新分配结果）相对较低。

模式 2 或许同样为分析法院愿意修正表达错误的意向提供了启迪。在伯克·穆尔公司诉凤凰桥公司案(54)中，建桥总承包商雇用一个分承包商负责水泥事务，“桥面用水泥铺建”，每平方码 12 美元。完工后，总承包商提出为大桥桥面 4148 平方码建筑面积付款，但分承包商声称承包商还应为桥底和桥边表面付钱（额外多了近 4000 平方码）。法院裁定总承包商胜诉，理由是缔约时双方当事人都认为只给

(52) M. F. 肯珀建筑公司诉洛杉矶市及其他地区案，235p. 2d7（1951）。

(53) 同上书，第 11 页。

(54) 伯克·穆尔公司诉凤凰桥公司案，第 150 页（1953）。

大桥桥面铺建水泥，尽管客观上合约可作其他理解。从防止不必要谨慎的观点来看，这一判决是合情合理的，而且，不论是双方误解还是单方误解，这一推理都是合乎情理的。

7.2.6　富有成效信息与误解交易负收益

模式 1 和模式 2 共同表明，单方误解规则有时是有效率的（可以降低误解交易无效或无效信息获取），而双方误解规则从未使交易收益最大化。因此，有可能综合上述两种模式的各方面，制定一个使双方误解免责行之有效的方案。尤其是，在有效交易和有效信息产出目标之间的冲突，的确在有限的范围内为双方误解规则提供了理由。然而，产生这一结果所必要的假设的复杂性，最终可能更有助于支持本文更大的论点——要证实双方误解规则有效是十分困难的。让我们考察一种建立在如下 4 个假定基础之上的模式：（1）像在模式 1 中一样，假定误解交易收益为负值（$b_1 < 0$），当商品价值高时，商品对卖方比对买方更加物有所值；（2）像在模式 2 中一样，假定无论是否存在误解（即无论商品价值高低），买方都可以进行调查，成本为 C——但调查只能获取概率小于 1 的商品价值信息；（3）假定卖方调查成本奇高——如此一来卖方实际上永远不会事前主动获取信息；（4）最后，正如在富有成效信息部分所讨论的那样，假定商品实际价值事后因外因而披露的概率小于 1，那么，在不进行调查，又不知商品主要用途的情况下，商品的不菲价值就可能永不为人所知。根据单方误解规则，买方不会去获取信息，有时商品价值不菲的利益就无人得享。根据不可免责规则，如果 C 足够低廉，买方将对商品价值进行调查。如果买方不调查或调查半途而废，那么即使商品的不菲价值事后因外因而披露，交易收益也是负值。根据双方误解规则，如果 C 低廉，买方就有主动获取信息的动力，但如果双方发生误解或商品的不菲价值因外因而披露，交易都不会达成。这是一项最佳规则，因为在它意外而非掌握充分信息出现的情况下，它鼓励人们去获取信息，尽管它也解除无效交易。虽然一些无效交易并没有被解除，但这是鼓励人们收集信息所付出的代价。

　　事实上，舍伍德诉沃克案或许实践了这一理念。获取信息多半是为了分配利益，但不只是重新分配利益，因为发现奶牛"罗斯"能够生育的人将饲养奶牛，而不是降低其价值宰杀吃掉。为了鼓励人们获取信息，即使以交易本身负收益为代价，法律规则也应该允许买方从他掌握的信息中获利。这正是先前段落的理论背景，它使单方误解与双方误解的区别有意义，使法院的判决合情合理。如果沃克能设法证明舍伍德买牛只是为了食用，而非饲养，合约应当解除，因为这项交易无效率；否则，合约应得到履行，以奖励舍伍德的出色判断力。

7.3　风险：模式3

　　"风险"的法律和经济学含义相去甚远。让我们考察一下，在缔约前买卖双方都对商品信息（$f_s = f_b = 0$）一无所知的情况下，不可免责规则是如何影响简化的模式1的。在法律（和日常）惯例中，根据不可免责规则，风险由卖方承担。之所以他承担交易风险，是因为如果发生误解，他将损失商品的高价值利益。在经济学惯例中，风险由买方承担，因为卖方的事后财富等于不知情定价（p^*），绝对没有任何风险，而买方的事后财富等于可变的商品价值。假定卖方风险不利而买方风险为中性，不可免责规则可以有效地分配风险。然而，如果买方是风险不利的商人，那么双方误解规则将更加有效地分配风险。在双方误解的情况下，定价为 P_0，一旦商品价值不菲，卖方就会解约。双方误解确保风险不利的买方不承担任何风险，因为他确实一无所获，而卖方的报酬涵盖价值的所有不确定性。

　　由于有效规则取决于买卖双方谁的风险更为不利，因而要提出一项普适性规则是十分困难的。如果放宽模式1卖方发出"要就要，不要就拉倒"要约这一假定的限制，这甚至会使困难有增无减，因为如此一来，双方当事人都分享交易收益，而三项规则都无法使任何一方杜绝风险。看来司法规则要以风险考虑作基础未必合适。如果它们很重要，人们可以期望缔约当事人把风险分配写入合约。但在其他情况下，风险确实对司法规则至关重要，下面将在模式3中对此加以分析。

模式3试图凸显选择有效规则的两种风险结果：（a）事实上，法律规则可以降低风险总量，而不只是把风险从一方当事人转嫁给另一方当事人；（b）有效规则或许需要交换掉无效的“人为”风险成本以规避无效误解交易（参照模式1的分析）。一些风险是自然的，当商品的价值具有风险时，无论适用哪种法律规则，一方或他方必须承担风险。其他风险——例如，书写错误——是人为的，从这个意义上说，法律规则可以减少报酬的不确定性。如果当事人错误地把合约定价划掉一个零，根据不可免责规则，他们的报酬将发生实质性变化，而根据双方误解免责规则，他们的报酬只发生些微变化。法院事后应用双方误解规则，可以极大地降低事先风险。无论如何，降低风险确实造成解约成本，因而最理想的规则既需要说明人为风险的总量，又需要说明解除合约的成本。

为了更清楚地阐明“自然的”风险与“人为的”风险之间的区别，下面将考察《恢复原状法注释汇编》§12的两个假定：

> A到一家旧书店购书，在一美元一本的待售书籍中发现一珍本，就A所知，其市场价格不低于50美元。他把书和一美元交给店主。店主看过书名和价签后，收下一美元，把书递给A。在这种情况下，书商无权要求A返还本书。因为就书籍特性和当事人根据各自对本书的估价成交而言，这里并不存在误解。(55)

> A在一家既出售便宜珠宝又出售贵重珠宝的商店里看中一件

(55) 美国法学研究所：《恢复原状法注释汇编》（1937），第51—52页。这与广为人知的“棒球卡案”近似。伊梅诉魏泽辛斯基案，No. 99SC5362CIll. Cir. Ct DuPage Co. [Small Claim Div.]，1990年6月卷。参见《芝加哥论坛》，1990年11月10日，1991年3月6日，1991年4月5日；贝森《体育运动展示之卡》，1991年3月18日，第91页；库尔，前注⑩。在法院发表意见书前，伊梅案已和解。

便宜珠宝，他立即意识到这是一件至少价值 100 美元的贵重珠
宝。他确信珠宝是误放于此的。他向职员购买这件珠宝，并付 10
美分买下它。职员把 10 美分放进现金抽屉，把珠宝交给 A。在这
种情况下，店主有权要求 A 返还珠宝。因为正如 A 所知，除非是
便宜珠宝，否则店主不会以此价格成交。

就待售物品贵重与否的不确定性而言，书籍假定与舍伍德诉沃克
案如出一辙。当某人发现那本书是珍本时，恰如发现某人拥有石油财
富一样，这一发现为社会带来一大笔财富。买卖双方都会因此发现而
获利，同时没有人蒙受损失。[56] 珠宝假定不可同日而语，因为这里的
不确定性是卖方是否错标了价格。与书写错误一样，风险来自人为错
误：贵重珠宝被放到错误的首饰匣里。如果对买方而言这是一笔意外
之财的话，那么对卖方而言，则是一笔不小的损失；假如他对比交易
前后的账目，就会发现亏空。要准确地比较模式 1 和模式 2 中的风险
是十分困难的，因为只有在商品的平均价值保持不变的情况下，风险
的标准经济学定义才能对照不同规则与风险进行比较。[57] 在下述情况
下，出现一种纯粹的人为风险：（a）假定不确定性并不影响买卖双方的
共同财富；但（b）如果一方误解，另一方得到一笔意外之财（误解方损
失了相应数额的财产）。法律规则对于降低此类风险具有重要作用。

为揭开庐山真面目，我们可以假定待售商品价值维持不变，对买
方来说是 V，对卖方来说是零，卖方发出"要就要，不要就拉倒"的
要约。在概率为（$1 - \alpha$）的情况下，卖方定价为 V。而在概率为 α 的
情况下，他出现书写错误（例如，漏掉一个零），定价仅为 p_1（$p_1 <$
V）。在概率为 αf_b 的情况下，买方发现这一个错误之所以误解是单方
面的；在概率为 αg_b 的情况下，买方并未发现低价是一个错误，所以
误解是双方的。在缔约后，任何误解都大白于天下，卖方依据法律规

---

[56]　除非买方得到意外之财，否则商品价值不会大白于天下，因此，买方的信息是富有
成效的，而不是重新分配利益。尽管如此，法院依然无法排除风险。

[57]　风险的标准经济学定义源自"适度维持扩散"理论。参见米切尔·罗斯齐尔德和约
瑟夫·斯蒂格利茨《增长的风险 I：一种定义》，《经济学理论》2J.，第 225 页（1970）。

则，可以付出成本 L 的代价解除合约，并以 V 的定价重新出售商品。我们可以假定，如果买方不能从误解中获利，他会披露误解。

表7.3 三个一组的数值分别代表根据无误解、单方误解和双方误解规则获取的报酬。如果交易不存在误解，那么法律规则无关紧要：卖方报酬为 V，买方为零。根据不可免责规则，假定单方误解或双方误解，卖方获取的报酬为 p_1，买方为 $V - p_1$。根据单方误解规则，如果买方知道误解，他将披露误解，报酬为 V 和零；如果他一无所知，这笔交易将被取消，成本为 L，并且会以高价重新交易，报酬对卖方而言是 $V - L$，对买方而言是零。根据双方误解规则，卖方报酬是 p_1，在单方误解情况下，买方报酬为 $V - p_1$；在双方误解情况下，卖方报酬为 $V - L$，买方为零，因为解除合约和商品转售紧随其后。

表7.3 的意义在于，揭示每一规则之下所获报酬的风险。单方误解规则风险最小，从这种意义上说，在每种可能存在的情况下所获报酬而言最为接近——对买方来说一模一样，对于卖方而言只是解约成本有所不同。根据双方误解规则，当事人在无误解和双方误解的情况下所获报酬相近，但在单方误解的情况下，所获报酬有天壤之别。根据不可免责规则，风险最大，即使只是双方误解，也会造成巨大的报酬差异。因此，如果当事人风险不利，单方误解规则大概是降低风险的最佳选择。模式3提供了另一个解约理由，但这条理由并不利于双方误解规则。

表7.3	模式 3 中的博弈	
（在无误解、单方或双方误解情况下所获报酬）		
规则	卖方	买方
不可免责	$(V,\ p_1,\ p_1)$	$(0,\ V - p_1,\ V - p_1)$
单方误解	$(V,\ V,\ V - L)$	$(0,\ 0,\ 0)$
双方误解	$(V,\ p_1,\ V - L)$	$(0,\ V - p_1,\ 0)$

降低风险和收集信息这两个目标常常相辅相成。前文所讨论的伯克·穆尔公司诉凤凰桥公司案和 M. F. 肯珀建筑公司诉洛杉矶市及其

他地区案与珠宝商店假定的共同之处在于，风险是人为而非自然的。在所有三种情况下，误解都是由合约一方当事人的粗心造成的，这带来了风险，根据不可免责，它也促使人们高度关注信息。因此，倘若关注的好处仅仅是重新分配利益，降低风险和关注成本是绝对不应加以鼓励的。

7.4 结语

因误解何时解约这个棘手问题并没有一成不变的答案。本文关注影响各项免责规则效率的两个因素：误解交易收益和避免误解的关注成本。当一方或双方当事人产生误解时，如果交易收益为负值，或者避免误解的关注只是为了重新分配而不具有效率，在交易成本低廉的情况下，应该允许解约。这与侵权法大相径庭，侵权法的基本原则是责任应由成本最低的规避者承担，因为合约法不同于侵权法，关注可能只是为了重新分配财富，而误解所造成的损害要通过解约来消除。

当合约双方必须决定是否刻意获取他们是否误解有争议商品的价值信息时，选择免责规则可以导引出多种混合战略均衡。根据双方误解规则，在获取信息成本低廉时，买方只想在卖方不去寻求信息的情况下独自获取信息（因为如果双方都去获取信息，买方就无法从内幕信息中获利）。但卖方也只是在买方要寻求信息的情况下才想获取信息（因为如果双方都不去获取信息，在商品价值高的情况下，卖方可以解约）。这种非协作博弈均衡涵盖了概率仅为正值时选择获取信息的每一方当事人。然而，单方误解规则排除了当事人对交易有重要意义的主动获取信息的动力，因为在不知情的情况下，卖方可以解除合约。在某些而不是所有情况下，规避交易负收益和促使适当关注这两项原则为误解免责提供了正当理由，但它们通常不认同只允许因双方误解而不允许因单方误解而解约的传统规则。然而，在通常情况下，结果都如出一辙，因为交易负收益足以提醒未产生误解的当事人关注依照传统规则可以解约的误解。而且，如果信息具有效率，在解约的同时，在信息尚未披露的情况下，适用单方误解规则促使当事人获取信息是十分可取的。

最后，虽然风险通常并不为一般审判规则提供佐证，当事人风险不利除外，但在一些案件中，风险仍然备受重视。在那些存在所谓"人为"风险的案件中，消除人为错误后果的规则可以降低风险总量，而不只是重新分配风险。然而，这也同样没有为区分双方误解和单方误解提供任何依据。

附录：模式 2 的均衡结果

根据不同参数值，本附录提供模式 2 均衡类型。假定已知合约双方都不知情，定价为 $p^* = \alpha v_1 + (1 - \alpha)(v_0 + b_0)$。

不可免责规则。假定适用不可免责规则，那么

（i）假如

$$\min\{c_s, c_b\} \geqslant \alpha(v_1 - p^*) \tag{A7.1}$$

任何一方都不进行调查，达至均衡，定价为 p^*，剩余总值为 $(1 - \alpha)b_0$。（ii）假如

$$c_s \leqslant \alpha(v_1 - p_0) \tag{A7.2}$$

假定商品价值高，定价为 θ_1，价值低时定价为 p_0，只是卖方获取信息，达至均衡。剩余总值为 $(1 - \alpha)b_0 - c_s$。

（iii）假定 $c_b \leqslant \alpha(v_1 - p^*)$ 和 $c_s > \alpha(v_1 - p^*)$，买方获取信息且概率为正值，达至混合战略均衡，此时定价为 p_0 或 p^*，剩余总值为 $(1 - \alpha)b_0 - [c_b / \alpha(v - p^*)](v - p_0)$。

证明：（i）卖方在买方可以接受的范围内报价最高，等于事前预期定价 p^*。在不可免责的高成本均衡中，卖方的报酬是他得到的定价。

$$\pi_s = p^* \tag{A7.3}$$

假定卖方张冠李戴但最终知情，他会披露信息，商品价值高时以 θ_i 出售，商品价值低时以 p^* 出售。这将为卖方带来报酬

$$\pi_s(\text{误解}) = \alpha v_1 + (1-\alpha)p^* - c_s \tag{A7.4}$$

（A7.4）中的报酬低于（A7.3）$\alpha\theta_1 - \alpha p^* - c_s$，所以假定（A7.1）是正确的，对卖方来说，误解不会产生正值利润。

买方的报酬是买方的预期产品价值减去定价，

$$\pi_b = [\alpha v_1 + (1-\alpha)(v_0 + b_0)] - p^* = 0 \tag{A7.5}$$

根据不可免责规则，假定买方因知情而张冠李戴，假如他没有发现产品价值高并且依旧保持沉默的，他会拒绝购买；在他确实发现产品价值高时，他会出资 p^*。因而买方的误解报酬是：

$$\pi_b(\text{误解}) = \alpha(v_1 - p^*) + (1-\alpha)(0) - c_b \tag{A7.6}$$

假定条件（A7.1）是正确的，误解报酬为负值。因此，买方不会发生误解，或者

（ii）在低成本不可免责均衡中，卖方报酬是

$$\pi_s = \alpha v_1 + (1-\alpha)(v_0 + b_0) - c_s = p^* - c_s \tag{A7.7}$$

如果卖方不去获取信息而发生误解，其报酬为

$$\pi_s(\text{误解}) = p_0 \tag{A7.8}$$

比（A7.7）中的报酬少 $\alpha v_1 + \alpha p_0 + c_s$。假定条件（A7.2）是正确的，这样的误解无利可图。

买方不可能从这种均衡中因误解而获利，因为买方可以从卖方披露的内容中推断出有关信息。因此，他自己收集信息将一无所获。

假定交易没有达成，剩余值等于卖方报酬减去买方报酬，即

$$p^* - c_s - [\alpha v_1 + (1-\alpha)v_0] = (1-\alpha)b_0 - c_s$$

（iii）这里不存在纯粹战略均衡，因为如果买方总是获取信息，卖方的定价不会高于 p_0——但如此一来，买方总想买进，所以这里获取信息毫无意义。但在卖方定价 p_0、概率为 γ 和定价 p^*、概率为 $1-\gamma$ 的情况下，可以达成均衡；买方获取信息的概率为 θ。买方则不偏好两种纯粹战略中的任何一种，报酬为

$$\pi_b(\text{信息}) = \alpha\gamma(v_1 - p_0) + \alpha(1-\gamma)(v_1 - p^*) - c_b \tag{A7.9}$$

和

$$\pi_b(\text{无信息}) = \alpha\gamma(v_1 - p_0) \quad\quad\quad\quad (A7.10)$$

假定二者等值，那么

$$\alpha(1-\gamma)(v_1 - p^*) - c_b = 0 \quad\quad\quad\quad (A7.11)$$

所以

$$\gamma = 1 - \frac{c_b}{\alpha(v_1 - p^*)} \quad\quad\quad\quad (A7.12)$$

相应地要求

$$c_b \leq \alpha(v_1 - p^*) \quad\quad\quad\quad (A7.13)$$

为发现剩余值，注意买方报酬为 $\alpha\gamma(v_1 - p_0)$，而卖方为 p_0，因为我们可以在两种纯粹战略报酬中任取一值。加上上述数值后再减去无交易报酬 $\alpha v_1 + (1-\alpha)v_0$，得到

$$\left[\alpha\left(1 - \frac{c_b}{\alpha(v_1 - p^*)}\right)(v_1 - p_0) + p_0\right] - \left[\alpha v_1 + (1-\alpha)v_0\right] \quad (A7.14)$$

$$= (1-\alpha)b_0 - \frac{c_b}{\alpha(v_1 - p^*)}(v_1 - p_0) \quad\quad\quad\quad (A7.15)$$

证毕。

双方误解免责规则。如果适用的是双方误解免责规则，那么（i）假定 $c_b \geq \alpha(v_1 - p_0)$，任何一方都不会去收集信息。定价为 p_0，剩余总值等于 $(1-\alpha)b_0 - \alpha L$。（ii）假定 $\max\{c_b, c_s\} \leq \alpha(v_1 - p_0)$，卖方知情概率为 f_s，买方知情概率为 f_b，f_s 和 f_b 都介于 0 和 1。假定商品价值高，卖方知情时，商品价值 $P = v_1$；反之，$P = p_0$。剩余总值等于 $(1-\alpha)b_0 - c_s$。（iii）假定 $c_b \leq \alpha(v_1 - p_0)$ 和 $c_s \geq \alpha(v_1 - p_0)$，只是卖方知情，卖方定价 p_0，剩余总值为 $(1-\alpha)b_0 - c_b$。

证明：（i）卖方无法靠收集信息获利，因为假定商品价值高，无论如何他可以解约，而且基于假定 $C_s > \alpha L$，花费 c_s 来规避解约概率 α，也得不偿失。即使买方知情可以防止解约，他也不愿去获取信息，因为仅在商品价值高的情况下他调查和购买的报酬是 $\alpha(v_1 - p_0) - c_b < c_b < 0$。在概率为 α 的情况下，解约成本 L 必然产生。因而交易剩余总值为 $(1-\alpha)b_0 - \alpha L$。

（ii）正如下面段落描述的那样，表 A7.1 总结了可能产生的结

果。假定卖方不知情，他决定定价 p_0。因为等式（7.1）意味着，卖方更愿选择买方总会欣然接受的低价，而不是买方只是在知道误解的情况下才可能接受的高价。

假定双方当事人都知情，如果 $V=v_1$，交易不会达成；否则，$P=p_0$。买方报酬是 $-c_b$，卖方报酬为 $\alpha v_1 + (1-\alpha)p_0 - c_s = p^* - c_s$。

假定只是卖方知情，如果商品价值高，交易就不会达成；如果商品价值低，$P=p_0$。报酬为 $\pi_b = 0$ 和 $\pi_s = \alpha v_1 + (1-\alpha)p_0 - c_s = p^* - c_s$。

假定双方都不知情，如果 $V=v_1$，卖方会解除合约，成本为 L，报酬为 $\pi_b = 0$ 和 $\pi_s = \alpha(v_1 - L) + (1-\alpha)p_0 = p^* - \alpha L$。

假定只有买方知情，卖方不可能解约。报酬是 $\pi_b = \alpha v_1 + (1-\alpha)p_0 - p_0 - c_b = \alpha(v_1 - p_0) - c_b$ 和 $\pi_s = p_0$。

只存在一种混合战略均衡。如表 A7.1 箭头所示，$\pi_s(U, I) < \pi_s(I, I)$，因为 $c_s < \alpha(v_1 - p_0)$；$\pi_b(I, I) < \pi_b(I, U)$；因为 $\alpha L < c_s$，所以 $\pi_s(I, U) < \pi_s(U, U)$；并且由于 $c_b < \alpha(v_1 - p_0)$，因而 $\pi_b(U, U) < \pi_b(U, I)$。在混合战略均衡中，当事人从其混合的两种纯粹战略中获取相同的报酬，所以假定交易剩余值为 $(1-\alpha)b_0 - c_s$，报酬是 $\pi_b = 0$ 和 $\pi_s = p^* - c_s$。

（iii）在均衡中，买方知情，其报酬为

$$\pi_b = \alpha(v_1 - p_0) + (1-\alpha)(0) - c_b \tag{A7.16}$$

表 A7.1　　　　　　　**根据双方误解规则所获报酬**

（买方和卖方的报酬）

		买方			
		知情		不知情	
卖方	知情	$p^* - c_s,\ -c_b$	$\rightarrow$	$p^* - c_s,\ 0$	
		$\uparrow$		$\downarrow$	
	不知情	$p_0,\ \alpha(v_1 - p_0) - c_b$	$\leftarrow$	$p^* - \alpha L,\ 0$	

如果买方不知情，对应的报酬为零。因此，假定 $c_b < \alpha(v_1 - p_0)$，他更倾向于知情。卖方的均衡报酬为

$$\pi_s = p_0 \qquad\qquad (\text{A7.17})$$

但是，如果卖方知情，其报酬为

$$\pi_s(\text{误解}) = \alpha v_1 + (1-\alpha)p_0 - c_s \qquad\qquad (\text{A7.18})$$

假定 $c_s > \alpha(v_1 - p_0)$，卖方不会发生误解。剩余总值减去自给报酬为

$$\alpha(v_1 - p_0) + (1-\alpha)(0) - c_b + p_0 - [\alpha v_1 + (1-\alpha)v_0] = (1-\alpha)b_0 - c_b$$

$$(\text{A7.19})$$

证毕。

单方误解免责规则。如果适用的是单方误解免责规则，无人知情，合约定价为 p_0，剩余总值为 $(1-\alpha)b_0 - \alpha L$。

证明：假定 $V = v_1$，卖方将解除合约，因为初始价格不得高于 p_0。在单方误解免责的情况下，卖方的均衡报酬为

$$\pi_s = \alpha(v_1 - L) + (1-\alpha)(p_0) = p^* - \alpha L \qquad\qquad (\text{A7.20})$$

假定卖方因知情而发生误解（在此情况下无须解约），其报酬为

$$\pi_s(\text{误解}) = \alpha v_1 + (1-\alpha)(p_0) - c_s \qquad\qquad (\text{A7.21})$$

假定 $c_s < \alpha L$ 告诉我们，对于卖方而言，误解无利可图。因为单方误解可以导致解约，所以买方缺乏知情动力。

证毕。